AFRIKANISCHE TROMMELN
West- und Zentralafrika

VERÖFFENTLCHUNGEN
DES MUSEUMS FÜR VÖLKERKUNDE
BERLIN

NEUE FOLGE 65

ABTEILUNG MUSIKETHNOLOGIE IX

STAATLICHE MUSEEN PREUSSISCHER KULTURBESITZ

Andreas Meyer

Afrikanische Trommeln

West- und Zentralafrika

MUSEUM FÜR VÖLKERKUNDE BERLIN

© 1997 Staatliche Museen Preußischer Kulturbesitz, Berlin

Herstellung: Unze Verlagsgesellschaft mbH, Potsdam

Einbandentwurf: Volker Noth Grafik-Design, Berlin

Redaktion, Satz, Layout: Urban Bareis

Zeichnungen: Ulrich Gebauer und Renate Sander, Museum für Völkerkunde

Fotos:
Anon.: 62, 136
Ankermann, Bernhard: 110–111, 112
Bareis, Urban: Farbtafel V(2), VIII(2), IX(1), IX(2)
Baumann, Hermann: 161
Dietrich, Jürgen: Farbtafel I(2)
Förster, Till: 52
Graf, Dietrich: 37, 38, 39, 44, 48, 49, 50, 51, 53, 54, 59, 60, 63, 64, 65, 67–68, 69, 74, 76–77,
    79, 80, 81, 82, 83, 84, 90, 91, 92, 93, 96, 97, 98, 99, 100, 103, 104, 106, 107, 108–109,
    118, 119, 120, 121, 122, 124, 126, 127, 130, 134, 137, 138, 139, 140, 141, 142, 145, 146,
    147, 148, 150, 151, 152, 153, 154, 156, 157, 158, 159, 160, 163, 165, 166, 167, 168, 171,
    172–173, 177, 178, 182, 183; Farbtafel VII, X(1), X(2), XI, XII(1), XII(2), XV, XVI,
    XX, XXI, XXII(1), XXII(2), XXIII, XXIV
Helfritz, Hans: 75, 78
Koloß, Hans-Joachim: 113–117; Farbtafel XIV, XVII, XVIII
Krieger, Kurt: 95, 101, 102, 105
Kubik, Gerhard: 164
Mansfeld, Alfred: 125
Meyer, Andreas: 45, 55, 57, 58, 66, 70–72, 73, 176, 179; Farbtafel III(1), III(2), IV, V(1),
    VI(1), VI(2), VIII(1)
Polak, Rainer: 40–43; Farbtafel I(1)
Simon, Artur: 56, 86–87, 88, 89, 174; Farbtafel XIX(1)
Staatl. Museen zu Berlin: 143–144
v. Stefenelli: 181
Touma, Habib H.: 46, 47
Vogels, Raimund: 94; Farbtafel XIII
Wiedmann, Albrecht: Farbtafel II
Wrenger, Barbara: 155, 162, 169, 170, 180

Titelfoto: Musiker einer Militärgesellschaft in Oku. Kamerun. Foto: Hans-Joachim Koloß
    1976.

Masterband: Rolf-Dieter Gandert

Herstellung der CD: Sonopress, Gütersloh

Printed in Germany

ISBN 3-88609-275-5

Vorwort des Herausgebers

In den Abteilungen Afrika und Musikethnologie des Berliner Museums für Völkerkunde befinden sich viele Trommeln aus den subsaharanischen afrikanischen Musikkulturen. Eine Auswahl des älteren Bestandes wurde seinerzeit von Bernhard Ankermann „Die afrikanischen Musikinstrumente" (Berlin 1901) genau beschrieben. Seitdem haben sich die Sammlungen beider Abteilungen sehr vergrößert. Schon aus diesem Grund bietet sich eine Konzentration auf bestimmte große afrikanische Kulturregionen an, im vorliegenden Katalog auf West- und Zentralafrika. Publikationen zu Afrika mit dem Sammelband „Musik in Afrika" (hrsg. von Artur Simon, Berlin 1983), dem Katalog „Afrikanische Saiteninstrumente" (von Ulrich Wegner, Berlin 1984) und dem Sammelband „Populäre Musik in Afrika" (hrsg. von Veit Erlmann, Berlin 1991) wird mit diesem Buch über Trommeln aus dem Senegal im äußersten Westen über Zentralafrika bis hin nach Angola, der südlichsten hier behandelten Region, fortgesetzt. Damit werden weitere wertvolle Einsichten in bestimmte Musikkulturen Afrikas vermittelt. Musikinstrumente sind auch außerhalb ihres heimischen Kontexts sowohl in entsprechenden Ausstellungen als auch auf Abbildungen und in Beschreibungen keine ‚toten' Objekte, so daß die akustische Ergänzung mit ausgewählten Klangdokumenten – wie auf der beiliegenden CD – in unseren Publikationen unumgänglich ist. Dem Autor des Bandes, Andreas Meyer, sei hiermit seitens der Abteilung Musikethnologie des Museums für Völkerkunde SMPK für das hier vorliegende Ergebnis seiner Untersuchungen zu afrikanischen Trommeln, die eine herausragende Stellung in vielen Musikkulturen dieses Kontinents einnehmen, herzlich gedankt.

Artur Simon
Abteilung Musikethnologie

Für Daniel Sebastian Meyer,
der schneller war als sein Vater.

INHALT

Vorwort des Autors

Die Idee zu diesem Buch entstand im Herbst 1992. Eine lange Zeit ist seitdem vergangen – die Recherchen gestalteten sich aufwendiger als anfangs erwartet. Entsprechend lang ist die Liste derer, die zum Gelingen des Projektes beigetragen haben. Mein Dank gilt zunächst Artur Simon, dem Herausgeber dieser Reihe und Urban Bareis, der das Buch redaktionell betreut hat. Für vielfältige Anregungen, Kritik und Korrekturen sowie für die freundliche Bereitstellung von Schallmaterial und Photos bedanke ich mich ferner bei Franklin Adu-Gyamfi, Mark Asamoah, Rebecca Bernhardt, Didier Demolin, Jürgen Dietrich, Till Förster, Hans-Joachim Koloß, Kurt Krieger, Hans Kroier, Gerhard Kubik, Volker Linz, Kwaku Anane Marfo, Gabriele Meyer-Hoppe, Rainer Polak, Dietrich Schüller, Habib Touma, Erik Jan Trip, Raimund Vogels, Barbara Wrenger, Albrecht Wiedmann und Susanne Ziegler. Nicht zuletzt bedanke ich mich bei den Mitarbeiterinnen und Mitarbeitern des Museums für Völkerkunde, vor allem bei Olaf Helmcke, Hans-Joachim Radosuboff und Jürgen Tröster (Afrika-Abteilung), bei Rolf-Dieter Gandert (Abteilung Musikethnologie), bei Dietrich Graf und Waltraut Schneider-Schütz (Fotoatelier) sowie bei Ulrich Gebauer und Renate Sander (Zeichenatelier).

Andreas Meyer im Mai 1997.

Einleitung

Trommeln gehören in West- und Zentralafrika zum Instrumentarium nahezu aller ethnischen Gruppen. Ihr Stellenwert zeigt sich nicht nur in den anspruchsvollen Musikstilen, bei denen sie Verwendung finden, sondern auch äußerlich anhand der Vielfalt der Korpusformen, der bisweilen komplexen Fellbefestigungstechniken sowie in einigen Kulturen der kunsthandwerklich subtilen Dekorationen der Resonanzkörper.

Der vorliegende Katalog möchte aufgrund des Bestandes im Berliner Museum für Völkerkunde einen Überblick über die in West- und Zentralafrika verbreiteten Membranophone geben. Der Bestand gehört weltweit zu den bedeutendsten Sammlungen. So gut wie alle aus der Literatur bekannten Resonanzkörperformen und Fellbefestigungstechniken sind vertreten. Auch die Herkunftsgebiete sind weit gestreut.

Die Afrika-Abteilung des Museums wurde 1916 gegründet; aber schon vorher besaß das Haus zahlreiche afrikanische Ethnographica. Seit 1884 – mit dem Eintritt Deutschlands in die Reihe der Kolonialmächte – begann man mehr oder weniger systematisch in den „Schutzgebieten" zu sammeln. Nach einem Beschluß des Reichskanzlers (1888) mußten alle offiziell beschafften ethnographischen Objekte aus den kolonialen Besitzungen zunächst dem Berliner Museum für Völkerkunde zugeführt werden. Lediglich Dubletten wurden an andere Häuser weitergereicht (Krieger 1973, S.113f.). Auf diese Weise wuchs der Bestand afrikanischer Gegenstände zu einer umfangreichen Sammlung. Im Jahre 1884 zählte man 7 388 Katalognummern, 1910 bereits über 48 000 (ebd., S.106). Die Sammler waren überwiegend Kolonialbeamte, Offiziere und Händler sowie Missionare bzw. Missionsgesellschaften. Der Bestand aus den „Schutzgebieten" wurde ständig durch Schenkungen und gezielte Ankäufe aus dem übrigen Afrika ergänzt. Ferner führte das Museum Forschungsreisen durch oder beteiligte sich finanziell an den Reisen externer Wissenschaftler. Hervorzuheben sind die Expeditionen von Bernhard Ankermann (1907–1909, Kameruner Grasland), Herzog Adolf Friedrich zu Mecklenburg (1907, Kongogebiet, Ostafrika), Leo Frobenius (1910–1912, Nigeria) und Alfred Schachtzabel (1913–1914, Angola). Von all diesen Unternehmungen hat die Sammlung in erheblichem Maße profitiert.

Der Erste Weltkrieg brachte das Ende der imperialistischen Ambitionen Deutschlands, und damit stagnierte der Bestand des Museums. Möglichkeiten zu Forschungsreisen waren kaum mehr gegeben. Erst 1930 konnte der damalige Mitarbeiter der Abteilung Hermann Baumann wieder eine Expedition nach Angola durchführen. Auch der Zweite Weltkrieg hatte für das Museum verheerende Auswirkungen. Aus Sicherheitsgründen wurden die Objekte ausgelagert. Nahezu die Hälfte der Sammlung galt nach Ende des Krieges als verschollen. Mehr als 50 000 Ethnographica und Archäologica waren von der Roten Armee nach Leningrad gebracht worden. 1978 überstellte man diese dem Völkerkundemuseum in Leipzig, bis sie schließlich in Folge der Wiedervereinigung Deutschlands nach Berlin zurückgeführt wurden (Helfrich 1992, S.246). Viele Objekte lassen sich jedoch nicht mehr eindeutig zuordnen, da die Signaturen verlorengegangen sind.

In der Nachkriegszeit wurde der Bestand – soweit es die beschränkten finanziellen Möglichkeiten zuließen – durch Neuerwerbungen verschiedener Sammlungen u.a. aus Liberia, Nigeria und Zaire erweitert (Krieger 1973, S.129). 1952–1953 konnte das Haus erstmals wieder ein Forschungs- und Sammelprojekt durchführen, mit einer Expedition des damaligen wissenschaftlichen Mitarbeiters und späteren Direktors Kurt Krieger nach Nordnigeria. 1961–1962 unternahm er eine zweite Reise in das Gebiet. Er legte eine umfangreiche Sammlung mit Objekten der Hausa an. In den 1970er Jahren begann auch die Abteilung Musikethnologie des Museums (das ehemalige Berliner Phonogramm-Archiv) systematisch Musikinstrumente aus den Kulturen der Welt zu sammeln. Von 113 Instrumenten im Jahre 1972 wuchs der Bestand der Abteilung bis heute (1996) auf 1 519 an (vgl. Simon 1991, S.220). Mehrfach konnten Mitarbeiter der Abteilung Forschungsreisen unternehmen (ebd., S.224). So wurde 1993 ein Projekt in Ghana durchgeführt, bei dem es u.a. darum ging, ein Trommel-Set der Asante zu erwerben und seine Herstellung auf Video-Film zu dokumentieren (vgl. Filmverzeichnis, Nr.4 und Nr.14).

Aus der Geschichte der Sammlung erklärt sich ihre Vielfalt und die breite regionale Streuung der Musikinstrumente aus West- und Zentralafrika. Die hier erfaßten Trommeln stammen aus 19 verschiedenen Ländern. Der Katalog gliedert sich nach regionalen Gesichtspunkten. Insgesamt werden neun Regionen unterschieden:

Region 1: Mande-Völker, Wolof und benachbarte Ethnien (Westsudan)
Region 2: Volta-Becken (Gur-Völker)
Region 3: Siedlungsgebiete der Akan, Ewe und benachbarten Völker
Region 4: Yoruba
Region 5: Zentralsudan
Region 6: Kameruner Grasland
Region 7: Igbo- und Crossriver-Gebiet, Nordwestlicher Regenwald
Region 8: Südliche und östliche Teile des zentralafrikanischen Regenwaldes und Nachbargebiete
Region 9: Südliches Zaire[1] und angrenzende Gebiete

Die Gliederung entspricht nur teilweise den Abgrenzungen von „Kulturprovinzen", „Style Regions" oder „Cultural Clusters", wie sie von verschiedenen Autoren erarbeitet wurden.[2] An der Guinea-Küste korreliert die Einteilung überwiegend mit linguistischen Grenzen. Die Übergangszonen zwischen Sudan- und Bantu-Völkern sowie die Bantu-Kulturen des zentralafrikanischen Regenwaldes (Regionen 7 und 8) sind nach der Morphologie der verbreiteten Membranophone gegliedert, die Kulturen südlich des Kasai (Region 9) zudem aufgrund engerer politischer und gesellschaftlicher Verwandtschaften. Die Abgrenzung zum östlichen Afrika folgt aus pragmatischen Gründen der Einteilung, wie sie einst im Museum vorgenommen wurde.[3] Sie entspricht weitgehend den politischen Grenzen zwischen dem südlichen Tschad, der Zentralafrikanischen Republik und Zaire auf der einen und dem südlichen Sudan, Uganda, Rwanda, Burundi, Tansania und Nordost-Zambia auf der anderen Seite. Kulturell läßt sich diese Abgrenzung nur bedingt nachvollziehen, was sich u.a. darin zeigt, daß die Membranophone innerhalb der nordwestlichen und östlichen Bantu-Kulturen häufig eng verwandt sind.

Ein eigenes Kapitel ist Instrumenten-Typen gewidmet, deren Verbreitung sich aufgrund vielfältiger Kontakte und paralleler Entwicklungen im 19. und 20. Jahrhundert über mehrere der hier aufgeführten Regionen erstreckt. Abschließend folgen die Beschreibungen von Instrumenten, die sich nicht eindeutig regional zuordnen lassen. Unberücksichtigt bleiben Objekte, bei denen die Signaturen verlorengegangen sind. Auch die sogenannten „Schlitztrommeln", die instrumentenkundlich den Aufschlagröhren zuzurechnen sind, werden nicht mit erfaßt.

---

1   Aus redaktionellen Gründen konnten jüngste politische Veränderungen in Zentralafrika nicht berücksichtigt werden. Die neue „Demokratische Rep. Kongo" wird im Katalog daher mit ihrem alten Namen „Zaire" bezeichnet.
2   Vgl. etwa Baumann 1975, S.375ff.; Lomax 1968, S.80ff., Merriam 1959, S.373ff.
3   In der Afrika-Abteilung beginnen die Katalognummern für Objekte aus West- und Zentralafrika mit der Zeichenkombination „III C", für Objekte aus Ostafrika mit „III E". In der Abteilung Musikethnologie vergibt man für afrikanische Instrumente „VII f"-Signaturen.

Den Objektbeschreibungen sind innerhalb jeder Region einführende Passagen vorangestellt, in denen die Instrumente im kulturellen Kontext dargestellt werden. Dabei muß man berücksichtigen, daß die einzelnen Gebiete ethnomusikologisch unterschiedlich gut dokumentiert sind. Auch die Kriterien, nach denen in den verschiedenen Kulturen gearbeitet wurde, sind ungleich. Manche Autoren stellen morphologische Fragen, andere die Spielweise der Instrumente in den Vordergrund, wieder andere beschäftigen sich vor allem mit gesellschaftlichen Hintergründen. Die Darstellungen ergeben daher ein heterogenes Bild. Ähnliches gilt für die zugänglichen Tonträger und Video-Filme. Während einige Kulturen mehrfach vertreten sind, scheinen andere bisher vollkommen vernachlässigt. Ferner unterscheidet sich die Qualität der Aufnahmen und der dazugehörigen Dokumentationen. Notenbeispiele, die nur aufgrund eindeutiger Filmsequenzen oder analytischer Tonaufnahmen erstellt werden können, sind in den Textteilen daher lediglich sporadisch beigefügt. Sie repräsentieren keinesfalls die rhythmische Vielfalt der relevanten Musikformen.

Zur Klassifikation west- und zentral-afrikanischer Trommeln – Vorbemerkungen zum Katalog

Die älteren Vertreter der Ethnologie und der Vergleichenden Musikwissenschaft haben den Membranophonen stets eine besondere Beachtung geschenkt. Die meisten der frühen Arbeiten sind durch ihre Nähe zur Kulturkreislehre allerdings veraltet und manche Passagen – etwa die Überlegungen zur Entwicklung der Trommeltypen – wirken heute etwas verstiegen.[4] Aber die Einteilung der Trommeln, wie Heinz Wieschhoff sie 1933 vornahm, ist bis heute gebräuchlich, und selbst renommierte Autoren bedienen sich seiner Terminologie (vgl. etwa Kubik 1989, S.106, S.144). Die Untersuchung der Objekte in der Museumssammlung ermöglicht in einigen Punkte eine Verfeinerung der Systematik, wodurch sich die Verbreitung charakteristischer Merkmale detaillierter darstellen läßt.

Fellbefestigung

Bei den meisten west- und zentralafrikanischen Trommeln sind die Membranen mit vertikal verlaufenden Schnüren bzw. mit Nägeln oder Pflöcken befestigt. Wesentlich seltener ist die sogenannte „Topfspannung", bei der eine Schnur um die über das Korpus reichenden Fellränder gebunden ist (vgl. Janata 1975, S.85). In der Sammlung finden sich lediglich drei Instrumente mit dieser Befestigungsform, eines aus Nigeria (Kat.-Nr.141), eines aus Angola (Kat.-Nr.289) und eines aus Benin (Kat.-Nr.319). Bei letzterem ist die Schnur teilweise durch Schlitze im Fellrand geführt. Bei moderneren Trommeln vor allem in Westafrika befestigt man die Membranen bisweilen nach europäischem Vorbild mit Klemmspannung. Die Felle sind dabei zwischen dem Korpus und einem (zumeist metallenen) Reifen festgeklemmt.

1. Schnurspannung

Die Schnurspannung ist vornehmlich bei zweifelligen Trommeln gebräuchlich. Pflanzliche oder lederne Schnüre verbinden die beiden Membranen, wodurch diese gespannt werden. Häufig ist dabei ein Fellring zur Stärkung in die Fellränder eingenäht, an dem die Schnüre befestigt sind. Traditionell besteht er aus dünnem Holz oder den Rippen von Palmenblättern, in jüngerer Zeit auch aus Eisen- oder Kupferdraht.

In Ausnahmefällen wird die Schnurspannung auch bei einfelligen Instrumenten, vor allem bei Sanduhrtrommeln verwendet. Dabei sind die Schnüre unten entweder an einem um das Korpus gelegten und angebundenen Holzring befestigt, oder sie sind durch Löcher geführt, die man am unteren Ende in das Korpus gebohrt hat.

---

4   Vgl. z.B. Frobenius 1898, S.169; Ankermann 1901, S.126ff.; Wieschhoff 1933, S.23.

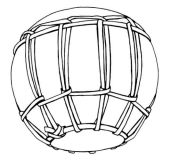

Abb.1 i-Schnürung

Abb.2 Doppelte
i-Schnürung[5], Typ A

Abb.3 Doppelte
i-Schnürung, Typ B

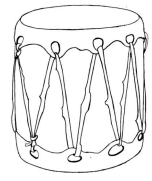

Abb.4 W-Schnürung[6], Typ A

Abb.5 W-Schnürung, Typ B

Abb.6 Y-Schnürung, Typ A

Abb.7 Y-Schnürung, Typ B

Der Schnürungsverlauf bei den verschiedenen Trommeln läßt sich sinn-
vollerweise mit Buchstaben beschreiben (z.B. „i-Schnürung", „X-Schnürung" etc.)[7].

Bei der Y-Schnürung ist stets ein Querband um das Korpus gelegt.
Querbänder oder Ligaturen gibt es bei fast allen Schnürungsarten, entweder rundumverlaufend oder lediglich einige der vertikalen Bahnen
verbindend (im Katalog: „einzelne Ligaturen"). Die Querbänder sorgen

Abb.6–7

---

5   Der A-Typ der doppelten i-Schnürung kommt in der Sammlung nur unter den Instru-
    menten mit Gurt- und Keilspannung vor.
6   Janata unterscheidet zudem eine „N-Schnürung", aber in der Praxis läßt sich der Ver-
    lauf in dieser Genauigkeit kaum jemals beschreiben.
7   Vgl. Janata 1975, S.85; Moore 1993, S.188.

15

 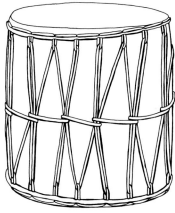 

Abb.8 X-Schnürung (Gurtspannung)

Abb.9 X-Schnürung (Schnurspannung)

Abb.10 *Bata*-Schnü-rung [ohne Ligatur]

– indem sie die vertikalen Schnüre spannen – für die Feinabstimmung der Instrumente. Beim Überkreuzen einer Ligatur verändert sich häufig der Verlauf der vertikalen Schnüre.

Abb.8–9   Die X-Schnürung ist innerhalb der Berliner Sammlung überwiegend bei Instrumenten zu finden, deren Felle mit Gurtspannung befestigt sind. Der Schnürungsverlauf ist dabei stets komplexer als bei den Abbildungen, die man in der Literatur – etwa bei Janata – findet (vgl. Janata 1975, S.85).

Abb.10   Eine eigene Kategorie bildet die Schnürungsform bei den *bata*-Trommeln der Yoruba, die sich nicht treffend mit einem Buchstaben beschreiben läßt (im Katalog: *bata*-Schnürung).

Bei Schnürungen mit netzförmigem Muster lassen sich drei Kategorien unterscheiden (im Katalog: Netz-Schnürung):

Abb.11   Typ A: Die Schnürung verläuft x-förmig, aber eine Bahn kreuzt mehrere andere Bahnen.

Abb.12   Typ B[8]: Verschiedene Bahnen überkreuzen sich mehrfach.

Abb.13   Typ C: Das netzförmige Muster verläuft zu den beiden Membranen hin unterschiedlich.

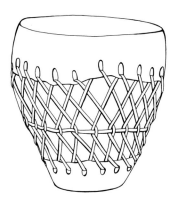

Abb.11 Netzschnürung, Typ A

---

8   Typ B der Netzschnürung kommt innerhalb der Sammlung lediglich einmal bei den Trommeln mit Gurtspannung vor (Kat.-Nr.303).

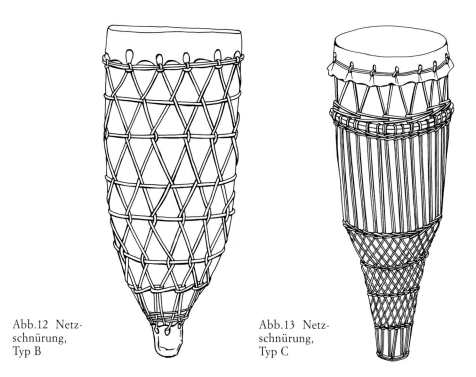

Abb.12 Netz-
schnürung,
Typ B

Abb.13 Netz-
schnürung,
Typ C

Die Schnurspannung ist in West- und Zentralafrika weit verbreitet, was
sich anhand der Exemplare in der Sammlung verdeutlichen läßt:

Region	1	2	3	4	5	6	7	8	9
i-Schnürung		2							
doppelte i-Schnürung (Typ B)			1	1	3				
W-Schnürung (Typ A)	1				3			4	
W-Schnürung (Typ B)		4							
Y-Schnürung (Typ A)					1				
bata-Schnürung				4					
Netz-Schnürung (Typ A)								1	
Netzschnürung (Typ C)				1			1	1	

Tabelle 1: Instrumente mit Schnurspannung[9]

---

9   Unberücksichtig sind Sanduhrtrommeln mit Stimmschnüren, die unten behandelt wer-
    den. Unberücksichtigt sind ferner Trommeln, die sich nicht eindeutig einer der Regio-
    nen zuordnen lassen (18 Instrumente) und Trommeln, deren Schnürungsverläufe sich
    der Einteilungskriterien entziehen (1 Instrument, Kat.-Nr.43).

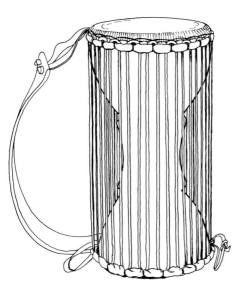

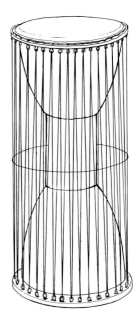

Abb.14 Stimmschnüre Typ A   Abb.15 Stimmschnüre Typ B

2. Sanduhrtrommeln mit Stimmschnüren

Eine besondere Trommelkategorie bilden die Sanduhrtrommeln, bei denen sich die Tonhöhe ad hoc durch Spannen der Schnüre verändern läßt (im Katalog: Stimmschnüre). Diese Instrumente werden häufig mit einer um die Schnüre gebundenen Ligatur auf eine mehr oder weniger feste Tonhöhe „gestimmt". Ferner kann der Musiker die Tonhöhe beim Spielen verändern, indem er in die Schnüre greift bzw. diese mit dem

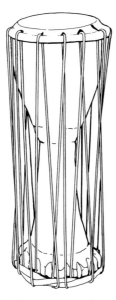

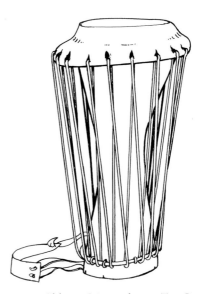

Abb.16 Stimmschnüre Typ C   Abb.17 Stimmschnüre Typ C

18

Region	1	2	3	4	5	6	7	8	9
Stimmschnüre (Typ A)	1	4	2	6	2				
Stimmschnüre (Typ B)		2	5						
Stimmschnüre (Typ C)				3	8	2	2		

Tabelle 2: Sanduhrtrommeln mit Stimmschnüren[10]

Oberarm spannt. Nach Wieschhoff entspricht das Verbreitungsgebiet einem Areal, das von der Mande-Region aus gesehen östlich bis zum Tschadsee und südlich bis zum alten Benin in Nigeria reicht (Wieschhoff 1933, S.62). Die Sammlung bestätigt diese Verbreitung weitgehend, zeigt aber auch, daß sich die Instrumente von Region zu Region unterscheiden. So gibt es drei verschiedene Typen der Fellbefestigung:

Tabelle 2

Typ A: Ein lederner Ring liegt in den Schlaufen einer Naht am Fellrand. Die Schnüre sind zwischen diesem Ring und dem Korpus über die Schlaufen geführt. Da dieser Lederring nicht in die Membranränder eingenäht ist, wird er im Katalog als Spannring bezeichnet (zur Unterscheidung von Fellringen). Die bekanntesten Instrumente dieses Typs sind die Trommeln des *dundun*-Sets bei den Yoruba und die *kalangu* der Hausa. Der Typ ist jedoch auch bei einigen Gur-Völkern verbreitet.

Abb. 14

Typ B: Die Naht, mit der der Fellring in den Membranrand genäht ist, bildet Schlaufen, durch die die Schnüre geführt sind. Das Verbreitungsgebiet dieser Befestigungsart ist begrenzter. Bis auf eine Trommel, die laut Erwerbungsbuch angeblich aus Nigeria kommt (Kat.-Nr.140), stammen alle Instrumente in der Sammlung aus Ghana oder Togo.

Abb. 15

Typ C: Die Schnüre sind am Fellring angebracht. Die Instrumente in der Sammlung stammen aus Kamerun (Grasland und Waldgebiet) und Nigeria (vornehmlich Hausa und Yoruba). Sie sind mehrheitlich einfellig, eines aus dem Kameruner Waldgebiet ist zweifellig (Kat.-Nr.198).

Abb. 16 u. 17

3. Gurt- und Keilspannung

Bei einfelligen Becher-, Konus- oder Kesseltrommeln sind die Schnüre oftmals unten an einem Gurt befestigt. Dieser Gurt ist eng um das Korpus gelegt – an einer gegenüber dem Felldurchmesser schmaleren Stelle, sodaß er stets nach oben hin Halt findet. In Ausnahmefällen ist diese Spannung[11] auch bei zylindrischen Trommeln zu finden. Dabei ist der Gurt entweder an Bohrlöcher geschnürt (Kat.-Nr.183) oder er findet Halt in einer Nut (Kat.-Nr.184, Kat.-Nr.186). Bei Instrumenten mit Standbeinen ist der Gurt bisweilen unterhalb des zylindrischen Resonanzkörpers um das Instrument gelegt (Kat.-Nr.320). Wesentlich häufiger kennt man bei zylindrischen Trommeln allerdings die Keilspannung[12], bei der zwi-

Abb. 20

---

10 Unberücksichtigt sind Instrumente, die sich nicht eindeutig einer der Regionen zuordnen lassen (5 Instrumente).
11 Bei Hornbostel & Sachs: „Schnur-Gurt-Schnürung".
12 Bei Wieschhoff: „Keilringspannung".

Abb.18 Keilspannung mit
einfachen Gurtschlaufen

Abb.19 Keilspannung mit
umgelegten Gurtschlaufen

Abb.20 Gurtspannung
mit Gurtknoten

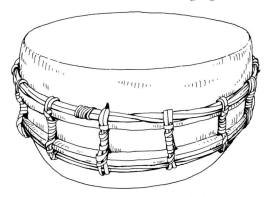

Abb.21 Gurtspannung, Einzelschnüre

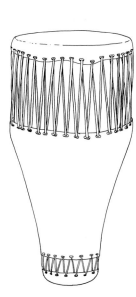

Abb.22 Schnur-Fell-
Spannung

Abb.23 Schnur-Fell-
Spannung

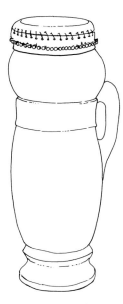

Abb.24 Schnur-Fell-Span-
nung („Kassai-Spannung")

Region	1	2	3	4	5	6	7	8	9
doppelte i-Schnürung (Typ A)		2	1		5		4		
W-Schnürung (Typ A)	1								
X-Schnürung					4				
Y-Schnürung (Typ A)	2	3			2				
Netzschnürung (Typ B)									1
Netzschnürung (Typ C)	1						1		
Einzelschnüre						4			

Tabelle 3: Instrumente mit Gurtspannung[13]

Region	1	2	3	4	5	6	7	8	9
Instrumente mit Keilspannung	1			2		2	64		

Tabelle 4: Instrumente mit Keilspannung[14]

Region	1	2	3	4	5	6	7	8	9
doppelte i-Schnürung (Typ B)					2				
W-Schnürung (Typ A)								3	
Y-Schnürung (Typ A)								1	
„Kassai"-Spannung									2

Tabelle 5: Instrumente mit Schnur-Fell-Spannung

schen Gurt und Korpus Holzkeile getrieben sind. Die Keile bieten Halt für den Gurt und spannen die Schnüre und damit indirekt die Membran.   *Abb.21*

Bei Instrumenten mit doppelter i-Schnürung (Typ A) und Y-Schnürung (Typ A) bilden die Schnüre entweder Schlaufen (im Katalog: Gurtschlaufen), in denen der Gurt ruht, oder sie sind mit einem charakteristischen Knoten am Gurt befestigt (im Katalog: Gurtknoten). Der gleiche Knoten ist auffälligerweise auch bei der Keilspannung in vielen Gebieten Südostasiens bekannt.   *Abb.22–24*   *Abb.24*

Bei einigen Instrumenten werden Einzelschnüre zur Fellbefestigung verwendet, die am Fellring und am Gurt angeknotet sind.   *Tabelle 3–5*

---

13 Unberücksichtigt sind Instrumente, die sich nicht eindeutig einer der Regionen zuordnen lassen (2 Instrumente).
14 Unberücksichtigt sind Instrumente, die sich nicht eindeutig einer der Regionen zuordnen lassen (1 Instrument).

Eine Variante der Gurtspannung ist die sogenannte Schnur-Fell-Spannung, bei der statt eines (eher schmalen) Gurtes ein breiter Fellstreifen um das Korpus gelegt wird. Wieschhoff unterscheidet dabei noch eine weitere Untergruppe, die er nach ihrem Verbreitungsgebiet als „Kassai-Spannung" bezeichnet (Wieschhoff 1933, Tafel 2). Dabei ist direkt unter der Membran ein Fellstreifen um das Korpus gelegt und mit Nägeln befestigt. An diesen Fellstreifen ist die Membran mit feiner Schnur angenäht.

Abb.24

Während die Gurtspannung weitverbreitet ist, beschränkt sich die Keilspannung überwiegend auf die Region 7.

4. Nagel- und Pflockspannung

Bei Trommeln mit angenageltem Fell lassen sich aufgrund der Größe der Nägel zwei Typen unterscheiden.

Abb.26

Abb.25

Damit die Felle nicht reißen, sind die Nägel häufig durch eine um die Membranen gelegte Schnur (zumeist ein pflanzlicher, geflochtener Ring) oder durch umgelegte Schlaufen getrieben, die aus den Fellrändern herausgeschnitten werden. Bisweilen treibt man sie durch den Fellring. Bei zwei Instrumenten aus Nigeria (Kat.-Nr.324 und Kat.-Nr.117) ist eine Lederschnur um die Nägel gebunden, die man zwischen den Nägeln durch Schlitze in den Fellrändern geführt hat.

Tabelle 6

Die Nagelspannung ist überwiegend im Kameruner Grasland und in Zentralafrika verbreitet.

Abb.28 u. 29

Bei der Pflockspannung (Typ A) wird eine Schnur am Fell bzw. am Fellring befestigt; die Schnur bildet Schlaufen, die man um Holzpflöcke legt. Zum Halt und zur Spannung der Membranen werden die Pflöcke durch zuvor in das Korpus gebohrte Löcher getrieben. Man kennt ver-

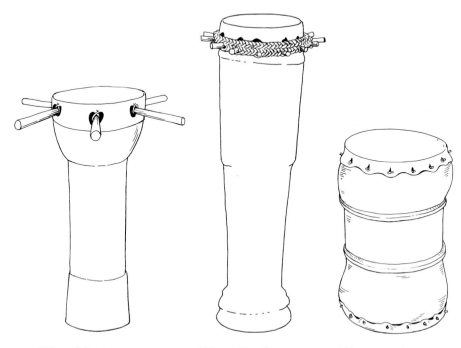

Abb.25 Nagelspannung, Typ A

Abb.26 Nagelspannung, Typ A

Abb.27 Nagelspannung, Typ B

Region	1	2	3	4	5	6	7	8	9
Nagelspannung (Typ A)	1		1		1	12			1
Nagelspannung (Typ B)	1					8	1	6	21

Tabelle 6: Instrumente mit Nagelspannung[15]

Region	1	2	3	4	5	6	7	8	9
Pflockspannung (Typ A)		4	41	7					
Pflockspannung (Typ B)	1			2	1		4		

Tabelle 7: Instrumente mit Pflockspannung[16]

schiedene Schnürungsarten, wobei bis zu drei Schlaufen um einen Pflock gelegt werden. Die Pflockspannung (Typ A) ist überwiegend in der Region 3 verbreitet.

Tabelle 7
Abb.30

Bei der Pflockspannung (Typ B) sind die Schlaufen, die man um die Pflöcke legt, aus den Membranrändern herausgeschnitten. Manchmal werden zusätzlich Schnüre durch Schlitze am Fellrand und um die Pflöcke geführt. In der Sammlung finden sich Beispiele aus verschiedenen Regionen.

Die Pflockspannung bietet gegenüber der Nagelspannung den Vorteil, daß durch die Beweglichkeit der Pflöcke die Stimmung der Instrumente variabel ist. Ferner lassen sich die Membranen leichter auswechseln.

Abb.28 Pflockspannung, Typ A

Abb.29 Pflockspannung, Typ A

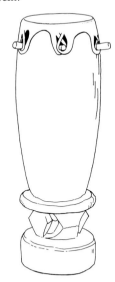

Abb.30 Pflockspannung, Typ B

---

15 Unberücksichtigt sind Trommeln, die sich nicht eindeutig einer der Regionen zuzuordnen lassen (6 Instrumente). Unberücksichtigt sind ferner zwei Rahmentrommeln der Asante, die einem modernen, überregionalen Typ zuzurechnen sind (vgl. S.227).
16 Unberücksichtigt sind Instrumente, die sich nicht eindeutig einer der Regionen zuordnen lassen (4 Instrumente).

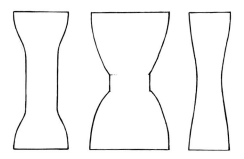

Abb.31 Sanduhrtrommeln,
Korpusformen, Typ A, B, C

Korpusformen

Während man aufgrund der Fellbefestigung bisweilen auf die ungefähre Herkunft der Trommeln schließen kann, gibt es zwischen Verbreitungsgebieten und der äußeren Form der Resonanzkörper keine signifikanten Korrelationen.

Abb.31

Der Katalog folgt bei der Beschreibung der Trommelformen weitgehend der Terminologie von von Hornbostel und Sachs (1914). Einige Ergänzungen betreffen vor allem einzelne Teile der Korpustypen. So lassen sich bei den Sanduhrtrommeln aufgrund verschiedener Mittelkörper drei Typen unterscheiden:

Typ A: Der Mittelkörper ist kleiner als die Resonanzschalen.
Typ B: Der Mittelkörper ist größer als die Resonanzschalen.
Typ C: Mittelkörper und Resonanzschalen gehen ineinander über.

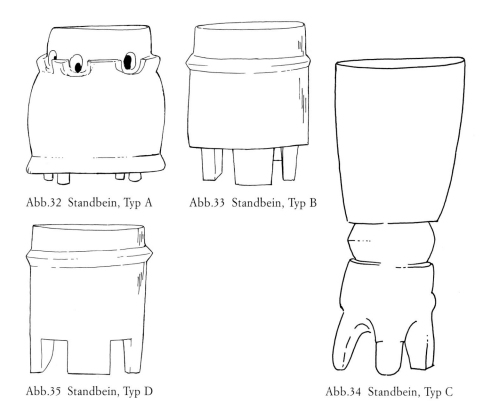

Abb.32 Standbein, Typ A

Abb.33 Standbein, Typ B

Abb.35 Standbein, Typ D

Abb.34 Standbein, Typ C

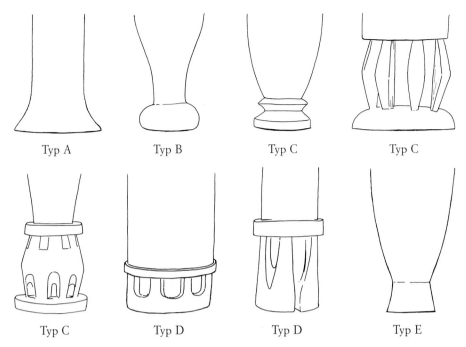

Typ A	Typ B	Typ C	Typ C
Typ C	Typ D	Typ D	Typ E

Abb. 36 Standfüße, Typ A–D

Auch bei den Bechertrommeln gibt es verschiedene Formen, da die Schale zylindrisch, konisch oder kesselförmig sein kann. Sofern im Katalog nicht anders beschrieben, sind die Ansätze der Bechertrommeln stets zylindrisch.

Bei konischen und zylindrischen Trommeln stehen die Resonanzkörper häufig auf einem Standfuß oder auf mehreren Standbeinen (bisweilen findet man auch an Bechertrommeln zusätzlich zum Ansatz einen Standfuß). Wiederum lassen sich verschiedene Typen unterscheiden:

Standbeine (Typ A): Die Standbeine sind gegenüber der Korpuswand nach innen „versetzt"; das Korpus ist unten verbreitert. *Abb. 32*

Standbeine (Typ B): Die Standbeine sind gegenüber der Korpuswand nach innen „versetzt"; das Korpus ist unten nicht verbreitert. *Abb. 33*

Standbeine (Typ C): Die Standbeine sind unterhalb einer Verengung des Korpus angeschnitzt. *Abb. 34*

Standbeine (Typ D): Die Standbeine sind ohne Übergang in Höhe der Korpuswand angeschnitzt. *Abb. 35*

Standfuß (Typ A): Eine einfache Verbreiterung am unteren Ende des Korpus. *Abb. 36*

Standfuß (Typ B): Das Korpus steht auf einem hohen Sockel.

Standfuß (Typ C): Das Korpus steht auf einem schmalen Sockel unterhalb rundumverlaufender Ornamente (die häufig aufgrund von Öffnungen entstehen) oder unterhalb angeschnitzter Ringe.

Standfuß (Typ D): Der untere Teil des Korpus ist nicht oder unwesentlich verbreitert, aber mit Ornamenten verziert (ggbf. mit Öffnungen).

Standfuß (Typ E): Ein kleiner, schmaler Ansatz unterhalb des Korpus bei Zylinder- und Konustrommeln.

Aufbau des Katalogs

In den einzelnen Abschnitten des Katalogs sind die Instrumente alphabetisch nach Ethnien sortiert. Bei unbestimmter Herkunft (innerhalb der jeweiligen Region) erfolgt die Ordnung nach den Katalognummern. Dabei sind als erstes die Objekte der Afrika-Abteilung aufgeführt (III C-Signaturen) und daraufhin die Objekte der Abteilung Musikethnologie (VII f-Signaturen).

Die einzelnen Objekte werden zunächst nach einheitlichen Gesichtspunkten beschrieben: Signatur, Name, Herkunft, Typenbezeichung (Korpusform), Fellbefestigung, Abmessungen (in cm).

Darauf folgt die individuelle Beschreibung der Instrumente, die sich nach verschiedenen Kriterien gliedert:

a. Ergänzungen zur Membran und zur Membranbefestigung.
b. Ergänzungen zur Korpusform.
c. zusätzliche technisch (auch musikalisch) relevante Teile (z.B. Haltegriffe, Schlegel, Rasselkörper).
d. Dekor.
e. Hinweise aus den Erwerbungsbüchern und Ankaufsakten.
f. Verweise auf Beschreibungen im Text und Literaturhinweise.

Zum Verständnis des Katalogs seien hier noch einige Ergänzungen angefügt:

– Manchmal werden nahezu identische Instrumente vom benachbarten Bevölkerungsgruppen unterschiedlich benannt. Häufig sind diese verschiedenen Namen nicht dokumentiert. Im Katalog werden einige Instrumente daher mit Typennamen versehen (z.B. „*atumpan*-Typ“ oder „*mukupiela*-Typ“).
– Regional sind die Trommeln stets den Ländern zugeordnet, zu denen ihr Herkunftsgebiet heute gehört. So liegen die Herkunftsgebiete vieler Instrumente aus den ehemaligen deutschen Kolonien Togo und Kamerun heute in Ghana bzw. in Nigeria.
– Bei Konustrommeln ist – sofern nicht anders angegeben – der obere Durchmesser größer als der untere.
– Die Membranen der afrikanischen Trommeln sind mehrheitlich mit Ziegen-, Rinder- oder Antilopenleder bespannt. Bei den älteren Trommeln der Sammlung konnte nicht immer eindeutig bestimmt werden, welcher dieser drei Felltypen verwendet wurde. Im Katalog sind daher nur alternative Felltypen (z.B. Reptilienhaut) erfaßt.
– Da vor allem in Westafrika und im Norden Zentralafrikas meistens Fellringe in die Membranränder der Trommeln eingenäht sind, sind Instrumente ohne Fellring oder äußeren Spannring eigens gekennzeichnet („ohne Fellring“).
– Viele Instrumente sind mit Stimmpaste belegt – sofern nicht anders angegeben – in talergroßen Auflagen.
– Bei Trommeln mit Nagelspannung sind die Nägel – sofern nicht anders angegeben – aus Holz gefertigt.
– Viele der hier besprochenen Instrumente sind mit anthropomorphen, zoomorphen und abstrakten Figuren beschnitzt (oder seltener bemalt). Reliefschnitzereien werden im Katalog als „angeschnitzt“ beschrieben (z.B. „angeschnitzte zoomorphe Figuren“), negative Reliefschnitzereien als „ausgeschnitzt“. Bei Kerbschnittornamenten handelt es sich – so nicht anders angegeben – um abstrakte Figuren.

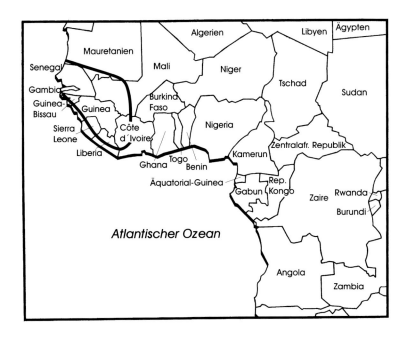

Region 1: Mande-Völker, Wolof und benachbarte Ethnien (Westsudan)

Zum Areal der Region 1 gehören das südwestliche Mali, Senegal, Gambia, Guinea, Guinea-Bissau sowie die angrenzenden Gebiete von Sierra Leone, Liberia und der Côte d'Ivoire. Es umfaßt den Siedlungsraum der Mande-Völker und der Wolof, deren Kulturen vielfach durch den Einfluß des Islam geprägt sind. Dennoch leben hier zahlreiche nichtislamische Bevölkerungsgruppen. In Mali etwa haben sich bei mehr als 30% der Bevölkerung afrikanische Religionen erhalten. Die Kulturen der Region – ob islamisch oder nichtislamisch – sind eng miteinander verwandt bzw. verzahnt. Bei der Musik zeigt sich das neben dem Instrumentarium u.a. anhand der *griot*-Familien, in deren Händen bei fast allen Mande-Gruppen und den Wolof seit Generationen die Musikausübung zu finden ist. Die *griots* sind Sänger, die traditionell überwiegend Preislieder zu Ehren ihrer Herrscher und deren Vorfahren vortrugen. Die Bedeutung des Wortes *griot* ist unklar. Schriftlich belegt ist der Ausdruck seit dem 17. Jahrhundert (Knight 1973, S.27f.). Bei vielen Bevölkerungsgruppen der Region sind andere Namen – u.a. *kan, jali, dyeli* – verbreitet (ebd., S.27). Gemeinhin stehen die *griot*-Familien weit unten innerhalb einer nach Art des Kastenwesens sich formenden Hierarchie. Ames beschreibt das am Beispiel der Wolof:

> Die Mitgliedschaft in jeder Schicht wird über die männliche Linie vererbt, und eine Heirat außerhalb der Klasse ist verboten. Von oben nach unten unterscheidet man: Die Freigeborenen (jambor); die Nachkommen von Sklaven der Freigeborenen (jam); die Grobschmiede und Lederarbeiter (tega und ude), die eine endogame Gruppe bilden; die Nachkommen von

Abb.37 *Jembe*. In Deutschland
hergestellt. Kat.-Nr.8.

Abb.38 *Sabar*-Typ. Trommel der Wolof.
Gambia. Kat.-Nr.7.

Sklaven der Grobschmiede und Lederarbeiter (jam i tega oder jam i ude);
Preissänger, Minstrels, Musiker und Narren (gewel) und schließlich die
Nachkommen von Sklaven der Letztgenannten (jam i gewel) (Ames 1955,
S.3; Übersetzung aus dem Englischen: A. Meyer).

Abb.39 *Darabukka.*
Ägypten. VII b 149.

Als Begleitinstrumente der *griots* dienen vielfach Stegharfen oder Xylophone. Trommelbegleitung ist bei den Wolof und der Mande-Gruppe Khasonke in West-Mali bekannt, insgesamt aber seltener in der Region. Doch auch das Trommelspiel wurde u.a. bei den Malinke urspünglich nur von Mitgliedern der Kaste ausgeübt, der die *griot*-Familien angehörten.[1] Heute hat sich die Situation geändert. Famoudou Konaté etwa – einer der renommiertesten Malinke-Trommler – ist der Sohn eines Bauern. In seiner Heimatgegend – so erzählt er – gab es keine *griots,* und daher lernten er und sein Bruder das *jembe*-Spiel (vgl. Meyer 1993a, S.87).

Die Trommeln der Mande-Völker und Wolof sind in der Sammlung stark unterrepräsentiert. Aber schon die wenigen vorhandenen Exemplare weisen auf eine für die Region typische organologische Vielfalt. Die wohl bekanntesten Trommeln – die *jembe* und die *sabar* – sind nur jeweils einmal vertreten. Die *jembe* (Kat.-Nr.8) wurde von dem deutschen Trommelbauer Paul Engel für das Museum hergestellt. Die Trommel vom Typ der *sabar* (Kat.-Nr.7) gehörte zum Instrumentarium einer gambischen Musikgruppe, die in den 80er Jahren in Berlin gastierte.[2]

Abb.37

Abb.38

Die *jembe*

Traditionell ist die *jembe*[3] ein Instrument der Mande-Völker Bambara und Malinke sowie benachbarter Ethnien. Von deren Siedlungsgebieten aus hat sie sich in der gesamten Region und später in weiten Teilen Westafrikas verbreitet. Diese Entwicklung scheint relativ jung. In den Arbei-

---

1 Famoudou Konaté, persönliche Mitteilung 1992; Rainer Polak, persönliche Mitteilung 1995.
2 Die Musiker bezeichneten das Instrument als „jembe".
3 Bei Beer: *Djembé*; bei Diallo: *djémé*; bei Polak: *jenbe.*

Abb.40–43 Fellbespannung einer *jembe* in Bamako. 40. Korpus mit Fell und Fellring; 41. Äußerer Eisenring mit Querband; 42.–43. Befestigung der Längsschnüre.

Abb.41

ten von Ames (1955) und Nikiprowetzky (o.J.) über die Musik der Wolof im Senegal und in Gambia ist das Instrument weder erwähnt noch abgebildet. Heute gehört es dort zu den typischen Instrumenten.

Die *jembe* wird bei den Malinke bevorzugt aus dem Holz des *lengε*-Baumes (Afzelia africana) gefertigt.[4] In Mali verwendet man auch andere, ähnlich harte Hölzer: *jala* (Khaya senegalensis), *kasia* (Cassia), *dugura* (Cordyla pinnata) (Polak 1996b, S.8). Der Resonanzkörper ist stets becherförmig, der Ansatz häufig zum unteren Ende hin verbreitert. In der Form erinnert die *jembe* daher an die nordafrikanische *darabukka*. Allerdings gibt es abweichende Formen. In Bamako etwa wird u.a. eine *jembe* mit schlanker, länglicher Schale gespielt.

Abb.39

Abb.40–43

Die Bespannung ist zumeist ein aufwendiger Vorgang. Bei den Trommelbauern in Bamako vernäht man – wenn der geschmiedete Fellring auf der Membran liegt – das überstehende Fell provisorisch nach oben. Auf

---

4   Famoudou Konaté, persönliche Mitteilung 1992.

Abb.42

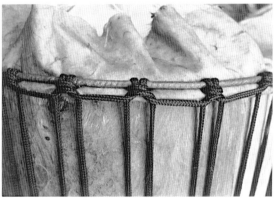

Abb.43

den so umhüllten Fellring legt man einen weiteren eisernen, häufig mit
Stoff umwickelten Ring, an den rundumverlaufend ein Querband befestigt wird. Die senkrecht verlaufenden Schnüre sind mit extremer Spannung oben um das Querband und unten um den Gurt (häufig ein geschmiedeter Ring) oder ebenfalls um ein Querband geführt, welches an
den Gurt gebunden ist. Oberhalb des Gurtes bindet man zum Nach-
spannen an die Längsschnüre mehrfach rundumverlaufend eine weitere
Ligatur. Bei den Malinke sind die Längsschnüre bisweilen an einem komplexen Netzwerk befestigt. Die Technik mit dem zweiten, auf dem Fell
ruhenden Eisenring wurde in Bamako erst in den 70er Jahren eingeführt.
Zuvor kannte man lockere Konstruktionen. Zum Teil wurden die Membranen angenagelt, zum Teil mit Schnüren und Pflöcken befestigt. In
ländlichen Gebieten sind derart bespannte Instrumente heute noch zu
finden (ebd., S.11f.).

Abb.44 Famoudou Konaté (links) mit Begleitmusiker im Museum für Völkerkunde Berlin, 1991. Trommel-Set der Malinke: V.l.n.r. *jembe, kenkeni, dunun, sangba* (oben).

Als Membranen dienten früher überwiegend Antilopenfelle (ebd., S.12). Heute verwendet man Ziegenleder. Bevorzugt wird das Rückenfell, wobei der sich abzeichnende Teil oberhalb der Wirbelsäule wenn möglich in der Mitte – den Trommelradius markierend – verlaufen sollte, da das Fell links und rechts des Nackens am stärksten ist. Vor dem Spiel wird traditionell die Membran zur endgültigen Spannung am offenen Feuer erhitzt, was allerdings dank der modernen Fell-Befestigungsweise nicht mehr unbedingt notwendig ist.

Früher konnte man die Instrumente nicht ohne weiteres herstellen oder kaufen. Bei den Malinke wurde ein eigens autorisierter „Skulpteur" beauftragt. Der suchte für das Holz der Trommel einen geeigneten Baum. Es heißt, daß der *lengɛ*-Baum, dessen Holz bevorzugt wird, den Teufel in sich hat, den es zu besänftigen gilt. Daher mußte man – wie sich Famoudou Konaté erinnert – den Baum mit Opfergaben um Verzeihung bitten, bevor man ihn fällte:

C'est pourquoi on donne le poulet et le cola: Donc quand tu parles le boi, tu dis: "Bon, je te demande, le group sont venu me demander. ... j'étais choisi pour faire le jembe du village alors je te coupe pour le tamtam du village, beaucoup de succès et longue vie et beaucoup d'enfants, tu es d'accord?" Alors le poulet il fait beaucoup de mouvements, après il fait comme ça, alors l'arbre est d'accord pour le jembe. Mais quand le poulet mélange il le laisse, va d'autres.

[Darum gibt man das Huhn und die Kolanuß: Also wenn du zum Baum sprichst, sagst du: „Nun, ich frag dich, die Gruppe ist zu mir gekommen. ... ich wurde ausgewählt, die jembe des Dorfes zu bauen (für) viel Erfolg, ein langes Leben und viele Kinder. Bist du einverstanden?" Das Huhn macht dann viele Bewegungen. Wenn es ... (bestimmte Bewegungen) macht, ist der Baum einverstanden mit der jembe. Wenn das Huhn aber mischt (sich wendet), läßt man ihn stehen und geht zu einem anderen.[5]]

---

5   Famoudou Konaté, persönliche Mitteilung 1992. Das vollständige Interview ist im Privatarchiv des Autors archiviert.

Manche Trommler befestigen im Resonanzkörper der *jembe* ein sogenanntes *gris gris* (*gris*: franz. *grau, düster*), ein Amulett in Form eines ver-
schmierten Bündels aus Vogelfedern, oder in Leder gehüllte Malereien
bzw. islamische Segenssprüche (Polak 1996b, S.11). Bisweilen werden
die Instrumente nach ihrer Fertigstellung mit Rauch umhüllt, der beim
Verbrennen von Medizinpflanzen entsteht (ebd.). Auf diese Weise bekommen die Trommler magische Kräfte. Famoudou Konaté berichtet von
einem Fall aus eigener Erfahrung, als er beim staatlichen Ballet angestellt
wurde:

> *On m'a fait une fois quand le ballet africain est venu. Ca c'est les artistes, il
> y'a beaucoup de batteurs, tou le monde veut venir au ballet africain. ... Alors
> les autres batteurs ont compris que moi je suis aimé et vont me prendre et ont
> commençe a faire leur grisgris, et entretemps le tamtam ‚vlan'.*

[Man hat das mit mir gemacht, als das Ballet Africain kam. Da sind die
Künstler, es gibt viele Trommler und jeder will zum Ballet Africain. ... Die
anderen Trommler merkten nun, daß man mich bevorzugt und daß sie
mich nehmen würden. Da begannen sie, ihr grisgris zu benutzen und währenddessen macht die Trommel ‚peng' (ist das Fell der Trommel geplatzt).][6]

Seine Popularität verdankt das Instrument den vielfältigen klanglichen
Möglichkeiten. Man kennt drei verschiedene Anschlagtechniken, die
weitgehend den als *bass*, *open* und *slap* bekannten Schlägen des Spiels
auf der kubanischen *conga* gleichen. Der *bass* wird mit der flachen Hand
in der Mitte des Felles ausgeführt. Die Membranmoden werden unter-
drückt, die Luftsäule im Korpus wird angeregt. Anders als bei der *conga*
kommt der *bass* bei der *jembe* nur als offener und nicht als gedämpfter
Schlag zum Einsatz. Er findet seltener Verwendung als die beiden anderen Schläge.[7] Den *open* spielt man mit der flachen Hand, nahe am Membranrand, sodaß die drei Fingerglieder und der vordere Handballen die
Membran berühren. Es entsteht eine voller Klang mit tiefen, mittleren
und hohen Frequenzanteilen. Beim *slap* ist die Hand leicht gewölbt. Der
hintere Handballen trifft auf den Membranrand, die gespreizten Finger
kurz und hart auf die Membran, sodaß ein heller schneidender Klang
entsteht.[8] *Open* und *slap* können mit „Stoppschlägen" modifiziert werden. Dabei bleibt entweder die Hand nach dem Schlag auf der Membran   *Farbt.I(1)*
liegen, oder der Schlag wird mit der freien Hand abgedämpft (Beer 1991,
S.25). Weitere Klangveränderungen ergeben sich durch Rasseln mit Drahtringen (bei den Malinke: *sesse*), die an den Ligaturen befestigt werden
und indirekt mitklingen. Die verschiedenen Schläge werden von den
Musikern lautmalerisch bezeichnet (vgl. Meyer 1993a, S.87).
Die *jembe* erklingt überwiegend im Zusammenspiel mit anderen
Membranophonen. Bei den Malinke besteht ein Set gemeinhin aus zwei
jemben und drei Zylindertrommeln *kenkeni*, *sangba* und *dunun*, wobei   *Abb.44*
die *kenkeni* am höchsten und die *dunun* am tiefsten klingt. Die Zylindertrommeln sind zweifellig. Sie werden mit einem Schlegel geschlagen. Mit
der freien Hand bespielt der Musiker häufig eine Eisenglocke, die am
Korpus des Instrumentes befestigt ist. Die Zylindertrommeln trägt man
an Gurten oder sie ruhen in einem Gestell bzw. liegen beim Spielen auf

---

6   Famoudou Konaté, persönliche Mitteilung 1992. Das vollständige Interview ist im
    Privatarchiv des Autors archiviert.
7   Rainer Polak in einem Brief an den Autor vom 14.2.1996.
8   Abbildungen zu den einzelnen Schlagtechniken, wie sie von Famoudou Konaté ausge-
    führt werden, finden sich bei Beer 1991, S.47.

O = offene Schläge mit den Fingern der flachen Hand nahe am Rand der Membran *(Open)*

S = offene Schläge mit den gespreizten Fingern der hohlen Hand auf die Mitte der Membran, der hintere Handballen trifft auf den Rand der Membran *(Slap)*

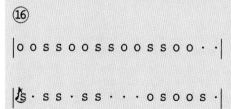

Notenbeispiel 1[9]

ebener Erde. Die *jembe* trägt der Musiker zumeist an einem Schultergurt. Bisweilen sitzt er auf einem Hocker vor dem Instrument.

Neben der führenden *jembe* fungiert die *sangba*, die als einzige der Zylindertrommeln mit unterschiedlichen Anschlagtechniken gespielt wird, als wichtigstes Instrument. Anhand des *sangba*-Spiels lassen sich die verschiedenen Rhythmen identifizieren. Auf der *kenkeni* hingegen erklingen bisweilen für verschiedene Rhythmen die gleichen ostinaten Schlagfolgen. Wenn ausnahmsweise nur zwei Musiker zusammenspielen, sind es stets ein *jembe*- und ein *sangba*-Spieler (Beer 1991, S.7f.). Gemeinsam mit den Trommlern treten bei Festen Sängerinnen auf, die sogenannten *griottes* (ebd., S.5). Sie kennen zu jedem Rhythmus eine Fülle von Gesängen und Tänzen. Die Tanzenden bringen häufig Soloeinlagen, die der Meistertrommler mit einem schnellen Rhythmus begleitet, bei dem jeder Puls bespielt wird (bei Beer: „échauffement"). Zum Abschluß dieser Einlage erklingt eine ebenfalls vom Meistertrommler ausgeführte rhythmische Standardfigur (bei Beer: „bloquage", in verschiedenen Mande-Sprachen: *tigɛli* = „abschneiden").[10]

Bei Johannes Beer finden sich Transkriptionen unterschiedlich komplexer Trommelstücke. Anhand eines eher einfachen 16er Rhythmus verdeutlicht er die Spielweisen „échauffement" und „bloquage", die sich an einer Stelle über acht Pulsationen erstrecken; die beiden letzten sind hier wiedergegeben.

Mbsp.1
Notenbsp.1

Die *jembe*-Ensembles in der Umgebung von Bamako ähneln hinsichtlich des Instrumentariums und der Spielweise denen der Malinke. Der Trommler der zweiten *jembe* schlägt gemeinhin eine einfache Figur, über die der Meistertrommler komplexe und farbenreiche Patterns „im dialogischen Austausch mit den Tänzerinnen und Sängerinnen" spielt (Polak 1996a). Auf einer Zylindertrommel entstehen dazu Schlagfolgen, die zwischen formelhafter Begleitung und solistischem Spiel variieren. Zum Ensemble gehören häufig weitere Baßtrommeln, eine zusätzliche *jembe* und mehreren Eisenglocken (ebd., S.2). Auch in Bamako kennt man die in der Literatur als „échauffement" und „bloquage" bezeichneten Schlagfolgen. Wichtig in diesem Zusammenhang ist ein Phänomen, das sich verschiedentlich in der westafrikanischen Trommelmusik aufzeigen läßt und besonders für die Mande-Kulturen typisch scheint. Die Trommler

---

9 Johannes Beer verwendet für seine Notenbeispiele die europäische Notenschrift (vgl. Beer 1991, S.34).
10 Beer 1991, S.6; Polak 1996a.

retardieren und antizipieren die Elementarpulse.[10] Besonders deutlich wird das bei den „échauffements", wenn alle Pulse bespielt werden. Rainer Polak konnte nachweisen, daß sich diese Gestaltungsform bei der *jembe*-Musik häufig nach bestimmten Regeln vollzieht (Polak 1996a).

Das *jembe*-Ensemble erklingt in der Region u.a. während der zahlreichen alljährlich wiederkehrenden Feste, sowie auf Hochzeiten und Begräbnisfeiern. Bei privaten Festen im Gebiet der Hamana-Malinke in Guinea wird der Meistertrommler von der Familie eingeladen, indem man ihm feierlich eine Kola-Nuß überreicht. Die „Bezahlung" der Musiker erfolgt während des Festes. Vor den Trommlern wird eine Schüssel aufgestellt, in die die Verwandten und Freunde der Familie Geld hineinlegen (Beer 1991, S.6).

Zu den spektakulärsten Darbietungen, bei denen die *jembe* zum Einsatz kommt, gehört der martialische *dununba*-Tanz, der in verschiedenen Formen in der gesamten Region verbreitet ist. Bei den Malinke ist er – wie Johannes Beer schreibt – Teil eines nach festen Regeln ablaufenden Festes: Schon der Beginn ist ritualisiert. Die Trommler treffen sich vor dem Haus des Solisten und spielen mehrmals den Rhythmus *dununbé*. Daraufhin betreten die unverheirateten Mädchen des Dorfes den Tanzplatz. Später werden sie dort zu den Rhythmen der Trommler verschiedene Gesänge darbieten. Eine wichtige Rolle kommt während des Festes den sogenannten *„barrati"* zu:

> Inzwischen haben sich auch die *barrati* eingefunden, eine Gruppe von 30 bis 40 großen und starken Männern, die den Verlauf aller Feste bestimmen und überwachen. Als Herren des Tanzplatzes sind sie im Besitz der Instrumente und haben das Vorrecht auf den ersten Tanz. Der Titel des *barrati* kann nur innerhalb der Verwandtschaft weitergegeben werden. Will eine Anzahl anderer Männer die neuen *barrati* werden, so müssen sie bei einem *dununba*-Fest geschlossen als Gruppe gegen die *barrati* auftreten. Dabei wird mit Peitschen aus Nilpferdhaut ein harter Kampf ausgetragen; gewinnen die Herausforderer, werden sie die neuen *barrati* (Beer 1991, S.18f.).

Bei folkloristischen Veranstaltungen werden heute die Kampfhandlungen des *dununba* lediglich pantomimisch angedeutet. Früher wurde wirklich gekämpft. Bei den Minianka, einer Untergruppe der Senufo im Südosten von Mali (Region 2) bot der Tanz Gelegenheit, Streitereien auszufechten. Wenn die Vermittlung der Angehörigen und Freunde scheiterte, wurde eine *dununba*-Zeremonie auf dem Dorfplatz abgehalten. Zur Musik der Trommler stritten die Kontrahenten in einem rituellen Kampf mit massiven Stöcken (Diallo & Hall 1989, S.111). Möglicherweise gab der „Tanz" ein Vorbild für die in der Karibik unter Afroamerikanern bekannten *battle-dances* oder *stickfights*.[12]

Die *jembe* wird in vielen Gebieten auch solistisch gespielt. Traditionell begleitet sie die Arbeit auf den Feldern und markiert den Arbeitsrhythmus. Im Siedlungsraum der Minianka kommt sie ferner bei der Heilung von Kranken zum Einsatz. Die Musiker gelten als Heilkundige (Diallo & Hall 1989, S.79). Die verschiedenen Behandlungsmöglichkeiten beschreibt Yaya Diallo:

> Sobald der für die Heilung verantwortliche Musiker einen Rhythmus gefunden hat, der dem Patienten recht ist und keine Angst verursacht, be-

---

11   Vgl. Beer 1991, S.12f.; vgl. Kubik 1984, S.72.
12   Vgl. Courlander 1960, S.131ff.; Hill 1972, S.25ff.

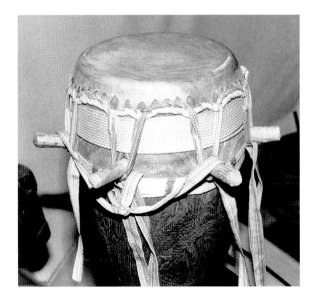

Abb.45 *Sabar*-Trommel des in Berlin lebenden senegalesischen Musikers Mohamed Lamine Diasoumé, 1996.

hält er ihn bei. Das gilt auch für die Trommeltöne. Die traditionelle Trommel produziert drei Töne: tief, mittel und hoch. Den Patienten, dessen Krankheit durch ein Trauma verursacht ist, entnervt vielleicht der tiefe Baßton, jener sollte also in diesem Fall vermieden werden. Den hysterischen Patienten regen möglicherweise mehr die hohen Slap-Töne auf.

Sobald die richtigen Klänge gefunden sind, wird der Rhythmus nicht verändert. Der Musiker spielt so lange wie notwendig, vielleicht drei Stunden. Die Kombination aus dem ruhigen, stabilisierenden Rhythmus und dem passenden Klang hilft, die innere Balance des gestörten Individuums wiederherzustellen (ebd., S.160; Übersetzung aus dem Englischen: A. Meyer).

Bei den Minianka, die mehrheitlich bislang nicht zum Islam konvertiert sind, ist das Trommelspiel und dessen therapeutische Bedeutung Teil ihrer Religion. Trommelspiel als Therapie kennt man allerdings auch bei den Wolof. In Dakar hat man – wie Yaya Diallo berichtet – an einem „Institut für afrikanische Psychatrie" sogar versucht, die traditionellen Heilmethoden mit der europäischen Schulmedizin zu verbinden. Das Experiment scheiterte jedoch: „A vital ingredient was missing: belief" (ebd., S.161).

Sabar und *gɔrɔng* – Trommeln der Wolof

Bei den populärsten Wolof-Trommeln sind die Membranen mit Pflockspannung befestigt. Als führendes Instrument im Ensemble fungiert meistens die *sabar*, die unterschiedlich hergestellt wird. Bei Ames ist ein schlankes, konusförmiges Instrument abgebildet. Aus dem Fell sind Schlaufen herausgeschnitten und um die Pflöcke gelegt.[13] Nikiprowetzky dokumentiert hingegen einen eher becherförmigen Typ, bei dem Schnüre durch Löcher im Fellrand und um die Pflöcke geführt sind.[14] Durch die Löcher im Fellrand hat man außerdem lange, herunterhängende Fell-

---

13   Im Katalog: Pflockspannung (Typ B)
14   Im Katalog: Pflockspannung (Typ A).

Abb.46 Ensemble-Leiter Singsing Faye mit einem Set aus *sabar-* und *gɔrɔŋ*-Trommeln, 1989.

streifen als Dekor angebracht (vgl. Nikiprowetzky o.J., Abb. S.37). Moderne *sabar*-Trommeln sind stets becherförmig. Häufig wird eine Ligatur durch Löcher im Fellrand geführt, über die die Schnüre der Pflockspannung verlaufen. Einen zusätzlichen Halt bekommt die Ligatur durch ein weiteres Querband, das darunter mehrfach um den Resonanzkörper gelegt wird. Dieser Typ wurde von den Musikern des senegalesischen „Singsing Faye Ensembles" gespielt, das 1990 in Berlin während des „Festivals traditioneller Musik" in Berlin gastierte. Becherförmig ist auch der Resonanzkörper des Instruments in der Sammlung. Der Ansatz ist zum unteren Ende hin stark verbreitert. Aus dem Fellrand sind Schlaufen herausgeschnitten und um die Pflöcke gelegt. Zudem hat man durch Löcher im Fellrand einen eingedrehten Lederstreifen geführt, an den eine Stoffschnur gebunden ist. Die Stoffschnur bildet Schlaufen, die zusätzlich um die Pflöcke gelegt sind. Die Membran ist daher mit einer kombinierten Bespannung (Pflockspannung, Typ A und B) befestigt.

Abb.45

Farbt.I(2)

Abb.46

Abb.38

Die *gɔrɔŋ*-Trommeln sind faß- oder konusförmig und unten geschlossen. Zum Teil unterscheiden sie sich erheblich in der Größe, sind aber stets kleiner als die Instrumente vom Typ der *sabar*. Ihre Membranen sind wiederum mit Pflöcken befestigt.

Die Instrumente werden zu unterschiedlichen Ensembles zusammengestellt und in verschiedenen Gebieten offenbar unterschiedlich benannt. Nach Knight besteht ein Set in Gambia häufig aus drei bis vier *gɔrɔŋ* und einer *sabar*. Letztere wird bisweilen durch eine zweifellige Sanduhrtrommel *tama* ersetzt (vgl. Knight: *Gambia*, Grove 7). Ames beschreibt ein aus einer *njol sabar*, einer *gɔrɔŋ* sowie zwei der *gɔrɔŋ* ähnlichen aber größeren Baßtrommeln bestehendes Set. Nach Mohamed Lamine Diasoumé – einem in Berlin lebendem Wolof-Musiker – wird im Norden Senegals ein Ensemble gespielt, das sich aus zwei Trommeln vom Typ der *sabar* (*nder* und *njol*), einer *gɔrɔŋ* und einer konusförmigen Baßtrommel

Abb.47 Musiker
und Tänzer des
„Singsing Faye
Ensembles" in
Dakar, 1989.

Mbsp.2

Abb.47

bumbum zusammensetzt. Die *nder*, die der Meistertrommler spielt, ist kleiner und klingt höher als die *njol*.[15] Die Musiker des „Singsing Faye Ensembles" aus der Cap-Vert-Region (Dakar und Umgebung), das 1990 in Berlin gastierte, musizieren auf Instrumenten verschiedener Größen vom Typ der *sabar*. Nur das größte, welches vom Meistertrommler gespielt wird, bezeichnet man tatsächlich als *sabar*, die beiden kleineren als *nder* und *njol* (bei Aubert: *Dner* und *Thiol*) (Aubert 1990, S.34ff.). Zum Ensemble gehören ferner drei unterschiedlich große Trommeln vom Typ der *gɔrɔŋ: lambé* („die Mutter"), *gɔrɔŋ* („der ältere Sohn"), *mbangmbang* („der jüngere Sohn") (ebd., S.36). Die *sabar*-Trommeln trugen die Spieler an Hals- bzw. Schultergurten. Die *gɔrɔŋ*-Trommeln waren vor den sitzenden Musikern aufgestellt.[16] Bisweilen spielt man auch die *sabar*-Trommeln im Sitzen, die dann angeschrägt zwischen den Knien gehalten werden.

Die endgültige Stimmung erhalten *sabar* und *gɔrɔŋ* traditionell durch Erhitzen der Membranen. Die Trommeln werden stets mit einem Schlegel und einer Hand gespielt, wobei man verschiedene Schlagtechniken anwendet[17]:

– offene Schläge mit dem Schlegel,
– gedämpfte Schläge mit dem Schlegel (mit der freien Hand abgedämpft),
– verhaltene *rimshots*,
– offene Schläge mit der flachen Hand auf die Mitte der Membran,
– offene Schläge mit der hohlen Hand nahe am Rand der Membran.

Im Zusammenspiel ergibt sich ein ähnlicher Klangfarbenreichtum wie bei den *jembe*-Sets der Mande-Völker. Auf der *gɔrɔŋ* erklingen gemeinhin ostinate Rhythmen. Das Spiel auf der *sabar*, das bisweilen als „Melodie" bezeichnet wird,[18] gestaltet sich freier und facettenreicher.

---

15 Mohamed Lamine Diasoumé, persönliche Mitteilung 1996.
16 Aufnahmen des „Singsing Faye Ensembles" finden sich auf einem Video-Film (vgl. Filmverzeichnis Nr.1).
17 Nach Mohamed Lamine Diasoumé, persönliche Mitteilung 1996.
18 Mohamed Lamine Diasoumé, persönliche Mitteilung 1996.

Die Wolof bekennen sich heute fast ohne Ausnahme zum Islam, weshalb das Trommelspiel gewissen Restriktionen unterliegt, da es nach Meinung vieler Muslime „den Teufel in die Herzen der jungen Männer und Frauen bringt" (Ames 1955, S.4). Noch in den 1950er Jahren gab es nach Ames Zeremonien und Tänze mit Trommelmusik, die aus der Zeit vor der Islamisierung stammten. Ferner wurden Trommeln – wie erwähnt – therapeutisch eingesetzt. Ein Relikt aus vorislamischer Zeit ist darüberhinaus der Brauch, den Instrumenten Amulette (bunte Perlen u.ä.) beizugeben, die man auch bei den Wolof als *gris gris* bezeichnet.[19]

Vgl. S.36

Während privater Feste begleiten die Trommeln häufig die Gesänge der *griots*. Die Sänger werden gut bezahlt, weshalb sie in der Regel – obwohl gesellschaftlich niedrig stehend – zu den eher wohlhabenden Leuten im Dorf zählen. Zu ihren Gesängen und Rezitationen spielt man nach Ames eine *sabar* und zwei *gɔrɔŋ* (Ames 1955, S.3). Die gleiche Besetzung findet sich auf einer Aufnahme von Ames, die während einer Hochzeit entstand. Die Trommler begleiten den Hochzeitstanz, der von den weiblichen Verwandten und den Freundinnen der Braut dargeboten wird (ebd., S.9). Weiterhin erklingen Trommeln der Wolof bei Geburten, Beschneidungsfeiern und Kampfspielen (Aubert 1990, S.36f.).

Katalog zu Region 1 (Nrn.1–8)

1   III C 30119

Balante, Senegal oder Guinea-Bissau

Bechertrommel, geschlossen
Nagelspannung (Typ A), 8 Nägel
H = 41,5; D = 28,5 x 25

a. Die Nägel sind durch herausgeschnittene Schlaufen am Fellrand getrieben. Um die Nägel ist eine Lederschnur gelegt.
b. Schale konisch. Standfuß (Typ A).
c. Ein lederner Haltegurt ist oben an der Schnur und unten an den Ansatz gebunden.
SAMMLER: Umlauff/1913

2   III C 33001

Bambara, Mali

Bechertrommel, einfellig, offen
Nagelspannung (Typ B)
H = 19; D = 13

a. Ohne Fellring.
b. Schale kesselförmig.
e. Herkunft laut Erwerbungsbuch: „Ost Bamana".
SAMMLER: Konietzko/1921

3   III C 34442 a+b

Loma, Liberia

Sanduhrtrommel, zweifellig
Schnurspannung, Stimmschnüre (Typ A)
H = 25; D = 9,5

a. Schnüre pflanzlich. Ligatur.
b. Mittelkörper (Typ A).
c. b = Schlegel (fehlt).
SAMMLER: Germann/1928

4   III C 1190

Mandingo

Zylindertrommel, einfellig, offen
Gurtspannung, Y-Schnürung (Typ A)
H = 52; D = 23,5

---

19 Vgl. Nikiprowetzky o.J., S.48f. und Ames 1955, S.5.

a. Schnüre und Gurt pflanzlich. Gurtschlaufen. Die Schnüre sind oben und unten um Holz-ringe geführt, die wiederum mit Schnüren befestigt sind: oben am Fellring, unten an einer im Korpus herausgearbeiten Stufe beim Übergang zu den Standbeinen.
b. 3 Standbeine (Typ C).
c. Als Haltegriff dient eine überstehende Fellzunge.
d. Ausgeschnitzte Ringe beim Übergang zu den Standbeinen.
f. Ankermann 1901, S.54, Abb.128.
SAMMLER: Klinghöfer/1878

5	III C 30099	Kesseltrommel
		Gurtspannung, Y-Schnürung (Typ A)
	Guinea-Bissau,	H = ca. 43; D = 18,5 x 18
	Arquipélago dos Bijagós	

a. Schnüre und Gurt pflanzlich. Gurtschlaufen. Die Naht des Fellringes bildet Schlaufen, durch die die Schnüre geführt sind. Zwei Ligaturen rundumverlaufend.
b. Auf das Kalebassenkorpus ist ein Holzzylinder gesteckt und mit Teer abgedichtet. Darüber ist die Membran gespannt.
c. Das Korpus steht auf einem kreisrunden Standfuß aus Rotang, der mit Schnüren an den Gurt gebunden ist.
SAMMLER: Umlauff/1913

6	III C 30100	Konustrommel, einfellig, offen
		Keilspannung, Einzelschnüre
	Guinea-Bissau,	H = 35; D = 17
	Arquipélago dos Bijagós	

a. Gurt und Schnüre pflanzlich. Gurtknoten. Ohne Fellring. Ein Ring aus Rotang ist durch Schlitze im Fellrand geführt.
b. Standfuß (Typ A).
c. Um das Korpus ist eine geflochtene Halteschnur gelegt.
d. Vertikale Rillen unterhalb des Gurtes. Über dem Standfuß ein angeschnitzter Ring.
SAMMLER: Umlauff/1913

7	VII f 139 *sabar*-Typ	Bechertrommel, einfellig, offen
		Pflockspannung (Typ B), 7 Pflöcke
	Gambia	H = 55; D = 27,5

a. Ohne Fellring. Eine dünne Schnur aus eingedrehtem Leder ist oberhalb der Pflöcke durch Schlitze im Fellrand geführt. Durch die Schlitze verlaufen außerdem pflanzliche Schnüre, die Schlaufen bilden, welche um die Pflöcke gelegt sind. Die Pflöcke sind durch herausge-schnittene Schlaufen am Fellrand getrieben. Unterhalb der Pflöcke ist eine weitere Schnur aus gedrehtem Leder mehrfach um das Korpus gelegt und an den Fellrand geschnürt.
b. Schale und Ansatz konisch, Korpus daher leicht sanduhrförmig.
e. Das Instrument wurde von den Musikern als „jembe" bezeichnet und ist unter diesem Na-men im Erwerbungsbuch geführt.
f. Vgl. S.28 u.36ff.
SAMMLER: Gassama/1984

8	VII f 244 *jembe*	Bechertrommel, einfellig, offen
		Gurtspannung, W-Schnürung (Typ A)
	In Deutschland hergestellt	H = 50; D = 32,5 x 31,5

a. Schnüre pflanzlich, Gurt aus Eisen. Auf dem Fellring liegt eine weiterer Eisenring. An die-sem Eisenring und unten am Gurt sind Ligaturen angeknotet, über die die vertikalen Schnü-re verlaufen. Eine weitere Ligatur ist zweifach um die vertikalen Schnüre geführt und mehrfach unterhalb des Gurtes um das Korpus gelegt.
b. Schale kesselförmig. Ansatz nach unten hin leicht konisch.
f. Vgl. S.28 u.29ff.
SAMMLER: Kronewald/1994

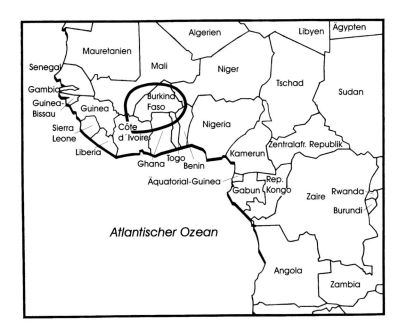

Region 2: Volta-Becken (Gur-Völker)

Die Gur-sprechenden Völker besiedeln ein Gebiet, das vom Südosten Malis bis nach Benin reicht. Es umschließt weite Teile Burkina Fasos (bis auf den äußersten Norden des Landes) sowie den Nordwesten Benins und die nördlichen Areale von Togo, Ghana und der Côte d'Ivoire. Die hier verbreiteten Musik-Kulturen weisen vielfache Beziehungen zu den Nachbarregionen auf. Ein großer Teil der Bevölkerung ist islamisch, wenngleich sich in ländlichen Gebieten afrikanische Religionen erhalten haben, die zum Teil parallel zum Islam von Bedeutung sind. Bei einigen ethnischen Gruppen, etwa den Senufo, hat der Islam bislang nur einen sehr geringen Einfluß ausgeübt. Innerhalb der Region ergeben sich kulturelle Verwandtschaften mit den Mande und den Ethnien des zentralen Sudans. Wie bei den Mande liegt die Musikausübung überwiegend in den Händen der *griot*-Familien. Die traditionelle Funktion der *griots* als Interpreten der Sprech-Gesänge zu Ehren der Herrscher-Familien ist bei verschiedenen Bevölkerungsgruppen bis heute erhalten geblieben. Die Gesänge werden vielfach von Trommeln begleitet, und es ist häufig der Leiter des Trommelensembles, der die Gesangstexte deklamiert. Vorwiegend im Süden der Region sind Einflüsse der Akan-Kulturen zu verzeichnen. So gehören etwa bei den Dagomba die Asante-Trommeln vom Typ der *atumpan* zu den wichtigsten und repräsentativsten Musikinstrumenten.

Vgl. S.55ff.

Bendre, lunga, gangaogo – Trommeln der Mossi und benachbarter Ethnien

Bei den Trommelensembles der Mossi fungiert überwiegend die kesselförmige *bendre* (pl.: *benda*) als führendes Instrument. Ihr Resonanz-

Abb.48

Vgl. S.40
u. S.128

körper besteht aus einer ausgehöhlten, getrockneten Kalebasse. Ähnliche Instrumente kennt man in verschiedenen Gebieten Westafrikas. In der Sammlung finden sich Beispiele aus Guinea-Bissau und aus dem zentralen Sudan. Der Name *bendre* ist möglicherweise eine Umformung der nordafrikanischen Bezeichnung für Trommeln *bendīr* (Hause 1948, S.17f.). In der Literatur findet man verwandte Namen für Kalebassentrommeln unterschiedlicher Provenienz:

bendre (Mossi)
bintire (Wala)
bentere (Sisala)
binteri (Mamprussi)
benir (Kusasi)

Die Fellbefestigung erfolgt bei der *bendre* mit Gurtspannung. Die Schnüre sind aus Antilopenleder, die Membran aus dem Fell „kleiner Ziegen, die keine Hörner haben". Als Gurt dient ein geschmiedeter Ring (Arozarena 1981, S.27). In die Mitte des Fells wird eine Stimmpaste aufgelegt, die man aus dem Harz des *sagba*-Baumes (Lannea microcapa) gewinnt (ebd.).[1]

Die *bendre* gilt bei den Mossi – wie Arozarena schreibt – als „noble instrument par excellence" (ebd.). Mit ihrer Herstellung verbinden sich verschiedene Rituale. Die Bespannung wird vom Trommler selbst vorgenommen. Niemand darf ihn dabei beobachten. Die Stimmpaste gilt als ein magisches, mächtiges Produkt. Zur Gewinnung ist es nicht gestattet, die Rinde des *sagba*-Baumes einzuritzen. Man begnügt sich mit den wenigen natürlich fließenden Tropfen und sucht sich dann einen anderen Baum (ebd.). Manche Musiker opfern nach Fertigstellung der Trommel ein Huhn und wenden sich an ihre Vorfahren:

Die Griots des Oberhauptes durchschneiden ferner die Kehle eines weißen Huhnes, dessen Blut auf die umgedrehte *bendré* rinnt. Es ist wahrhaftig nicht selten, daß man an den benda-Trommeln geronnenes Blut und Federn entdeckt. Danach wendet sich der Griot an seine Ahnen. Er bittet sie um Gesundheit und Frieden - daß sie dieses Huhn annehmen, welches von ganzem Herzen geopfert wurde! Daß sie ihm vergeben, wenn ihm beim Rezitieren des na-roto (der Genealogy der Oberhäupter und Ahnen) Fehler unterlaufen. Daß er nicht vergiftet werde, wenn er mit anderen Griots zusammenkommt. Dann rezitiert der Bendré (Griot) die Genealogie der Ahnen bis hin zu seinem Vater. „Daß sie ihn in der Mitte der Welt behalten". Währenddessen rupft er Federn aus dem Hinterteil und den seitlichen Teilen des Huhnes und klebt sie auf das Blut, welches zu gerinnen beginnt. Wenn das Huhn beim Sterben auf dem Rücken liegt und die Beine Richtung Himmel gestreckt sind, ist der Griot glücklich. Sein Opfer und sein Gebet wurden angenommen[2] (aus Arozarena 1981, S.28; Übersetzung aus dem Englischen: A. Meyer).

Die *bendre* wird mit den Händen gespielt. Das Instrument steht vor dem sitzenden Spieler oder wird an einem Gurt um die Schulter getragen. Man unterscheidet beim Spielen zwei Töne oder „Wörter" (ebd.). Der tiefere entsteht durch einen Schlag mit den Fingerspitzen in der Mitte der Membran, auf den Rand des Stimmpastentalers, der andere durch Bespielen des Fellrandes mit dem Handballen. Beide Schlagtechniken lassen sich in kurzen Sequenzen eines Films von Jean Rouch beobachten

---

1   Bei benachbarten Ethnien kennt man verschiedene andere Rezepturen für die Stimmpaste (vgl. Schlottner 1996, S.65).
2   Das Zitat stammt von einem nicht benannten Informanten Arozarenas.

Abb.48 Kesseltrommel *bendre*-Typ. Rasseln aus Altblech, die zwischen die Schnüre und den Fellrand gesteckt werden. Burkina Faso. Kat.-Nr.20.

(vgl. Filmverzeichnis, Nr.2). Zum Verfremden des Klanges wird ein weiteres Fell verwendet, das man auf die eigentliche Membran legt, sodaß ein leicht scheppernder Klang entsteht. Bisweilen steckt man auch – wie bei der *jembe* der Malinke – Rasseln mit Drahtringen zwischen die Schnüre.

Abb.48
Vgl. S.33

Meistens erklingt die *bendre* zusammen mit der Sanduhrtrommel *lunga* (pl.: *lunsi*), deren Name in abgewandelter Form in verschiedenen Teilen des Sudangürtels für Sanduhrtrommeln verwendet wird:

> *lunga* (Mossi, Mamprusi, Dagomba)
> *longa* (Anyi)
> *lung* (Kusasi)
> *kalangu, kalungu* (Hausa) (Region 6)
> *kalangual* (Fulbe)

Vgl. S.117ff.

Der Resonanzkörper der *lunga* bei den Mossi wird aus dem Holz des *keglga*-Baumes (Balanites aegyptiaca) hergestellt. Wiederum verwendet man Ziegenleder für die Membran und Antilopenfell für die Schnüre. Das Instrument mißt nach Arozarena ca. 60 cm in der Höhe und bis zu 18 cm im Durchmesser. Die Wandungen sind auffallend dünn. Die Schnüre werden an einer Naht zwischen Fell und äußerem Spannring angebracht.[3]

Wie im Fall der *bendre* ist die Herstellung geheim und mit Ritualen verbunden; der Trommelbauer konsultiert bisweilen seine Ahnen:

> Der Mann geht zum heiligen Krug (tiim-ruko), der geheimnisvolle Dinge enthält. Er beginnt zu sprechen. Seine Ahnen waren Griots wie er. Mögen sie mit vollem Herzen dieses Huhn annehmen. Mögen sie seiner ganzen Familie und ihm Frieden und Gesundheit geben. Die Kehle des Huhnes wird durchschnitten. Das Blut läuft an den Seiten des heiligen Kruges herunter. Dann wirft der Griot das Huhn vor sich hin. Wenn die Ahnen seinen Bitten zustimmen, wird das Opfer - die Beine zum Himmel gestreckt - auf den Rücken fallen. Es stirbt in der richtigen Position. Dann rupft der Griot mehrere Federn aus dem Rücken und den Beinen des Huhnes. Er legt sie auf das geronnene Blut und seine Kinder grillen das Huhn. Drei Stückchen der Leber werden beiseite gelegt. Sie sind der Anteil für die Ahnen. Das Opfer ist nun abgeschlossen. Der Griot kann jetzt gehen und die *lunga* spielen[4] (aus Arozarena 1981, S.31; Übersetzung aus dem Englischen: A. Meyer).

Beim Spielen trägt der Musiker das Instrument an einem Schultergurt, sodaß es zwischen Oberarm und Taille ruht. Mit dem Oberarm verändert er die Tonhöhe. Die *lunga* wird mit einem gekrümmten, ca. 25 cm langen Schlegel gespielt. Bisweilen hält der Trommler zudem eine Kürbisrassel in der Schlag-Hand.

Eine dritte Trommel der Mossi, die *gangaogo*, ist zylindrisch bzw. leicht doppelkonusförmig und zweifellig mit Schnurspannung. Für die Resonanzkörper bevorzugt man das Holz des *kangalga*-Baumes (Afzelia africana), das auch für die *jembe* bei den Malinke häufig verwendet wird (Arozarena 1981, S.32). Die Größe der Resonanzkörper ist variabel. Neben einem kleinen „tragbaren" Typ kennt man Instrumente mit einer Höhe bis zu drei Metern (ebd., S.31). Beim Musizieren werden diese großen Instrumente – wie man in dem erwähnten Film von Jean Rouch beobachten kann – schrägt aufgestellt. Die *gangaogo* bespielt man stets mit zwei gekrümmten Schlegeln.

Die Trommeln der Mossi erklingen vor allem zu Ehren hoher Würdenträger, z.B. innerhalb des Orchesters des Moro Naba von Tenkodogo, eines der drei führenden Oberhäupter der Mossi. Zum Orchester gehören sechs *benda* (bei Duvelle: *bintia*), zwei *lunsi* (bei Duvelle: *luinssé*) sowie vier *gangaogo* (bei Duvelle: *ganguado* (Duvelle o.J.a, S.4). Das Orchester begleitet den Sprech-Gesang des *griot*, wenn er die Genealogie des Moro Naba deklamiert. Die Instrumente spielen dabei teils unisono, teils führen die *benda*. Gelegentlich begleitet eine *bendre* allein die Gesänge des *griot*, wobei sie teilweise als Sprechtrommel fungiert und die Zeilen des Sänger imitiert oder ergänzt (ebd., S.3). Aufnahmen mit den Musikern des Moro Naba von Tenkodogo sind auf einer Schallplatte von Duvelle zu finden (vgl. Schallplattenverz. Nr.3, A-1und A-2).

Zur Begleitung von Tänzen erklingen die Trommeln der Mossi zusammen mit anderen Instrumenten. Dietrich Schüller konnte 1975 in einem ca. 40 km südlich von Koudougou gelegenen Dorf ein Ensemble aufnehmen, welches zu einem Kreistanz *trakaya* spielte.[5] Beteiligt waren ein Paar

Mbsp.3

---

3 Im Katalog: Stimmschnüre (Typ A).
4 Das Zitat stammt von einem nicht benannten Informanten Arozarenas.
5 Archiviert im Phonogrammarchiv der Österreichischen Akademie der Wissenschaften. Archiv Nr.19051, Band Nr. 2897.

Abb.49 Zwei Sanduhrtrommeln. Burkina Faso. Oben Kat.-Nr.19. Unten Kat.-Nr.13.

Gegenschlagstäbe, zwei Flöten sowie eine *bendre* (in Schüllers Dokumentation: *bendere*), eine *gangaogo* und eine weitere zweifellige Zylindertrommel *gangabila* vom Typ der *ganga*-Trommeln, wie man sie im zentralen Sudan kennt.

Das Museum besitzt mehrere Instrumente aus Burkina Faso, darunter eine Kesseltrommel vom Typ der *bendre* (Kat.-Nr.20) und einige Sanduhrtrommeln, die in der Art der *lunga* bei den Mossi bespannt sind (Kat.-Nr.19, 21, 22). Während Arozarena für die *lunga* der Mossi feste Maße angibt, variieren diese Instrumente erheblich in der Größe. Die Höhe schwankt zwischen 35 und 96 cm.

Vgl. S.106ff.

Abb.48

Abb.49

Lunga und *gongon* – Trommeln der Dagomba und benachbarter Ethnien

Die *lunga* der Dagomba unterscheidet sich von den Sanduhrtrommeln der Mossi hinsichtlich der Fellbespannung. Die Schnüre sind an Schlaufen einer Naht befestigt, mit der die Membranen an die Fellringe genäht sind.[6] Die Resonanzkörper werden aus dem Holz des *sigrli*-Baumes (Pseudocedrela kotschyi) hergestellt.[7] Für Membranen und Schnüre verwendet man Ziegenleder. Der Fellring besteht aus Schilfrohr, das mit Grasfasern umwickelt wird (Chernoff 1986, S.166).

Abb.50

Im Ensemble werden *lunsi* verschiedener Größen gespielt. Haltung und Schlagtechnik entspricht dabei weitgehend der Spielweise der Mossi. Bei den Dagomba erklingen die Sanduhrtommeln zumeist gemeinsam mit zweifelligen, in Stoff gekleideten Zylindertrommeln *gongon* – wiederum vom Typ der *ganga*-Trommeln, die sich vom zentralen Sudan aus

---

6   Im Katalog: Stimmschnüre (Typ B).
7   Vgl. Kinney 1970, S.259 und Schlottner 1996, S.71.

Abb.50 Sanduhrtrommel *lunga*. Dagomba. Ghana. Kat.-Nr.10.

Vgl. S.110ff. in verschiedenen Gebieten Westafrikas verbreitet haben. Diese Instrumente sind stets mit Schnarrsaiten bespannt und werden mit einem gekrümmten Schlegel und einer Hand gespielt. Bisweilen verändert der Musiker die Tonhöhe, indem er mit der freien Hand auf die praktikable Membran drückt. Wie bei der *lunga* trägt der Musiker die Trommel an einem über die Schulter gelegten Gurt (vgl. Chernoff 1979, Fotoanhang).

Im Zusammenspiel ergeben sich komplexe rhythmische Verzahnungen. Chernoff hat versucht, das anhand von Transkriptionen unter Verwendung der europäischen Notenschrift – mit Gegenüberstellungen gerader und triolischer Werte – zu verdeutlichen (ebd., S.97ff.).

Wie die traditionellen Trommeln der Mossi kommen *lunga* und *gongon* bei den Dagomba zu Ehren der Oberhäupter beim Vortrag der Geschichte ihrer Familien zum Einsatz. Ein Beispiel dafür wurde in einem Film von Dennis Marks dokumentiert (vgl. Filmverzeichnis, Nr.3). Die Musiker folgen dort einer responsorischen Form. Ein Trommler unterstützt die Deklamationen des Sängers mit akzentuierten Schlägen. Zudem intoniert er mittels der Trommelsprache Textzeilen, die sich zum Teil mit dem Gesang überkreuzen. Trommelzeilen und Gesangstext erklingen alternierend mit den unisono gespielten Schlagfolgen der Begleittrommeln. Der Vortrag wird von verschiedenen, den Handlungsablauf untermalenden Tänzen und Ritualen unterbrochen. An einer Stelle in der Geschichte werden z.B. Kampfhandlungen angesprochen, woraufhin man ein Opfertier tötet.

Ähnliche Ensembles zur Begleitung von Preisgesängen sind bei verschiedenen Ethnien östlich der Dagomba zu finden, etwa bei den Dendi und Bariba in Benin. Ein Beispiel der Dendi ist auf einer Schallplatte von Charles Duvelle dokumentiert (vgl. Schallplattenverz. Nr.5, B-3). Ein Sänger, der sich auf einer Sanduhrtrommel begleitet, deklamiert Sprech-gesänge zu Ehren eines Dorf-Oberhauptes. Zum Ensemble gehören eine weitere Sanduhrtrommel (bei den Dendi: *bara*) sowie zwei Zylindertrommeln mit Schnarrsaiten *(gangan)*. Eine als *téke*-Ensemble bezeichnete Trommelgruppe der Bariba konnte 1993 von Albrecht Wiedmann aufgenommen werden. Das Ensemble erklang zur Begleitung profaner Gesänge und Tänze. Das Instrumentarium bestand aus mehreren Sanduhrtrommeln und einer tief gestimmten Zylindertrommel vom Typ der *ganga*, die überwiegend als Begleitinstrument fungierte. Die Aufnahme entstand während eines Musikwettbewerbs zugunsten der AIDS-Prävention[8] in Kouande, einer kleinen Stadt in Nordwest-Benin. Bisweilen werden bei den Bariba die Trommeln zusammen mit einem Satz aus vier Trompeten *(kakaki)* gespielt. Auf den Blasinstrumenten imitieren die Musiker die Sprache der Bariba und intonieren so die Preisgedichte zu Ehren der Vorfahren von Würdenträgern. Ein Beispiel hierfür findet sich auf einer Schallplatte von Simha Arom (vgl. Schallplattenverz. Nr.4, A-3).

Mbsp.4
Farbt.II

Im Museum werden zwei Sanduhrtrommeln vom *lunga*-Typ der Dagomba aufbewahrt (Kat.-Nr.9 und 10), darüber hinaus zwei Zylindertrommeln, die laut Erwerbungsbuch von den Dagomba stammen, sich aber von der *gongon* unterscheiden, da sie keine Schnarrsaiten aufweisen (Kat.-Nr.12 und 13). Ihre Felle sind mit einfacher i-Schnürung bespannt (die *gongon* gemeinhin mit doppelter i-Schnürung: Typ B). Außerdem findet sich in der Sammlung ein Ensemble aus drei Sanduhrtrommeln und einer Zylindertrommel, die den Instrumenten der Dagomba gleichen, aber im *Centre for National Culture* in Kumasi hergestellt und von Asante-Musikern gespielt wurden (Kat.-Nr.35–38). Bei den Asante wird die Sanduhrtrommel als *dondo* oder *donno* und die Zylindertrommel, die sich nicht von der *gongon* unterscheidet, als *brekete* bezeichnet. Die Instrumente sind offensichtlich Imitationen der Dagomba-Trommeln.

Vgl. S.58
Vgl. S.110

Bogbinge, dunugbinge, tobinge – Trommeln der Senufo

Die Trommeln der Senufo sind überwiegend durch Pflockspannung (Typ A) oder – bei Instrumenten mit kesselförmigen Resonanzkörpern – durch Gurtspannung gekennzeichnet. Für die letzteren unterscheidet man zwei organologisch nahezu gleich gebaute Instrumente unterschiedlicher Größe. Die großen Kesseltrommeln (H = ca. 38 cm; D = ca. 50 cm) werden nach Förster als *dunugbinge*, die kleineren (H und D = ca. 22 cm) als *bogbinge* bezeichnet. *Binge* ist im Senufo das Wort für *Trommel*; die Silbenfolge *dunug* bezeichnet lautmalerisch den tiefen Ton des größeren Instruments, *bog* bedeutet *spitz* und bezieht sich vermutlich ebenfalls auf den Klang der Trommel.[9] Die Schnüre sind oben stets an Schlaufen befestigt, die aus der Naht gebildet werden, mit der der Fellring in die Membranränder eingenäht ist. In den Schlaufen liegt zudem eine Ligatur. Weitere Ligaturen sind unterhalb des Fellringes und in der Mitte des Instrumentes um das Korpus gelegt. Letztere bindet man so um die vertikalen Schnüre, daß sich ein y-förmiger Schnürungsverlauf ergibt. Die Felle werden mit Stimmpaste abgestimmt. Zwischen Fellring und Korpus steckt man bisweilen Rasseln mit Eisenringen (Ciompi 1989, S.67f.).

Abb.51

---

8 Die Ankündigung für den vom DED unterstützten Wettbewerb lautete: "Luttons tous ensemble contre le SIDA. Grand concours de chansons pour les orchestres modernes et les groupes traditionnels. (...) Le finale aura lieu à Kouande, le vendredi, 19.3.1993" (...) (Albrecht Wiedmann, persönliche Mitteilung 1996).

9 Till Förster, persönliche Mitteilung 1996.

Abb.51 Kesseltrommel *bogbinge*. Côte d'Ivoire. Kat.-Nr.17.

Da die Resonanzkörper der Kesseltrommeln aus sehr hartem Holz gefertigt werden, sind vor allem die größeren Instrumente von erheblichem Gewicht. Dennoch tragen sie die Musiker an Gurten um den Hals. Man spielt sie stets mit den Händen. Die *bogbinge* wird zumeist nahe am Fellrand bespielt. Manchmal verwendet man Doppelschläge, die durch leicht versetztes Anschlagen mit beiden Händen oder mit zwei Fingern einer Hand entstehen. Bei der *dunugbinge* unterscheidet man offene und gedämpfte Schläge (ebd., S.128).

Abb.52

Die beiden Trommeln kommen überwiegend innerhalb des sogenannten *kpoye*-Ensembles zum Einsatz, die man bei verschiedenen Untergruppen der Senufo – u.a. der Tyembara und der Kafibele kennt (ebd., S.21). Ein Ensemble besteht aus zwei bis fünf Xylophonen sowie einer *dunugbinge*- und einer oder mehrerer *bogbinge*-Trommeln. Bisweilen treten einige Sängerinnen und Sänger hinzu. Auf den *bogbinge* erklingen unisono gespielte, schnelle Schlagfolgen und auf der *dunugbinge* einzelne Grundschläge, sodaß sich aus der Kopplung beider „Teilrhythmen" ein Gesamtrhythmus ergibt (ebd., S.127). Die Trommler und Xylophon-Spieler gestalten ihre Schlagfolgen – wie Ciompi schreibt – weitgehend unabhängig voneinander. Eine Verständigung erfolgt nur am Anfang und Ende eines Stückes, sowie bei Metrum- und Tempo-Wechseln (ebd., S.126).

Die *kpoye*-Ensembles erklingen bei Begräbnisfeiern, insbesondere während der sogenannten „Wachtnacht" (ebd. S.38f.). Man hört sie ferner zur Unterhaltung anläßlich profaner Tanzabende (Förster 1987, S.7f.). Eine besondere Rolle kommt ihnen während der „Hackwettbewerbe" zu, bei denen junge Männer auf einem neu zu rodenden Yamsfeld zusammenkommen und den stärksten und schnellsten Arbeiter ihrer Altersklasse ermitteln (ebd., S.7). Die Musiker feuern mit ihrem Spiel die Kontrahenten an und ehren mit speziellen Gesangsstücken die Sieger (Ciompi 1989, S.38.). Eine Reihe von Musikbeispielen hierzu ist auf ei-

Abb.52 *Kpoye*-Ensemble. Aufzug des Ensembles vor die Hütte eines Verstorbenen. Senufo. Côte d'Ivoire. 1982.

ner Schallplatte von Till Förster dokumentiert (s. Schallplattenverzeichnis Nr.6).

Eine weitere Trommel der Senufo, die konusförmige *tobinge* („Vatertrommel"), gehört kunsthandwerklich zu den bemerkenswertesten Membranophonen der Region. Ihr Korpus steht gemeinhin auf vier Standbeinen, die unterhalb einer Verbreiterung der Wandungen angeschnitten sind.[10] Ihre Größe variiert zwischen 100 und 120 cm (vgl. Zemp 1970, S.106). Die Membran ist mit Pflöcken befestigt (Pflockspannung, Typ A). Um jeden Pflock ist eine Schlaufe gelegt. Unterhalb der Pflöcke ist stets ein Ring am Korpus angeschnitten. Die Wandungen sind außerdem häufig mit zoomorphen Reliefschnitzereien geschmückt, die nach Förster den Fabeln der Senufo entstammen (Förster 1988, S.45): Schlangen, Warane, Schildkröten, Hornraben u.a. Ferner werden anthropomorphe Figuren und Masken abgebildet. *Abb.53 u. 54*

Die *tobinge* kommt bei den Zeremonien des Poro-Bundes zum Einsatz, einer Maskengesellschaft, die im dörflichen Leben der Senufo eine Vielzahl sozialer und religiöser Aufgaben wahrnimmt (vgl. Förster 1992, S.80ff.). Vor der Initiation findet ein großes Fest statt *(coom)*, bei dem verschiedene Musikinstrumente erklingen, u.a. eine große *tobinge*:

Die jungen, zum größten Teil noch jugendlichen Männer wählen sich im Dorf eine oder mehrere Tanzpartnerinnen. Mit ihnen zusammen treten sie, von einem Xylophon-Ensemble begleitet, auf einem Platz des Dorfes auf. In der Mitte des Platzes wird eine Standtrommel aufgestellt, *Tobinge*, die Vatertrommel. Mit ihr wurden in den vorangehenden Monaten die jungen Leute zusammengerufen, um für *Coom* zu üben, und mit ihr rufen

---

10 Bei Hugo Zemp ist zudem ein Instrument mit einem kreisförmigen Standfuß unterhalb der Standbeine dokumentiert (vgl. Zemp 1970, S.107).

Abb.53 Zwei
tobinge-
Trommeln.
Senufo. Côte
d'Ivoire. Kat.-
Nr.14 (links),
Kat.-Nr.15
(rechts).

sie nun die Mädchen zu dem Platz, wo sie auftreten werden. Dort einge-
troffen reihen sie sich der Größe nach ein. Bekleidet sind sie nur mit dem
durch die Beine gezogenen Stoffband der Initiierten. Gegen den Uhrzei-
gersinn tanzen sie um die in der Mitte stehende große Trommel, machmal
von einer alten Frau begleitet, die so ihre Unterstützung zum Ausdruck
bringt (Förster 1988, S.45).

Zu den Poro-Gesellschaften[11] gehört auch der Cepono-Bund der
Fodonon, einer Untergruppe der Senufo im Norden der Côte d'Ivoire.
Im Cepono-Bund sind die Frauen des Dorfes organisiert, und es sind die
Frauen, die auf den repräsentativen Trommeln musizieren, ein für West-
und Zentralafrika durchaus bemerkenswerter Vorgang.[12] Bei den Senufo
gibt es eine Reihe verschiedener Trommeltypen, die von Frauen gespielt
werden (vgl. Zemp 1970, S.101ff.). Die *tobinge*-Trommeln erklingen vornehmlich bei den Begräbnisfeiern zu Ehren verstorbener Mitglieder des

11 Bei den Fodonon: *Pono* (vgl. de Lannoy 1994, S.3).
12 Vgl. S.202; vgl. hierzu auch Nketia 1954, S.34.

Abb.54 *Tobinge*-
Trommel.
Nahaufnahme.
Kat.-Nr.15.

Cepono-Bundes. Michel de Lannoy hat die dazugehörenden Zeremoni-
en in dem Fodonon-Dorf Lataha beschrieben: Die drei im Dorf beheimateten Cepono-Bünde bringen jeweils ihre Trommel zum „heiligen
Hain". In einem Prozessionszug ziehen sie dann mit Trommelschlägen
und Gesängen zur Grabstätte. Dort spielen die Frauen alle drei Trommeln zugleich (de Lannoy 1994, S.9f.). Als Begleitinstrumente dienen
mehrere Kürbis-Rasseln, über deren Formeln die improvisiert anmuten-
den Schläge der Trommeln erklingen. Ein Beispiel hierfür findet sich auf
einer CD von de Lannoy (vgl. Schallplattenverz. Nr.7, 2) Die Trommle-
rinnen spielen die *tobinge* mit den Händen, in der Mitte und am Rand
der Membran – mit gedämpften und ungedämpften Schlägen überwiegend im Dreier-Metrum (ebd., S.10).

Das Museum besitzt zwei Trommeln des *tobinge*-Typs. Eines ist mit
angeschnitzten Tiergestalten (Kat.-Nr.14), eines zudem mit anthropomorphen und abstrakten Figuren sowie mit angeschnitzten Masken geschmückt (Kat.-Nr.15). Neben diesen Instrumenten finden sich in der
Sammlung zwei Kesseltrommeln *bogbinge* (Kat.-Nr.17 und 18) und eine
dunugbinge (Kat.-Nr.16).

Katalog zu Region 2 (Nrn. 9–23)

9   III C 4849 *lunga*

Dagomba, Ghana

Sanduhrtrommel, zweifellig
Schnurspannung, Stimmschnüre (Typ B)
H = 34; D = 13

a. Schnüre aus eingedrehtem Leder.
b. Mittelkörper (Typ B).
f. Vgl. S.45ff.

SAMMLER: v. François/1889

10   III C 12859 a+b *lunga*

Dagomba, Ghana

Sanduhrtrommel, zweifellig
Schnurspannung, Stimmschnüre (Typ B)
H = 44; D = 17

a. Schnüre aus eingedrehtem Leder.
b. Mittelkörper (Typ A).
f. Vgl. S.45ff.

SAMMLER: Mischlich/1901

11   III C 13168

Dagomba, Ghana

Bechertrommel, geschlossen
Gurtspannung, doppelte i-Schnürung (Typ A)
H = 35,5; D = 17,5 x 17

a. Schnüre und Gurt aus eingedrehtem Leder. Einzelne Ligaturen. Gurtschlaufen. Der Gurt ist mit Stoff umwickelt.
b. Schale kesselförmig. Eine kleine runde Öffnung im Korpus.
c. Ein Haltegurt aus Stoff ist an den Schüren oberhalb des Fellringes befestigt.
d. Der Ansatz ist mit Fell umwickelt.
e. Eintrag im Erwerbungsbuch: „Trommel im Kriege ... geschlagen, wenn die Feinde gegen den König kommen".

SAMMLER: Rigler/1900

12   III C 13169

Dagomba, Ghana

Zylindertrommel, zweifellig
Schnurspannung, einfache i-Schnürung
H = 21; D = 14,5 x 13

a. Schnüre aus eingedrehtem Leder. Ligatur rundumverlaufend.
c. Rasselkörper im Inneren des Instruments.

SAMMLER: Rigler/1901

13   III C 13360

Dagomba, Ghana

Zylindertrommel, einfellig, offen
Schnurspannung, einfache i-Schnürung
H = 75; D = 16,5 x 15,5

a. Schnüre aus eingedrehtem Leder. Ligatur rundumverlaufend. Die Schnüre sind unten durch Bohrlöcher eines angeschnitzten Ringes geführt.
c. Ein pflanzlicher Haltegurt ist unten an einem Bohrloch im Korpus und oben an den Schnüren befestigt.
d. Um den unteren Teil des Korpus ist ein Stück Fell gelegt.

SAMMLER: Rigler/1900

14   III C 40214 *tobinge*

Senufo, Côte d'Ivoire

Zylindertrommel, einfellig, offen
Pflockspannung (Typ A), 7 Pflöcke
H = 111; D = 24

a. Schnüre pflanzlich. Eine Schlaufe je Pflock.
b. Vier Standbeine (Typ A).
d. Ein angeschnitzter Ring unterhalb der Pflöcke. Angeschnitzte anthropomorphe und zoomorphe Figuren.
f. Vgl. S.49ff.

SAMMLER: Vérité/1965

15   III C 44014 *tobinge*

Zylindertrommel, einfellig, offen
Pflockspannung (Typ A), 6 Pflöcke

Senufo, Côte d'Ivoire H = 115; D = ca. 43

a. Schnüre aus eingedrehtem Leder. Eine Schlaufe je Pflock (umgelegt).
b. Korpus zur Membran hin leicht verjüngt. Vier Standbeine (Typ A).
d. Rundumverlaufend angeschnitzte anthropomorphe und zoomorphe Figuren, Kerbschnitt-Ornamente.
e. Laut Erwerbungsbuch eine Trommel des Poro-Geheimbundes.
f. Vgl. S.49ff.

SAMMLER: Henseler/1985

16   VII f 143 *dunugbinge* **Kesseltrommel**
Gurtspannung, Y-Schnürung
Senufo, Côte d'Ivoire H = ca. 38; D = 49

a. Schnüre pflanzlich, Gurt aus eingedrehtem Leder. Gurtschlaufen. Ligatur rundumverlaufend aus eingedrehtem Leder. Unterhalb der Membran ist eine weitere Ligatur gelegt. Die lederne Naht des Fellringes bildet Schlaufen, in denen diese Ligatur ruht. Die pflanzlichen Schnüre sind hinter der Ligatur über die Schlaufen geführt. Der Gurt dient zugleich als Standfuß.
f. Vgl. S.47ff.

SAMMLER: Förster/1985

17   VII f 144 *bogbinge* **Kesseltrommel**
Gurtspannung, Y-Schnürung (Typ A)
Senufo, Côte d'Ivoire H = 21; D = 23

a. Schnüre aus eingedrehtem Leder. Fellbefestigung wie bei Kat.-Nr.16.
f. Vgl. S.47ff.

SAMMLER: Förster/1985

18   VII f 145 *bogbinge* **Kesseltrommel**
Gurtspannung, Y-Schnürung
Senufo, Côte d'Ivoire H = ca. 22; D = 21

a. Ligatur zweifach um das Korpus gelegt. Fellbefestigung wie bei Kat.-Nr.16.
f. Vgl. S.47ff.

SAMMLER: Förster/1985

19   VII f 80 a+b **Sanduhrtrommel, zweifellig**
Schnurspannung, Stimmschnüre (Typ A)
Burkina Faso H = 96; D = 22

a. Schnüre aus eingedrehtem Leder.
b. Mittelkörper (Typ C).
c. An den Spannringen ein lederner Haltegurt. b = gekrümmter Schlegel (mit breiter Schlag-fläche).
f. Vgl. S.45ff.

SAMMLER der Kat.-Nrn.19–22: Gevomac/1979

20   VII f 81 *bendre*-Typ **Kesseltrommel**
Gurtspannung, doppelte i-Schnürung (Typ A)
Burkina Faso H = 35; D = 24

a. Schnüre aus Leder (in Streifen). Gurtknoten. Ligatur rundumverlaufend. Gurt dient zugleich als Standfuß. Stimmpaste.
b. Als Korpus dient eine Kalebasse.
c. Ein lederner Haltegurt an den Schnüren. Zum Instrument gehören zwei Rasseln mit Eisen-ringen.
f. Vgl. S.41ff.

21   VII f 83 **Sanduhrtrommel, zweifellig**
Schnurspannung, Stimmschnüre (Typ A)
Burkina Faso H = 45; D = 16 x 14,5

a. Schnüre aus eingedrehtem Leder. Ligatur (rundumverlaufend).
b. Mittelkörper (Typ B).
c. Rasselkörper im Inneren des Instruments.
f. Vgl. S.45ff.

22	VII f 84		Sanduhrtrommel, zweifellig
			Schnurspannung, Stimmschnüre (Typ A)
	Burkina Faso		H = 46,5; D = 16 x 15

a. Schnüre aus eingedrehtem Leder. Ligatur (rundumverlaufend).
b. Mittelkörper: Typ B.
c. Rasselkörper im Inneren des Instruments.
f. Vgl. S.45ff.

SAMMLER der Kat.-Nrn.19–22: Gevomac/1979

23	VII f 114 a–c		Sanduhrtrommel, zweifellig
			Schnurspannung, Stimmschnüre (Typ A)
	Burkina Faso		H = 40,5; D= 14,5 x 13,5

a. Schnüre aus eingedrehtem Leder. Ligatur rundumverlaufend.
b. Mittelkörper (Typ B).
c. b + c = gekrümmte Schlegel (mit breiten Schlagflächen).
f. Vgl. S.45ff.

SAMMLER: Gevomac/1983

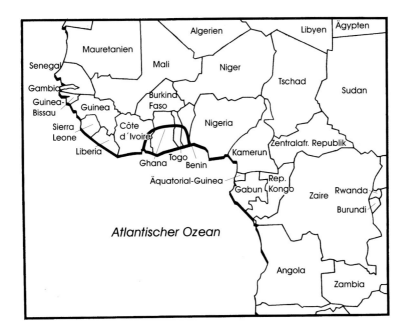

Region 3: Siedlungsgebiete der Akan, Ewe und benachbarten Völker

Zur Region 3 gehören die südlichen Hälften von Togo und Ghana sowie Teile Benins und der Côte d'Ivoire. Die hier lebenden Ethnien werden linguistisch der westlichen Untergruppe der Kwa-Sprachen zugeordnet (vgl. Jungraithmayr & Möhlig 1983, S.141). Ihre kulturelle Homogenität zeigt sich u.a. anhand der verbreiteten Musikinstrumente, insbesondere der Membranophone. In der Region kennt man überwiegend Trommeln, deren Membranen mit der sogenannten „Schnurpflockspannung" befestigt werden.[1] Einige weitere Trommeltypen sind vermutlich durch den Einfluß der nördlich lebenden Gur-Völker in die Region gelangt, u.a. Kesseltrommeln vom Typ der *bendre* und Sanduhrtrommeln mit Stimmschnüren.

Die meisten Instrumente der Region, die im Museum aufbewahrt werden, stammen aus dem einstigen deutschen „Schutzgebiet" Togo (heute teils Togo, teils Ghana). In jüngerer Zeit wurde der Bestand zudem mit gezielten Ankäufen ergänzt, sodaß die Region innerhalb der Sammlung (gemeinsam mit der Region 7) am umfangreichsten repräsentiert ist.

Fɔntɔmfrɔm, atumpan, ntan – Trommeln der Asante und benachbarter Ethnien

Im Umfeld der Akanvölker kennt man eine Reihe verwandter Trommeln mit becher-, zylinder- oder faßförmigen Resonanzkörpern. Die Felle sind stets mit Pflöcken befestigt und unterhalb der Pflöcke auf ver-

---

1 Im Katalog: Pflockspannung (Typ A).

Abb.55 *Fɔntɔmfrɔm*-Set. V.l.n.r.: 2 *fɔntɔmfrɔm*, 2 *atumpan, adedemma, penten, apentemma*. Asante. Ghana. Trommelbauer Kwadwo und Kwaku Marfo, 1993.

Abb.55 u.
Farbt.III(1) u.
III(2)

Vgl. Abb.56
u. Farbt.III(2)

schiedene Weise dekoriert – häufig mit angeschnitzen Ringen oder ring-förmigen Mustern und vertikalen Rillen, bisweilen auch mit angeschnitz-ten zoomorphen und anthropomorphen Figuren.

Zu den imposantesten Instrumenten dieser Gruppe gehört das *fɔntɔmfrɔm*-Set der Asante, das zur Repräsentation hoher Würdenträger erklingt. Ähnliche Ensembles kennt man u.a. bei den Fante und Ga. Im Mittelpunkt stehen die *ntumpan* (Plural von *atumpan*), zwei becherför-mige Trommeln, die von einem Musiker gespielt werden, dem musikali-schen Leiter des Ensembles. Die beiden Instrumente unterscheiden sich in der Größe – allerdings nur unwesentlich. Zwei Exemplare in der Samm-lung haben die Maße H = 89,5 cm; D = 39 x 37,5 cm (Kat.-Nr.28) und H = 88; D = 39 cm (Kat.-Nr.29). Die größere, tiefer klingende Trommel *(atumpannini)* gilt als „männlich", die kleinere *(atumpanbedeε)* als „weib-lich".[2] Bei der größeren ist häufig eine Rassel mit Metallringen angebracht. Sie wird mit einer Schnur an den Spannschnüren befestigt und liegt mehr oder weniger lose auf der Membran (Woodson 1984, S.240). Traditionell stehen die *ntumpan* auf zwei langen, krumm gewachsenen Hölzern, die anstelle zweier Pflöcke in das Korpus getrieben sind.[3] In jüngerer Zeit werden allerdings größere Gestelle für die Trommeln gezimmert. Der *atumpan*-Typ ist nahezu in der gesamten Region verbreitet. Bei verschie-denen Ethnien kennt man für diese Instrumente abgewandelte Namen:

> *atumpan* (Asante)
> *atumpani* oder *atukpani* (Ewe)
> *tumpani* (Krachi)
> *timpana* (Dagomba)

Zur Herkunft gibt es in der Literatur einige Spekulationen. Helen Hause leitet das Wort *atumpan* vom orientalischen *tabla* ab (Hause 1948, S.12). Naheliegender wäre eine Beziehung zum Ausdruck *tumpan*, nach Woodson ein Akan-Wort für Flasche (Woodson 1983, S.209). Im zeitge-nössischen Twi ist dieses Wort allerdings nicht geläufig. Nach Aning ha-ben die Asante das Instrument einst von den Dankyira übernommen:

---

2   Vgl. Rattray 1923/55, S.248ff.; Woodson 1983, S.1. Nach Dietrich Westermann galt bei verwandten Trommelpaaren der Ewe hingegen die tiefere Trommel als weiblich (vgl. Westermann 1907, S.265).
3   Vgl. auch Rattray 1923/55, Abb.101, 102.

Abb.56 Der Meister-
trommler Ajito Zumaar
mit dem Trommelpaar sɔ
(*atumpan*-Typ) und
Begleitmusiker. Tɛm.
Togo. 1984.

Die orale Tradition besagt, daß König Ɔseɛ Tutu sich die *Atumpan-Trom-
meln* vom Chief von Toase, einem gefangenen Sub-Chief des Dankyira-
Königreiches, durch Beschlagnahme aneignete. Andere Trommeln, darunter die Atumpan, wurden auch während des Dankyira-Ashanti-Krieges
bei Feyiase um etwa 1701 erbeutet (Aning 1977, S.61; Übersetzung aus
dem Englischen: A. Meyer).

Da auch die Dankyira, die südlich der Asante leben, zu den Akan-
Völkern gehören, ist es wahrscheinlich, daß der Trommel-Typ in seiner
heutigen Form bei den Akan entstanden ist. Auch bei den Nachbarvölkern
wird er den Akan zugeordnet. Das zeigt sich am Beispiel der *timpana*-
Trommeln bei den Dagomba, die mit den *ntumpan* nahezu identisch sind.
In Dagbon dienen sie als Sprechtrommeln zur Interpretation von Ge-
dichten und Sprichwörtern, welche häufig nicht in der einheimischen
Sprache Dagbani, sondern in der Akan-Sprache Twi erklingen (Kinney
1970, S.260).
Neben den *ntumpan* gehören zwei mächtige Faß- bzw. Zylindertrommeln zum *fɔntɔmfrɔm*-Orchester der Asante. Man bezeichnet sie als
bommaa oder – wie das komplette Ensemble – als *fɔntɔmfrɔm*. Sie werden
von jeweils einem Musiker gespielt. Die Anzahl der Begleitinstrumente
des Orchesters variiert. Nketia benennt zwei kleinere Zylindertrommeln,
sowie eine Bechertrommel *apentemma*, eine Sanduhrtrommel und zwei
Einzel-Glocken *dawuro* (Nketia 1963, S.136). Die Musiker im *Centre for
National Culture* in Kumasi verwenden bisweilen neben den Glocken

eine Faß- bzw. Zylindertrommel *adedemma*, eine Sanduhrtrommel *donno (dondo)* und statt der *apentemma* deren größere Schwester *penten*. Die Besetzung unterscheidet sich von Region zu Region. Im zentralen Asante-Gebiet etwa verzichtet man gemeinhin auf die kleinen Begleittrommeln.

Bis auf die *donno* gehören sämtliche Trommeln zur oben beschriebenen Instrumenten-Gruppe. Sie werden traditionell aus dem Holz einer mächtigen Zedernart, des *tweneboa*-Baumes (Cordia milenii) gefertigt. Seinen Namen verdankt der Baum einer Legende, die bis heute in der Asante-Region erzählt wird:

Farbt.V(1) u. V(2)

Nea ɛyɛɛɛ a ɛbaaɛ ne sɛ, Asantefoɔ ne Denkyirafoɔ koo ntɔkwa. Na ɛkoɔ no mu no, ɛmerɛ biara Denkyirafoɔ no tumi di yɛn so nkonim, nti nea ɛbaa yɛ ne sɛ, yɛ nyaa Ɔkɔmfoɔ bi a, yɛfrɛno Ɔkɔmfo Anɔkye, ansa na yɛbɛ di wɔn so nkunim no, gye sɛ yɛnya ahemfo mmiensa, saa ahemfo no, ɔmanhene baako, ɛna ɔno ara Tweneboa Kodua ɔno nso ɔyɛ ɔmanhene wɔ Kumawu. Ɛna ɔsɔree pɛ na ahemfo mmienu nso dii nakyire ... . Enti ɛbaae sɛ yɛ yɛɛ twenee anaa sɛ saa dua no a yɛde yɛɛ twene no, na ɛsɛsɛ yɛde to no. Enti obiara ɛrebɛbɔ twenee a, ɛmere a ɔbɛbɔ no, gyesɛ ɔfrɛ Tweneboa Kodua no ansa.[4]

[Es gab einen Krieg zwischen den Asante und den Dankyira. Immer wieder schlugen die Dankyira die Asante. Da war ein Fetisch-Priester mit Namen Ɔkɔmfo Anɔkye. Der sagte: „Bevor wir sie (die Dankyira) schlagen können, brauche ich drei Häuptlinge als Opfergabe, darunter einen Oberhäuptling." Da erhob sich Tweneboa Kodua. Er war Oberhäuptling von Kumawu. Er stand auf, gefolgt von zwei weiteren Chiefs (um das Leben zu opfern). ... Daher wurde der Baum, den wir (zum Trommelbau) benutzten, nach ihm benannt. Und bevor jemand die Trommeln spielt, muß er den Namen Tweneboa Kodua erwähnen.][5]

Vgl. S.12

Während des bereits erwähnten Ghana-Projektes besuchten Mitarbeiter des Museums die Trommelbauer Kwadwo und Kwaku Marfo in der Ortschaft Adwumakase-Kese, ca. 20 km von Kumasi entfernt. Da in ihrer Familie seit mehreren Generationen Trommeln hergestellt werden, haben die Brüder die überlieferten Herstellungstechniken größtenteils bewahrt. Während des Projektes wurde die Herstellung eines kompletten *fɔntɔmfrɔm*-Sets auf Video-Film dokumentiert (vgl. Filmverzeichnis, Nr.4).

Das Fällen des Baumes verlief ohne rituelle Handlungen, wie sie verschiedentlich in der Literatur beschrieben werden.[6] Die Trommelbauer hatten einen Mitarbeiter angeworben, der den Baum ganz unzeremoniell mit einer Motorsäge fällte und in einzelne Blöcke zerlegte.

Abb.57

Farbt.V(2)

Kwadwo und Kwaku Marfo verwendeten einen bereits einige Jahre zuvor abgestorbenen Baum. Daher konnten sie direkt nach dem Fällen mit der Anfertigung der Instrumente beginnen. Andernfalls hätten sie mehrere Monate, bis zum Austrocknen des Holzes, warten müssen. Der Baum stand auf einem Kassava-Feld, ca. 3 km vom Heimatort der Brüder entfernt. Sie mußten an den Grundbesitzer, den *Chief* des benachbarten Dorfes, eine beträchtliche Gebühr bezahlen. Auf die Frage, ob man nicht anderes Holz hätte verwenden können, antwortete Kwaku Marfo:

Yɛbetoo yɛn Papa nom no, ɛnoara na na wɔn de yɛ. Na yɛ wɔ mmea mmea bia, wɔ de dua foforɔ yɛ. Na mmom tweneboa no ɛno na ɛyɛ dua a ɛyɛ, afei

---

4 Transkription und Übersetzung: Mark Asamoa und Rebecca Bernhardt-Fordjour.
5 Kwadwo Marfo, persönliche Mitteilung 1993. Das vollständige Interview ist in der Abteilung Musikethnologie auf Video archiviert (vgl. Filmverzeichnis Nr.14).
6 Vgl. Aning 1977, S 66f.; Hood 1971 S.203ff.; Nketia 1963, S.5f.; Rattray 1955, S.258f.

Abb. 57 Unbearbeitete Blöcke für das *fɔntɔmfrɔm*-Set. Asante. Ghana. 1993.

nsoso no, mfinfini no yɛ mmerɛ ɛnti emu tuo no, ɛyɛ mmerɛ kakra, nti baabifoɔ a ɛyɛ Techfoɔ a wɔn de mfidie na ɛyɛ no, wɔn tumi de Odum ɛne nnua bia ɛyɛ den de yɛ bi.[7]

[Unser Väter nahmen zum Trommelbau nur *Tweneboa*-Holz. Denn es ist hart und dauerhaft. Außerdem ist die Mitte weich und läßt sich leicht aushöhlen. Da wir alles in Handarbeit machen, ist es in dieser Gegend für uns am besten, den *Tweneboa* zu verwenden. Aber andernorts z.B. an der „Tech" (*University of Science and Technology* in Kumasi) werden Maschinen benutzt, und dort verwendet man härteres Holz, z.B. Odum (Chlorophora excelsa).][8]

Die Blöcke wurden vor Ort im Kassavafeld geschält, ausgehöhlt und geformt. Bei den Bechertrommeln unterschied sich die äußere Form erheblich von der inneren, im Gegensatz zum Befund Mantle Hoods (vgl. Hood 1971, S.128). Denn innen ist der Übergang vom Korpus zum Ansatz weitaus weniger abgerundet. Woodson berichtet in diesem Zusammenhang, daß sich bei älteren, im vorigen Jahrhundert entstandenen Instrumenten die innere Form eher der äußeren anpaßt, wodurch sich der Resonanzbereich vergrößert. Der Blick in eine Bechertrommel *tumpani* aus Kete Krachi (Kat.-Nr.68), die 1901 in die Sammlung kam, offenbart jedoch die gleiche (nicht abgerundete) innere Form wie bei den neueren Instrumenten.

Abb. 58 u. Farbt. VI(1)

Die Größe der Resonanzkörper unterscheidet sich je nach Instrumentenbauer. Während etwa bei den Marfo-Brüdern die *penten* nur unwesentlich größer ist als die *apentemma*, zeigt eine Abbildung bei Nketia eine im Verhältnis erheblich kleinere *apentemma*. Die *adedemma* hingegen, die bei den Marfo-Brüdern der Größe der *apentemma* entspricht,

---

7 Transkription und Übersetzung: Mark Asamoa und Rebecca Bernhardt-Fordjour.
8 Kwaku Marfo, persönliche Mitteilung 1993. Das vollständige Interview ist in der Abteilung Musikethnologie auf Video archiviert (vgl. Filmverzeichnis Nr.14)..

Abb.58 Aushöhlen
und Formen der
Blöcke im Kassava-
Feld. Asante. Ghana.
1993.

erweist sich dort als wesentlich höher (vgl. Nketia 1963, Abb.15). Auch
der Vergleich zweier *apentemma* zeigt erhebliche Abweichungen. Das
Instrument der Marfo-Brüder hat die Maße:

Höhe = 60 cm
Durchmesser der Membran = 26 cm
Höhe des Ansatzes = 16,5 cm

Demgegenüber beschreibt Nyabongo ein Instrument mit folgenden Abmessungen (Nyabongo 1989, S.76):

Höhe = 76,9 cm
Durchmesser der Membran = 30 cm
Höhe des Ansatzes = ca. 17 cm

Nachdem die Resonanzkörper ihre äußere Form erhalten hatten, wurden sie ins Dorf transportiert. Hier bekamen die Bechertrommeln und
die *adedemma* ein weitgehend einheitliches Design: Zunächst im oberen
Drittel des Korpus eine mit Hacke und Haumesser herausgeschnitzte
Stufe, darüber rundumverlaufend zwei mit einem Haumesser eingeschnit-
tene Ringe. Zwischen diesen Ringen schnitzten die Trommelbauer das
traditionelle Familien-Dekor, ein Muster aus kleinen Kerben. Der untere
Teil des Korpus wurde mit vertikalen Rillen geschmückt, wie es in weiten
Farbt.VI(2) Teilen Ghanas und Togos üblich ist.

In der Mitte des Korpus wurde den Instrumenten ein sogenanntes
„Auge" oder „Symbol" eingeschnitzt, ein kleines Rechteck, das bei den
Abb.59 Marfo-Brüdern wiederum mit einem Muster aus kleinen Kerben verziert
ist. Diese kleinen Rechtecke sind ein Relikt aus der Zeit vor der Christia-
nisierung. In früherer Zeit wurden – wie Rattray schreibt – auf dem Rechteck die Opfergaben für den Geist des Baumes dargeboten (Rattray 1955,
S.261f.). Kwadwo und Kwaku Marfo kennen als Christen nur bedingt
die rituelle Bedeutung. Sie beschnitzen die Instrumente mit „Symbolen",
um die Tradition am Leben zu erhalten. Ihr Vater – so berichten sie –
habe ihnen einst erklärt, das „Symbol" stünde für die Sterblichkeit aller
Menschen, was darauf weist, daß das *fɔntɔmfrɔm*-Ensemble häufig anläßlich der Begräbnisfeiern von Würdenträgern erklingt.

Die *fɔntɔmfrɔm*-Trommeln unterscheiden sich im Design von den übrigen Instrumenten des Ensembles. Sie bekommen kein „Auge" oder „Symbol", und die vertikalen Rillen sind wesentlich breiter.

Abb.59 „Auge" oder „Symbol" einer *adedemma*. Kat.-Nr.32.

Die Pflöcke der Instrumente, die zum Halt der Schnüre mit Kappen versehen sind, werden aus dem Holz des *ɔfema*-Busches (Microdesmis puberula) gefertigt. Als Schnur dient heute gemeinhin ein einfacher Eisendraht. Da für die Museumsinstrumente eine traditionelle Bauweise bevorzugt wurde, verwendeten die Trommelbauer ausnahmsweise Fellschnüre. Eigentlich wurden die Felle früher mehrheitlich mit pflanzlichen Schnüren befestigt.[9] Die ledernen Schnüre sind nach Auskunft der Trommelbauer wesentlich haltbarer als die pflanzlichen, die zumeist aus Baumrinde gefertigt sind. Kwadwo und Kwaku Marfo kennen zwei verschiedene Schnürungstechniken, die eine wird bei den pflanzlichen Schnüren und beim Eisendraht, die andere bei den dickeren Lederschnüren angewendet.

Abb.60

---

9   Lediglich bei fünf Instrumenten dieses Typs, die das Museum zwischen 1890 und 1920
     erworben hat, bestehen die Schnüre aus Leder.

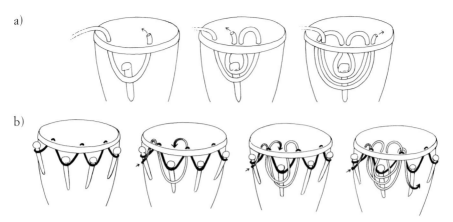

Abb.60a, b Graphik: Schnürungstechniken. a) Schnüre aus Leder. b) Schnüre aus Draht, pflanzliche Schnüre.

Als Membrane für die mit Schlegeln gespielten Instrumente verwenden die Marfo-Brüder Rinderleder, für die übrigen Antilopenfelle. Früher wurden die *ntumpan* – vor allem bei Orchestern für hohe Würdenträger – mit Elefantenohren bespannt (Nketia 1963, S.11). In Ghana sind Elefanten jedoch nur noch in den Naturparks zu finden, sodaß die Trommelbauer nach Alternativen suchen müssen (vgl. Woodson 1984, S.224).

Farbt.III(1)
u. III(2)
Farbt.IV

Die *ntumpan* und die *fɔntɔmfrɔm*-Trommeln werden mit zwei hakenförmigen Schlegeln gespielt, die *adedemma* häufig mit einer Hand und einem Schlegel, *penten* und *apentemma* mit beiden Händen, die Sanduhrtrommeln und Glocken mit jeweils einem Schlegel. Die hakenförmigen Schlegel werden wie die Pflöcke aus dem *ɔfema*-Holz gefertigt. Dabei suchen sich die Trommelbauer dünne Äste mit Astgabelung, welche man gegebenenfalls erhitzt, sodaß sich das Holz biegen läßt, bis die gewünschte Krümmung von ca. 40° erreicht ist.

Musikbeispiele mit dem *fɔntɔmfrɔm*-Set konnten während des Ghana-Projektes mit Musikern des *Centre for National Culture* in Kumasi aufgenommen werden. Bei einem Stück *akantam*[10] erklingt auf den beiden *dawuro*-Glocken ein timeline-Pattern, wobei einer der Spieler einzelne Schläge des anderen verdoppelt (man kennt auch unisono gespielte und zusammengesetzte Formeln). Das Pattern verteilt sich auf 12 Pulse. Die ebenfalls ostinate Figur der *adedemma* und *apentemma*, die vom Spieler der *apentemma* bisweilen variiert wird, erklingt über sechs Pulse.[11] Ihre in Abständen wiederkehrenden Rhythmen korrespondieren vielfach mit denen der unisono gespielten *fɔntɔmfrɔm*, wobei den *ntumpan* stets der führende Part obliegt. Die *donno* unterstützt weitgehend die *fɔntɔmfrɔm*. Der in Notenbeispiel 2 wiedergegebene Ausschnitt zeigt eine vom *atumpan*-Spieler charakteristisch vorbereitete Call & Response-Passage

Notenbsp.2

zwischen *atumpan* und *fɔntɔmfrɔm*.

Notenbsp.3

An einer anderen Stelle erklingt eine weitere responsorische Passage, bei der der *atumpan*-Spieler einen der Schläge mit Vorhalt ausführt.

---

10 Dokumentiert auf: Museum Collection AV 2 (vgl. Filmverzeichnis Nr.4). *Akantam* ist nach Nketia eines von insgesamt neun in der Asante-Region bekannten *fɔntɔmfrɔm*-Stücken (vgl. Nketia 1963, S.137).
11 Die auf der beiliegenden CD dokumentierte Aufnahme entstand 1993 während einer Gastspielreise in Berlin. Die Musiker spielen das Stück hier ohne die Begleittrommeln *apentemma* und *adedemma*.

R = offene Schläge mit den Fingern der leicht hohlen Hand nahe am Rand der Membran

M = gedämpfte Schläge mit den Fingern der flachen Hand auf die Mitte der Membran, der Handballen trifft auf den Rand der Membran

O = offene Schläge mit Schlegel

G = gedämpfte Schläge mit Schlegel (mit der freien Hand abgedämpft)

⑫ Pulse/Min ≈ 492

	❶	❷	
dawuro	X · X · >X · X X · X X ·	X · X · >X · X X · X X ·	
dawuro	X · · · X ·(X)X · X · ·	X · · · X ·(X)X · X · ·	etc.
adedemma	O O · G · · O O · G · ·	O O · G · · O O · G · ·	etc.
apentemma	R R · M · · R R · M · ·	R R · M · · R R · M · ·	etc.
atumpan (hoch) ·	· O · · · · · O · · · ·	· O · · · · · · · · ·	
atumpan (tief) ·	· · · · · · · · · · · ·	· · · · · · · · · · O	
fɔntɔmfrɔm (*+ donno*)	O · · · · · · · · · O ·	O · · · · · · · · · O ·	

	❸	❹
dawuro	X · X · >X · X X · X X ·	X · X · >X · X X · X X ·
atumpan (hoch)	O O O · O O · · O O O ·	O O · · · · · · · · · ·
atumpan (tief)	· · · O · · · O · · · O	· · · · · · · · · · · ·
fɔntɔmfrɔm	· · · · · · · · · · · ·	· · · · O · O O · O O ·

Notenbeispiel 2

⑫ Pulse/Min ≈ 492

dawuro	X · X · >X · X X · X X ·	X · X · >X · X X · X X ·
atumpan (hoch)	· · · >O O · O O O · O ·	· · · · · · · · · · · ·
atumpan (tief)	O O O · · · · · · · · ·	· · · · · · · · · · · O
fɔntɔmfrɔm	· · · · · · · · · · · ·	O O · O · · · · · · · ·

Notenbeispiel 3

Die *fɔntɔmfrɔm*-Trommeln erklingen ausschließlich innerhalb des gleichnamigen Orchesters, und es ist gerade ihr tiefer, voluminöser Klang, der den feierlichen Charakter des Ensemble-Spiels ausmacht. Das Orchester spielt – wie erwähnt – zu Ehren von Würdenträgern. Unter anderem erklingt es bei Prozessionen während der Begräbnis-Zeremonien wichtiger Oberhäupter. Die *fɔntɔmfrɔm*- und *atumpan*-Trommeln werden dabei von Trägern, die vor den Musikern gehen, auf dem Kopf getragen (vgl. auch Nketia 1979, Abb, S.35). Häufig sind die großen Trommeln, den feierlichen Anlässen entsprechend, in Stoff gehüllt.

Mbsp.6

Farbt.II(1)

Farbt.III(2)

Atumpan-Paare dienen solistisch vielfach als Sprechtrommeln. Die unterschiedliche Stimmung der Trommeln, die sich zwischen einer Quinte und einer Quarte bewegt (Woodson 1984, S.222), repräsentiert die beiden lexikalischen Tonhöhen der Twi-Sprache. Bestimmte Silben imitiert der Musiker mit Hilfe vorhaltartiger, gegen den Puls gesetzter Schläge. Trommelgedichte erklingen u.a. bei offiziellen Versammlungen und Prozessionen (vgl. Nketia, 1963, S.144ff.), sowie bei Zeremonien zu Ehren der Ahnen (vgl. Rattray 1955, S.109ff.). Sie preisen die Oberhäupter und deren Genealogien[12] oder interpretieren Legenden aus der Geschichte der Asante. Eines dieser Gedichte ist jenen bereits erwähnten Oberhäuptern um Tweneboa Kodua gewidmet, die einst ihr Leben zum Wohle der

Mbsp.7   Asante opferten:[13]

Wokum apem a	Wenn du Tausend tötest
apem beba	folgen Tausend andere nach
Asante kotoko	ihr Helden der Asante
wɔyaa kronkron	wirklich, es ist wie ich es sage
oberempon	du Großer
mahom ne so	zeig deine Macht
Ata Kofi berempon	Ata Kofi, du Großer
wɔyaa kronkron	wirklich, es ist wie ich es sage
Asante kotoko	Ihr Helden der Asante
wokum apem a	wenn du Tausend tötest
apem beba	folgen Tausend andere nach
Doae ure brɛ brɛ	Verzeiht, wir bewundern Euch

Kleinere *atumpan*-Paare gehören ferner zum *adowa*-Set, das vornehmlich anläßlich der Begräbnisfeiern weniger einflußreicher Leute gespielt wird. Beim Musizieren dieser Ensembles bedient sich der *atumpan*-Trommler bisweilen einer weiteren Anschlag-Technik. Er schlägt mit dem geraden Handgriff des einen Schlegels auf den Membranrand *(rimshot)* und gleichzeitig mit der Spitze des anderen auf die Membranmitte der gleichen Trommel (Woodson 1983, S.327ff.).

Farbt.IV   Die *apentemma* kommt bei verschiedenen Sets, u.a. im *kete*-Ensemble zum Einsatz, welches traditionell am Palast des Königs (Asantehene) gespielt wird. Als führende Trommel dient hier die faßförmige, mit zwei Schlegeln zu spielende *kwadum* (vgl. Nketia 1963, S.128ff.). Für das Spiel der *apentemma* in diesem Ensemble verwendet man überwiegend zwei Schlagarten, die nach Koetting den oben im Notenbeispiel beschriebenen gleichen (vgl. Koetting 1970, S.137).

Trommeln vom Typ der *apentemma* sind außerhalb der Asante-Region u.a. bei den nördlichen Ewe verbreitet. Auch hier kennt man verschiedene Anschlagtechniken. Die drei Grundschläge werden – wie Urban Bareis in seinen Feldaufzeichnungen festhalten konnte[14] – verbal umschrieben:

1. *Wo yɔ vua wo gbe* (Ewe: „Den Ton der Trommel herbeirufen"). Die drei mittleren Finger einer Hand treffen nebeneinanderliegend auf das Fell am Rande der Membran – etwa bis zum zweiten Fingerglied –, es entsteht ein hoher, klarer Ton.

---

12 Ein umfangreiches Trommelgedicht zur Genealogie des Oberhauptes von Mampon (Nord-Asante) ist bei Rattray dokumentiert (vgl. Rattray 1955, S.266ff.).
13 Transkription und Übersetzung: Franklin Adu-Gyamfi.
14 Urban Bareis, unveröffentlichte Feldaufzeichnungen vom 27.10.1986. Die Informationen zu den Grundschlägen auf der *asivugā* („große handgeschlagene Trommel') und deren Bezeichnung stammen von Meistertrommler Kofi Mensah aus Kpando-Gabi.

Abb.61 Faßtrommel mit
menschlichem Schädel. Kat.-
Nr.79. Nkonya. Ghana.

2. *Wo kaka vua wo gbe* (Ewe: „Den Ton der Trommel ausbreiten").
Die gespreizten Finger der hohlen Hand treffen auf die Membranmitte, der Handballen trifft dabei auf den Rand. Bei der Schlagaktion
wird die hohle Hand schnell abgeflacht, es entsteht ein obertonreicher,
scharfer Klang.

3. *Wo fofu vua wo gbe* (Ewe: „Den Ton der Trommel sammeln").
Die leicht gekrümmten geschlossenen Finger der schräg gehaltenen
Hand treffen auf die Mitte der Membran. Die Haltung und Bewe-
gung der Hände sieht aus, als ob man mit ihnen auf einer glatten
Fläche Körner oder ähnliches sammeln würde. Die Hand bleibt kurz
auf der Membran liegen, wodurch ein gedämpfter Ton entsteht.

Das Museum besitzt eine Reihe von Trommeln aus den ehemaligen
deutschen Kolonialgebieten, die mit den repräsentativen Instrumenten
der Asante eng verwandt sind. Unter anderem findet sich in der Sammlung eine mächtige Faßtrommel vom Typ der *fɔntɔmfrɔm* aus Nkonya (Kat.-
Nr.79). An einen der Pflöcke ist ein menschlicher Schädel gebunden. In   *Abb.61 u. 62*
der Anlage zu einem Brief des Sammlers Herman Baumann vom 8. April

Abb.62 Höfische Instrumente. Vermutlich Ewe. Ghana oder Togo. Historisches Foto. Urheber unbekannt.

1895 an Adolf Bastian, den Direktor des Museums, ist dazu folgende Beschreibung dokumentiert:

> Große Fetischtrommel aus Nkonya. Alljährlich im Oktober findet in Wurupong, der nördlichsten Stadt der Landschaft Nkonya, das Fest des Hauptfetisch Lia statt, zu welchem die Fetischtrommeln aus Betinasse, wo sie gewöhnlich aufbewahrt werden, in feierlicher Prozession überführt werden. ... Beim Trommeln geraten die Schädel in Bewegung, sie „nikken". Ist unter den Teilnehmern am Fest ein Mann, der dem selben Stamm angehört wie der Schädel und der Schädel „nickt" ihm zu, so wird er vom Fetisch Lia getötet, nachdem er in Irrsinn gefallen ist; doch ereignet sich das sehr selten, weil die Schädel meist erschlagenen Ashanti-Kriegern gehören.[15]

Vgl. Abb.62 Menschen- oder Tierknochen sind an einigen weiteren Trommeln aus der Region befestigt, z.B. an einer von den nördlichen Ewe stammenden,
Abb.63 in Stoff gehüllten Faßtrommel (Kat.-Nr.45).[16]

Abb.64 Die Trommeln vom Typ der *atumpan* in der Sammlung weisen unterschiedliche Korpusformen auf. Bei einem Instrument etwa (Kat.-Nr.85) verläuft der Übergang von der Schale zum Ansatz nahezu rechtwinklig (was – wie oben erwähnt – der inneren Form der *atumpan* entspricht). Zwei Bechertrommeln aus Kete Kratchi im heutigen Ghana (Kat.-Nr.68
Abb.65 und 69) sind wesentlich schlanker als die verwandten Instrumente der Asante.

---

15 Museum für Völkerkunde, Berlin, Aktennr. 573/95.
16 Bei den nördlichen Ewe kann man auch heute noch Zeremonial- und Kriegstrommeln finden, die mit Amuletten, menschlichen Schädeln und Knochen geschmückt sind. Urban Bareis, persönliche Mitteilung 1995.

Abb.63 Faßtrommel mit menschlichen Knochen. Kat.-Nr.45. Ewe. Ghana.

Abb.64 *Atumpan*-Typ mit „rechtwinkliger" Schale. Kat.-Nr.85. Ghana oder Togo.

Abb.65 Schlanker *atumpan*-Typ mit geometrischen Figuren. Kat.-Nr.69. Kete Krachi. Ghana.

Abb.66 Tänzer und Musiker einer *Ntan*-Gruppe im Dorf Aduman. Asante. Ghana. 1997.

Abb.66

Vgl. S.45

Abschließend sei hier noch kurz eine weitere Asante-Trommel beschrieben, die *ntan*, die heute kaum mehr Beachtung findet. *Ntan*-Trommeln sind zumeist unterhalb der Pflöcke mit konkreten Figuren verziert. Stets sind ihnen plastisch zwei weibliche Brüste angeschnitten, nach Nyabongo ein Zeichen für die „matriarchalische Gesellschaft" der Asante (Nyabongo 1989, S.81). Verschiedene Figuren am Korpus stehen häufig für Geschichten oder Sprichwörter. Nyabongo beschreibt ein Instrument, bei dem neben den Brüsten ein Herz sowie zahlreiche Figuren-Paare angeschnitten sind, u.a. eine Schlange und ein Nashornvogel, Halbmond und Stern, Hahn und Henne, Schlange und Frosch, Elefant und Palme, ein Asante-Thron mit einer Kugel (ebd., S.83). Der Hahn und die Henne bezeichnen beispielsweise ein Sprichwort: „Obwohl die Henne weiß, daß der Tag anbricht, überläßt sie es dem Hahn, eben das anzukündigen" (ebd.). Eine der wenigen noch existierenden *ntan*-Gruppen ist in der Ortschaft Aduman in Zentral-Asante beheimatet. Die Gruppe verwendet eine auf einem geschnitzten Elefanten als Standfuß ruhende faßförmige *ntan*-Trommel. Als Begleitinstrumente dienen zwei kleine Zylindertrommeln *gyama*. Letztere haben zwei Membranen, die wie bei der Sanduhrtrommel *donno* bzw. *lunga* der Dagomba befestigt sind.[17] Die Gruppe spielt nach Angaben der Musiker bei Begräbnisfeiern und zu profanen Anlässen. Allerdings war sie im Frühjahr 1997 bereits seit drei Jahren nicht mehr aufgetreten. Die Mitglieder waren mehrheitlich sehr alt. Ihre Musik – so sagten sie übereinstimmend – stamme ursprünglich aus der Fante-Region.

17   Andreas Meyer, Tagebucheintragung 16.3.1997.

Abb.67 *Ntan*-Trommel. Kat.-
Nr.26. Asante. Ghana.

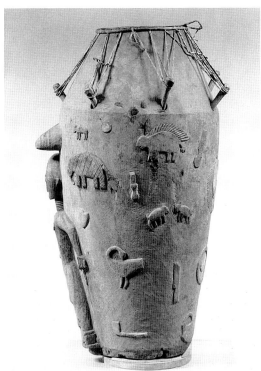

Abb.68 *Ntan*-Trommel. Kat.-
Nr.26. Asante. Ghana.

Abb.69 *Ntan*-Trommel. Kat.-Nr.27. Asante. Ghana.

In der Sammlung gibt es zwei *ntan*-Trommeln. Das Korpus der einen ist zylindrisch bzw. leicht konisch geformt (Kat.-Nr.26); das der anderen ist kesselförmig und steht auf zwei Standbeinen, die menschlichen Beinen nachgebildet sind (Kat.-Nr.27). An den Wandungen beider Instrumente finden sich verschiedene Figuren und Figurenpaare. Die Kesseltrommel ist wiederum mit dem Motiv des Asante-Throns verziert; statt der bei Nyabongo erwähnten Kugel ist ihm hier zum einen ein strahlenförmiges Gebilde und zum anderen eine anthropomorphe Figur zugeordet.

Abb.67 u. 68

Abb.69

Das Anlo Ewe-Ensemble

Die Anlo Ewe leben im ghanaischen Küstengebiet östlich des Volta, einer regenarmen und damit vegetationsarmen Savannen-Landschaft. Nicht zuletzt deshalb unterscheiden sich viele ihrer Instrumente von denen der nördlichen Ewe und der Akan-Völker. Während die Resonanzkörper der meisten afrikanischen Trommeln aus einem Stück Holz gefertigt werden, verwendet man für die Anlo-Trommeln – wie bei der Herstellung europäischer Fässer – einzelne, durch Metallringe zusammengehaltene Bretter, gemeinhin aus *odum*-Holz (Chlorophora excelsa).

Abb.70 Trommelbauer in Akatsi. Anlo Ewe. Ghana. Herstellung einer *atsimevu*. Kat.-Nr.59. – Anpassen der Metallringe. 1993.

Das Standard-Ensemble besteht aus drei Faßtrommeln *atsimevu* (einfellig, offen), *sogo* und *kidi* (beide einfellig geschlossen) und einer faß- bzw. becherförmigen Trommel *kagaŋ* (einfellig, offen). Einige weitere faßförmige oder zylindrische Trommeln – *krɔbodzi*, *krɔbotɔ* (oder *krodzie*) und *brekete* – kommen nur bei bestimmten Musikformen zum Einsatz.[18] Früher verwendete man auch bei den Anlo ausgehöhlte Holzblöcke als Resonanzkörper, und einige Trommelbauer sind noch heute dieser Tradition verpflichtet. Doch in Ermangelung an Baumbeständen suchte man bereits vor Jahrhunderten nach Alternativen, und noch vor der Kolonialzeit übernahmen die Anlo die Faßbau-Technik der Europäer.[19] Mehrere gleich große Bretter sind zu einem runden Korpus geformt und werden mit unterschiedlich großen Metallringen zusammengehalten. Die Fugen werden mit einer Paste aus Sägespänen verputzt. *Sogo* und *kidi* sind unten mit einem kreisförmig ausgesägten Brett verschlossen. Bei der kleinen *kagaŋ*-Trommel hat die neuere Bauweise die Form entscheidend verändert. Die aus einem Stück gefertigten Instrumente waren früher becherförmig. Offensichtlich war es zu aufwendig, die Ansätze der Bechertrommeln mit Brettern zu fertigen, sodaß man heute – sofern man sich der neueren Bauweise bedient – auch die *kagaŋ* faßförmig herstellt.

Die Felle des Anlo-Ensembles sind wiederum mit Pflockspannung befestigt. Die Pflöcke sind – vor allem bei der *atsimevu* – im Verhältnis zum

Farbt. VII

Abb. 70

---

18 Bisweilen werden diese Namen mit l statt mit r geschrieben, z.B. *kloboto* (vgl. Jones, 1959, S.57).

19 Möglicherweise haben die Holländer und Dänen, die schon im 15. Jahrhundert die Sklavenrouten befuhren, diese Technik nach Westafrika gebracht (vgl. Fiagbedzi 1971, S. 95f. und 1977, S.27).

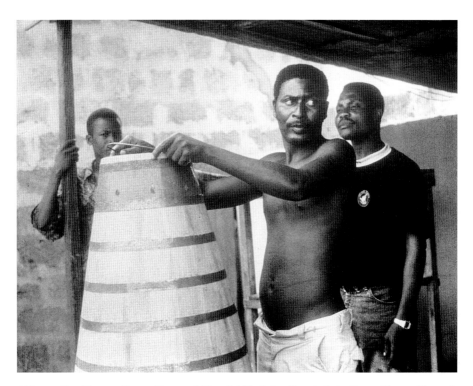

Abb.71 Der Trommelbauer Leonard Kwasi Abbah in Akatsi. Anlo Ewe. Ghana. Herstellung einer *atsimevu*. Kat.-Nr.59. – Anpassen des Fellringes. 1993.

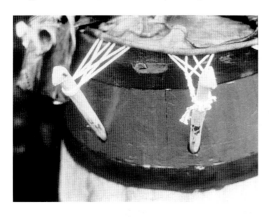

Abb.72 Pflockspannung bei der *atsimevu*. Rechts: Schlaufen bereits zusammengedreht, links: noch nicht zusammengedreht. 1993.

Abb.71

Abb.72

Korpus auffällig klein. Zum Halt der Schnüre werden den Pflöcken kleine, spitz zulaufende Vorsprünge angeschnitzt. Als Fellringe dienen elastische Buschzweige. Die Membranen, die aus dem Leder der Schopfantilope (Cephalophinus) gefertigt werden, befestigt man zumeist mit Baumwollschnüren, wobei um jeden Pflock drei Schlaufen gelegt und zusammengedreht sind. Die Enthaarung der Membranen erfolgt, indem man die Oberfläche mit Asche einreibt. Auf diese Weise werden die Haarwurzeln angegriffen, und die Haare lassen sich nach kurzer Zeit leicht mit einer Leiste abschraben, ohne daß man die obere Hautschicht beschädigt. Dieses Verfahren ist in West- und Zentralafrika weitverbreitet.

Abb.73 *Atsimevu*-
Spieler in Akatsi.
Anlo-Ewe. Ghana.
1997.

Für die *atsimevu* kennt man drei verschiedene Größen mit weitgehend gleichem Felldurchmesser (H = ca. 125, 150, 190 cm; D = ca. 25 cm). Beim Spielen liegt das Instrument in einem Ständer im Winkel von ca. 45°. Als Ständer dient ein einfaches Andreaskreuz oder ein solides Gestell mit Verstrebungen. Die geschlossenen Trommeln *sogo* und *kidi* haben im unteren Drittel ein kleines Bohrloch zum Einfüllen von Wasser, da die Membranen zum Spannen beidseitig befeuchtet werden (Jones 1959, S.58).

Die *atsimevu* und die *sogo* spielt man mit zwei Schlegeln oder einer Hand und einem Schlegel, die *kagaŋ* und die *kidi* stets mit zwei Schlegeln. Die Stimmung der Instrumente richtet sich nach der *atsimevu*, die am tiefsten klingt, gefolgt von *sogo*, *kidi* und *kagaŋ*. Zwischen *atsimevu* und *kidi* ergibt sich etwa das Intervall einer Quinte (ebd.). Einige Tanzmusikformen erklingen ohne *atsimevu*. In diesen Fällen fungiert die sogo, die wie die *kidi* und bisweilen auch die *kagaŋ* etwas tiefer gestimmt wird, als Meistertrommel (ebd., S.59). *Abb.73*

Allen Trommlern stehen verschiedene Schlagtechniken zur Verfügung, die den klanglichen Reiz des Ensemblespiels ausmachen. A. M. Jones unterscheidet beim Spiel mit Schlegeln zwischen „freien", „gedämpften" und „indirekt gedämpften" Schlägen:

Man kann drei Dinge mit den Trommelschlegeln machen. Man kann mit jedem Schlegel auf die Trommel schlagen, sodaß er sofort abprallt. Das werden wir als einen „Freien" Schlag bezeichnen. Man kann (mit jedem Schlegel) auf das Fell schlagen und den Schlegel niederhalten und somit den Ton dämpfen. Das werden wir als einen „Gedämpften" Schlag bezeichnen. Bei der Kagaŋ klingt er eine kleine Terz höher als der freie Schlag. Oder man kann einen Schlegel auf die Trommel legen ohne zu schlagen als würde man dämpfen und dabei einen freien Schlage mit dem anderen Schlegel ausführen. Das werden wir als einen „Sekundär gedämpften" Schlag bezeichnen (Jones 1959, S.61; Übersetzung aus dem Englischen: A. Meyer).

Abb.74 Trommel der Anlo-
Ewe. Ghana. Resonanzkör-
per aus einem Holzblock
gefertigt. Kat.-Nr.56.

Die Spieler der *atsimevu* und der *sogo* können ferner mit Handschlä-
gen verschiedene Klangresultate erzeugen. Für die *atsimevu* kennt man
zudem eine Technik –*vukɔgo* bzw. *kɔgo* genannt – bei der mit dem Schlegel der Resonanzkörper unterhalb der Membran bespielt wird (ebd., S.63;
Locke & Agbeli 1980, S.36).

Farbt.VII   Zum Standard-Ensemble gehören neben den Trommeln eine Doppelglocke (*gankogui* oder *gongon*) und eine Kürbisrassel (*axatse*). Das Spiel
der Begleittrommeln beschränkt sich zumeist auf die Repetition von Formeln unterschiedlicher Längen. *Die sogo* und seltener *die kidi* korrespondieren bisweilen responsorisch mit den Rhythmen der *atsimevu*.

Musikaufnahmen mit dem Anlo Ewe-Ensemble sind auf verschiedenen Tonträgern veröffentlicht. Hervorzuheben ist eine bei Lyrichord er-
schienene Schallplatte mit kultischer und säkularer Musik (vgl. Schallplattenverz. Nr.8). In der Literatur findet sich zudem eine Fülle von
Notenbeispielen.[20] Bei Koetting ist ein Musikstück *sohu (sowu)*, welches
traditionell im kultischen Kontext gespielt wurde (Nketia 1979, S.315),
mit Pulsnotation wiedergegeben. Es verdeutlicht den klanglichen Reich-
tum des Ensembles. Sechs Glocken und eine Rassel kommen zum Einsatz, deren Schläge ein dichtes auf 16 Pulse sich verteilendes Geflecht

----

20   Vgl. Fiagbedzi 1977, S.454ff.; Jones 1959, Bd. 2, S.11ff.; Locke 1982, S.220ff.;
    Pantaleoni 1971, S.51ff.

erzeugen. Die repetierte Formel der *kagaŋ* verteilt sich auf 4 Pulse, die der *kidi* auf 8, und die der *sogo* auf 16 Pulse. Auf der *kagaŋ* erklingen nur offene, auf der *kidi* und der *sogo* offene und gedämpfte Schläge. Über dem Gerüst der Begleitinstrumente spielt der Meistertrommler eine Reihe verschiedener, sich zumeist über 32 Pulse erstreckender Patterns unter Verwendung unterschiedlicher Schlagtechniken (Koetting 1970, S.129 und S.144f.).

Die überlieferten religiösen Musikformen, bei denen das Ensemble zum Einsatz kommt – etwa die Darbietungen des Yeve-Kultes (Jones 1959, S.97) und die *Adzogbo*-Tänze gelten als besonders anspruchsvoll (ebd., S.128). Die *Adzogbo*-Tänze waren einst zu Ehren der Kriegsgötter im Königreich Dahomey entstanden. Bei den Ewe sind sie bis heute mit dem Glauben an übernatürliche Kräfte verbunden (Locke & Agbeli 1980, S.32). Häufiger wird das Ensemble allerdings bei profanen Anlässen gespielt. Dabei sind die sogenannten „Dance Clubs" von besonderer Bedeutung, organisierte Gruppen mit Komponisten, Chorleitern und Meistertrommlern, die zur Unterhaltung ein eigenes Repertoire erarbeiten.[21] Dank ihrer klanglichen Vielfalt dient die *atsimevu* auch als Sprechtrommel. Vor allem bei den Tänzen des *Adzogbo* imitiert sie häufig die Gesänge und Rezitationen der tanzenden Gruppen (Locke & Agbeli 1980, S.44).

In der Sammlung finden sich – neben einigen modernen Trommeln (darunter ein kompletter Satz, Kat.-Nr.59–62) – zwei ältere Instrumente der Anlo Ewe[22] (Kat.-Nr.56 und 57), die jeweils aus einem Holzblock gefertigt sind. Beide haben etwa die Größe einer *kidi*, und beide sind – wie die *kidi* – unten am Korpus mit Bohrlöchern zum Einfüllen von Flüssigkeit versehen. Die Resonanzkörper stehen auf vier Standbeinen. Ihre Wandungen sind auffallend dünn. Die Pflöcke hat man auch hier mit spitz zulaufenden Vorsprüngen versehen.

Abb.74

---

21 Fiagbedzi 1977, S.116; Jones 1959, S.128.
22 Herkunft laut Erwerbungsbuch: „Ewe-Togo-Küste".

Katalog zu Region 3 (Nrn. 24–90)

24 **III C 11547** **Bechertrommel, einfellig, offen**
Pflockspannung (Typ A), 6 Pflöcke
Akposo, Togo **H = 139; D = 26**

a. Schnüre pflanzlich. Drei Schlaufen je Pflock (zusammengedreht).
b. Korpus zur Membran hin leicht verjüngt. Schale zylindrisch.
d. Ein angeschnitzter Ring unterhalb der Pflöcke. Rote, weiße und schwarze Dreiecke.
e. Eintrag im Erwerbungsbuch: „Tanz- und Sprechtrommel, mit den Händen oder einem hakenförmigen Holz geschlagen".

SAMMLER: Preil/1900

25 **III C 14319** **Sanduhrtrommel, zweifellig**
Schnurspannung, Stimmschnüre (Typ A)
Akposo, Togo **H = 45; D = ca. 19**

a. Schnüre aus eingedrehtem Leder.
b. Mittelkörper (Typ C).
d. Rote und weiße Streifen zwischen den Schalen.

SAMMLER: Schmidt/1902

26 **III C 40859** *ntan* **Doppelkonustrommel, einfellig, offen**
Pflockspannung (Typ A), 7 Pflöcke
Asante, Ghana **H = ca. 95; D = 25**

a. Schnüre pflanzlich. Drei Schlaufen je Pflock.
d. Rundumverlaufend angeschnitzte Figuren (Menschen, Tiere und Gegenstände des alltäglichen Lebens). Zwei angeschnitzte weibliche Brüste.
e. Eintrag im Erwerbungsbuch: „Fell und Keile wurden in Kumasi ergänzt bzw. erneuert".
f. Vgl. S.68ff.

SAMMLER: Köhler/1966

27 **III C 40860** *ntan* **Kesseltrommel**
Pflockspannung (Typ A), 9 Pflöcke
Asante, Ghana **H = 63; D = 24**

a. Schnüre pflanzlich. Drei Schlaufen je Pflock.
b. Korpus in Form eines weiblichen Unterkörpers. Korpus zur Membran hin verjüngt. Zwei Standbeine (Typ A).
d. Rundumverlaufend angeschnitzte Figuren (Menschen, Tiere und Gegenstände des alltäglichen Lebens). Figuren sind verschiedenfarbig gefärbt. Zwei angeschnitzte weibliche Brüste.
f. Vgl. S.68ff.

SAMMLER: Köhler/1966

28 **VII f 193** *atumpan* **Bechertrommel, einfellig, offen**
Pflockspannung (Typ A), 8 Pflöcke
Asante, Ghana **H = 89,5; D = 39 x 37,5**

Trommel des *fɔntɔmfrɔm*-Ensembles.
a. Schnüre aus eingedrehtem Leder. Drei Schlaufen je Pflock.
b. Schale faßförmig.
d. Ein angeschnitzter Ring aus Kerben unterhalb der Pflöcke. Rundumverlaufend vertikale Rillen an Schale und Ansatz. An der Schale ein ausgeschnitztes Rechteck mit einem Kerbschnittornament.
f. Vgl. S.55ff.

SAMMLER der Kat.-Nrn.28–38: Bareis, Meyer/1993

29 **VII f 194** *atumpan* **Bechertrommel, einfellig, offen**
Pflockspannung (Typ A), 8 Pflöcke
Asante, Ghana **H = 88; D = 39**

Vgl. VII f 193.

30 VII f 195 *bommaa (fɔntɔmfrɔm)* **Faßtrommel, einfellig, offen**
                                          Pflockspannung (Typ A), 8 Pflöcke
     Asante, Ghana   **H = 129; D = 39**

Trommel des *fɔntɔmfrɔm*-Ensembles.
a. Vgl. VII f 193.
d. Angeschnitzter Ring aus Kerben unterhalb der Pflöcke. Darunter rundumverlaufend breite
    vertikale Rillen.
f. Vgl.S.55ff.

31 VII f 196 *bommaa (fɔntɔmfrɔm)* **Faßtrommel, einfellig, offen**
                                          Pflockspannung (Typ A), 8 Pflöcke
     Asante, Ghana   **H = 124,5; D = 39**

Vgl. VII f 195.

32 VII f 197 *adedemma*   **Faßtrommel, einfellig, offen**
                                          Pflockspannung (Typ A), 6 Pflöcke
     Asante, Ghana   **H = 59; D = 19,5**

Trommel des *fɔntɔmfrɔm*-Ensembles.
a. + d. Vgl. VII f 193.
f. Vgl. S.55ff.

33 VII f 198 *penten*   **Bechertrommel, einfellig, offen**
                                          Pflockspannung (Typ A), 6 Pflöcke
     Asante, Ghana   **H = 64,5; D = 26**

Vgl. VII f 193.

34 VII f 199 *apentemma*   **Bechertrommel, einfellig, offen**
                                          Pflockspannung (Typ A), 6 Pflöcke
     Asante, Ghana   **H = 60,5; D = 24,5**

Vgl. VII f 193.

35 VII f 202 a+b *donno (dondo)*   **Sanduhrtrommel, zweifellig**
                                          Schnurspannung, Stimmschnüre (Typ B)
     Asante, Ghana   **H = 57; D = 21**

a. Schnüre aus eingedrehtem Leder. Ligatur rundumverlaufend.
b. Mittelkörper (Typ B).
c. b = gekrümmter Schlegel.
d. Schnüre teilweise rot gefärbt.
f. Vgl. S.47; Vgl. Nketia 1963, S.14f. und S.52ff.

36 VII f 203 a+b *donno (dondo)*   **Sanduhrtrommel, zweifellig**
                                          Schnurspannung, Stimmschnüre (Typ B)
     Asante, Ghana   **H = 48; D = 18,5 x 18**

a. Schnüre aus eingedrehtem Leder. Ligatur rundumverlaufend.
b. Mittelkörper (Typ A).
c. b = gekrümmter Schlegel.
d. Schnüre teilweise rot gefärbt.
f. Vgl. VII f 202.

37 VII f 204 a+b *donno (dondo)*   **Sanduhrtrommel, zweifellig**
                                          Schnurspannung, Stimmschnüre (Typ B)
     Asante, Ghana   **H = 48; D = 18**

Vgl. VII f 203.

38 VII f 205 a+b *brekete (ganga*-Typ) **Zylindertrommel, zweifellig**
                                          Schnurspannung, doppelte i-Schnürung (Typ B)
     Asante, Ghana   **H = 36,5; D = 39**

a. Schnüre aus eingedrehtem Leder. Einzelne Ligaturen aus Leder (in Streifen). Jeweils eine
    Schnarrsaite aus eingedrehtem Leder auf beiden Membranen.
c. An den Fellringen ist ein Haltegurt aus Stoff befestigt. b = gekrümmter Schlegel.

d. Korpus mit Stoff umhüllt. Ligaturen auf einer Seite rot gefärbt.
f. Vgl. S.110.

SAMMLER der Kat.-Nrn.28–38: Bareis, Meyer/1993

39   III C 8678   **Zylindertrommel, einfellig, offen**
                                        Pflockspannung (Typ A), 4 Pflöcke
     Basari, Togo   **H = 44; D = 17 x 16**

a. Schnüre aus eingedrehtem Leder. Drei Schlaufen je Pflock. Einer der Pflöcke fehlt.
c. Oben am überstehenden Fell und unten am Korpus ist ein geflochtener Tragegurt angebracht.
d. Ein angeschnitzter Ring unterhalb der Pflöcke; darunter einfache Kerbschnittornamente.

SAMMLER: Kersting/1899

40   III C 40129   **Zylindertrommel, einfellig, offen**
                                        Pflockspannung (Typ A), 5 Pflöcke
     Baule, Côte d'Ivoire   **H = 76; D = ca. 20**

a. Schnüre pflanzlich. Drei Schlaufen je Pflock.
b. Standfuß (Typ D).
d. Angeschnitzte Ringe unterhalb der Pflöcke. Rundumverlaufend angeschnitze anthropomorphe Figuren, Tierfiguren (Reptilien), Werkzeuge (Axt und Schaufel). Standfuß mit Gesichtern und abstrakten Ornamenten beschnitzt.

SAMMLER: Lemaire/1964

41   III C 11919 ‚kencpuli'   **Konustrommel, einfellig, offen**
                                        Pflockspannung (Typ A), 5 Pflöcke
     Chakossi, Ghana   **H = 42; D = 16**

a. Schnüre aus Leder (in Streifen). Drei Schlaufen je Pflock.
b. Der obere Durchmesser ist kleiner als der untere. 3 Standbeine (Typ D).
d. Oben ist an die Schnüre ein Hundeschädel gebunden.
e. Beschreibung in der Ankaufsakte (Aktennr.803/99): „Wird als Schutzgeist der Familie verehrt. Erhält täglich Nahrung bestehend in gekauter Colanuß, Eiweiß (...). Alljährlich einmal zur Zeit der großen (Yams-) Ernte wird für den Hausgeist ein Fest gerichtet, wobei ein Hund und hellfarbige Hühner geschlachtet werden (welche die Familie dann verspeist), deren Blut an die Trommel gespritzt wird. Der Schädel des Hundes bleibt für das ganze nächste Jahr an der Trommel, die Federn des Huhnes werden mit dem Blut festgeklebt. Auch dient die Trommel als Orakel-Urteil, indem ein schuldiger Angehöriger der Familie (Sklave) aus der Trommel einem Trank trinken muß, und ist er schuldig, wird ihn der Trank (...) schwer erkranken lassen. Daher ist es auch streng verboten, durch die unten offene Trommel hineinzusehen, besonders für Weiber, welche davon dauernd kinderlos werden. Die Trommel hat als Hausorakel den Namen kencpuli (...)".

SAMMLER: Thierry/1899

42   III C 11920 ‚aöba'   **Zylindertrommel, einfellig , offen**
                                        Pflockspannung (Typ A), 6 Pflöcke
     Chakossi, Ghana   **H = ca. 57; D = 23 x 22**

a. Schnüre aus eingedrehtem Leder. Drei Schlaufen je Pflock.
c. Ein Tragegurt aus Stoff ist oben an einer überstehenden Zunge der Membran und unten an der Naht des um das Korpus gelegten Fells (siehe unten) befestigt.
d. An die Schnüre sind zwei menschliche Unterkiefer gebunden. Ein schwarz gefärbtes Fell ist um das Korpus gelegt.
e. Beschreibung in der Ankaufsakte (Aktennr. 803/99): „Eine Holztrommel (...), welche sehr alt sein soll und nur bei feierlichen Gelegenheiten, besonders Wechsel des Familienoberhauptes durch Tod in Gebrauch genommen wird. Die Trommel heißt aöba = (...) Leopard, weil sie beim Gebrauch mit zwei krallenförmigen, entgegengesetzt auf (?) nur abwärts bewegten Ästen gestrichen, ein den Leoparden nachahmendes Geräusch erzeugt".

SAMMLER: Thierry/1899

43   III C 11921   **Zylindertrommel, zweifellig**
                                        Schnurspannung
     Chakossi, Ghana   **H = 38,5; D = 28**

Reibtrommel

a. Ohne Fellring. Schnüre aus Leder (in Streifen).
b. Korpus zur Membran hin leicht verjüngt. Im Korpus eine große, rechteckige Öffnung.
e. Beschreibung in der Ankaufsakte (Aktennr. 803/99): „Fetischtrommel des Fetisch Adjórre in Mangu. Durch die beiden Löcher werden die innenliegenden Grasstreifen gezogen, nur durch Aufspannen und Streichen mit nassen Fingern ein äußerst dumpfes, unangenehmes Geräusch hervorgebracht. Durch die Art des Streichens, welches bloß den Eingeweihten bekannt ist, wird das ‚schuldig' oder ‚unschuldig' gesprochen". Grasstreifen fehlen.
f. Ankermann 1901, S.59, Abb.144.

SAMMLER: Thierry/1899

---

44   III C 6067   **Faßtrommel, einfellig, offen**
                                           Pflockspannung (Typ A), 7 Pflöcke
   Ewe, Ghana, Kpandu   **H = 52,5; D = 25 x 24**

a. Schnüre pflanzlich. Drei Schlaufen je Pflock.
c. Ein Tragegurt aus Stoff ist oben an einer überstehenden Fellzunge angebracht, unten an einer Schlaufe, die durch zwei Bohrlöcher geführt ist.
d. Am Korpus ist ein menschlicher Knochen angebunden. Ein angeschnitzter Ring unterhalb der Pflöcke.
e. Eintrag im Erwerbungsbuch: „Kriegstrommel".

SAMMLER: Baumann/1895

---

45   III C 6068   **Faßtrommel, einfellig, offen**
                                           Pflockspannung (Typ A), 7 Pflöcke
   Ewe, Ghana, Kpandu   **H = 52; D = 24 x 22**

a. Schnüre pflanzlich. Drei Schlaufen je Pflock.
c. Ein Haltegurt ist oben an einer überstehenden Fellzunge und unten an zwei Bohrlöchern befestigt.
d. Korpus mit zwei Knochen und zwei menschlichen Schädeln behängt. Ein angeschnitzter Ring unterhalb der Pflöcke, rundumverlaufend vertikale Rillen. Das Korpus ist mit Stoff umwickelt.
e. Eintrag im Erwerbungsbuch: „Kriegstrommel".
f. Vgl. S.65ff.

SAMMLER: Baumann/1895

---

46   III C 13141 fɔntɔmfrɔm-Typ   **Zylindertrommel, einfellig, offen**
                                           Pflockspannung (Typ A), 7 Pflöcke
   Ewe, Ghana, Ho   **H = 130; D = ca. 38**

a. Schnüre pflanzlich. Drei Schlaufen je Pflock. Drei Pflöcke fehlen.
b. Korpus zur Membran hin leicht verjüngt (leicht faßförmig).
d. Rundumverlaufend vertikale Rillen.
e. Das Instrument war laut Erwerbungsbuch ursprünglich mit drei Schädeln und einem „Kauribandel" (vermutlich aufgereihte Kaurischnecken-Gehäuse) behängt.

SAMMLER der Kat.-Nrn.46–50: Gruner/1901

---

47   III C 13142 fɔntɔmfrɔm-Typ   **Zylindertrommel, einfellig, offen**
                                           Pflockspannung (Typ A), 7 Pflöcke
   Ewe, Ghana, Ho   **H = 119; D = ca. 35**

a. Schnüre pflanzlich. Zwei Schlaufen je Pflock. Drei Pflöcke fehlen.
d. An einem Eisendraht unterhalb der Pflöcke ist ein Menschenschädel befestigt. An den Schnüren einige Kauri-Schneckengehäuse. Das überstehende Fell ist rundumverlaufend eingeritzt. Erhabene Schnitzereien (Ringe und Kämme).

---

48   III C 13144   **Zylindertrommel, einfellig, offen**
                                           Pflockspannung (Typ A), 7 Pflöcke
   Ewe, Ghana, Ho   **H = 87,5; D = 25,5**

a. Schnüre pflanzlich. Drei Schlaufen je Pflock (zusammengedreht). 6 Pflöcke fehlen.
b. Korpus zur Membran hin verjüngt. Standfuß (Typ A).
c. Haltegriff aus überstehender Fellzunge herausgeschnitten.
d. Zwei angeschnitzte Ringe unterhalb der Pflöcke. Über dem Standfuß Kerbschnittornamente.

In der Mitte des Korpus angeschnitzte Ornamente (Quadrate) und zwei angeschnitzte Ringe. Fellränder ausgefranst.

49   III C 13145   **Faßtrommel, einfellig, offen**
Pflockspannung (Typ A), 7 Pflöcke
Ewe, Ghana, Ho   **H = ca. 53; D = 26 x 23,5**

a.   Schnüre pflanzlich. Vier Schlaufen je Pflock (zusammengedreht). Drei Pflöcke fehlen.
d.   Ein angeschnitzter Ring unterhalb der Pflöcke. Einfache Kerbschnittornamente. Das Korpus ist schwarz angestrichen.
e.   Laut Erwerbungsbuch war das Instrument mit einem Schädel und zwei Knochen behängt.

50   III C 13146 (2)   **Faßtrommel, einfellig, offen**
Pflockspannung (Typ A), 8 Pflöcke
Ewe, Ghana, Ho   **H = 46; D = ca. 25**

a.   Schnüre pflanzlich. Zwei Schlaufen je Pflock (zusammengedreht). Sechs Pflöcke fehlen.
b.   Korpus zur Membran hin verjüngt.
d.   Ein angeschnitzter Ring unterhalb der Pflöcke; Kerbschnitte.

SAMMLER der Kat.-Nrn.46–50: Gruner/1901

51   III C 15180   **Zylindertrommel, einfellig, offen**
Pflockspannung (Typ A), 8 Pflöcke
Ewe, Ghana, Anfeu   **H = 42; D = 26**

a.   Schnüre pflanzlich. Drei Schlaufen je Pflock. Drei Pflöcke fehlen.
b.   Korpus zur Membran hin leicht verjüngt.
c.   An die Schnüre ist ein Ersatz-Fell gebunden. Ein Tragegurt aus Leder ist oben an einer überstehenden Fellzunge und unten an 2 Bohrlöchern befestigt.
d.   Korpus mit Leopardenfell umhüllt.

SAMMLER: Smend/1901

52   III C 30986   **Kesseltrommel**
Gurtspannung, doppelte i-Schnürung (Typ A)
Ewe, Togo   **H = 26; D = 25**

a.   Ohne Fellring. Schnüre und Gurt pflanzlich. Gurtschlaufen. Schnüre oben an Schlaufen befestigt, die aus dem Fellrand herausgeschnitten sind. Gurt dient als Standfuß.
b.   Korpus zur Membran hin verjüngt.
c.   Zwei aus dem Fell herausgeschnittene Schlaufen als Handgriffe.

SAMMLER der Kat.-Nrn.52–55: Konietzko/1917

53   III C 30989   **Bechertrommel, einfellig, offen**
Nagelspannung (Typ A), 11 Nägel
Ewe, Ghana oder Togo   **H = 97,5; D = 25**

b.   Korpus zur Membran hin leicht verjüngt. Schale konusförmig. Standfuß (Typ A).
d.   Vertikale Rillen am Korpus. Ein angeschnitzter Ring unterhalb der Nägel. Ein an- bzw. ausgeschnitzter Ring am Ansatz.
e.   Eintrag im Erwerbungsbuch: „Die Trommel ist mit vielen Amuletten behängt, darunter ein Menschenschädel. Bei Kriegsausbruch getrommelt. Kann nur von großen Kriegern getrommelt werden: Der Schädel muß immer an ihrer Seite hängen". Die Amulette fehlen.
f.   Vgl. S.65ff.

54   III C 30990   **Fragment einer Becher- oder**
Zylindertrommel
Ewe, Ghana oder Togo

d.   Korpus schwarz angestrichen. Vertikale Kerbschnitte.
e.   Eintrag im Erwerbungsbuch: „Ein Menschenschädel, Schmuckamulette, ein eiserner Ring".

55   III C 30991   **Faßtrommel, einfellig, offen**
Pflockspannung (Typ A), 7 Pflöcke
Ewe, Ghana oder Togo   **H = 81; D = 20**

a.   Schnüre pflanzlich. Zwei Schlaufen je Pflock.

d. Unterhalb der Pflöcke ist um das Korpus eine Schnur mit Palmbüscheln gebunden. An den Pflöcken sind Kauri-Schneckengehäuse befestigt.
e. Eintrag im Erwerbungsbuch: „Fetisch-Trommel".

SAMMLER der Kat.-Nrn.52–55: Konietzko/1917

56 III C 4591 *kidi* (?)   **Konustrommel, geschlossen**
                                  Pflockspannung (Typ A), 7 Pflöcke
    Ewe (Anlo), Ghana oder Togo   **H = 50,5; D = 20**

a. Schnüre pflanzlich. Zwei Schlaufen je Pflock.
b. Oberer Durchmesser des Korpus kleiner als unterer. Vier Standbeine (Typ B).
c. Eine überstehende Fellzunge dient als Haltegriff. Im unteren Drittel des Korpus eine kleine runde Öffnung.
d. Eine Stufe unterhalb der Pflöcke, Korpus darunter schwarz angestrichen.
f. Vgl. S.70ff.

SAMMLER: Grade/1888

57 III C 4725 *sogo* oder *kidi* (?)   **Konustrommel, geschlossen**
                                  Pflockspannung (Typ A), 7 Pflöcke
    Ewe (Anlo), Ghana oder Togo   **H = 58; D = 24 x 23**

a. Membran und Pflöcke fehlen.
b. Oberer Durchmesser kleiner als unterer Durchmesser. Vier Standbeine (Typ B).
c. Eine kleine runde Öffnung (mit Pfropfen verschlossen) im unteren Drittel des Korpus.
d. Korpus unterhalb der Pflöcke schwarz angestrichen. Stufe unterhalb der Pflöcke.
f. Vgl. S.70ff.

SAMMLER: Zintgraff/1889

58 VII f 212 a+b *atsimevu*   **Faßtrommel, einfellig, offen**
                                  Pflockspannung (Typ A), 9 Pflöcke
    Ewe (Anlo), Ghana, Akatsi   **H = 172; D = 26**

a. Schnüre pflanzlich. Drei Schlaufen je Pflock (zusammengedreht).
b. Das Korpus besteht aus einzelnen Brettern, die mit Eisenringen zusammengehalten werden.
c. Korpus mit Holzlack bestrichen. b = Ständer in Form eines Andreaskreuzes.
f. Vgl. S.70ff.

SAMMLER der Kat.-Nrn.58–65: Bareis, Meyer/1993

59 VII f 213 a+b *atsimevu*   **Faßtrommel, einfellig, offen**
                                  Pflockspannung (Typ A), 9 Pflöcke
    Ewe (Anlo), Ghana, Akatsi   **H = 172; D = 25,5**

a.+ b. Vgl. VII f 212.
c. b = Ständer in Form eines Andreaskreuzes.
d. Korpus blau und grün, Eisenringe rot lackiert.
f. Vgl. S.70ff.

60 VII f 214 *sogo*   **Faßtrommel, geschlossen**
                                  Pflockspannung (Typ A), 10 Pflöcke
    Ewe (Anlo), Ghana, Akatsi   **H = 64; D = 25**

a.+ b. Vgl. VII f 212.
c. Korpus unten mit einem runden Brett geschlossen. Bohrloch im unteren Drittel des Korpus.
d. Vgl. VII f 213
f. Vgl. S.70ff.

61 VII f 215 *kidi*   **Faßtrommel, geschlossen**
                                  Pflockspannung (Typ A), 10 Pflöcke
    Ewe (Anlo), Ghana, Akatsi   **H = 54,5; D = 22**

a.+ b. Vgl. VII f 212.
c. Korpus unten mit einem runden Brett verschlossen. Eine kleine runde Öffnung im unteren Drittel des Korpus.
d. Vgl. VII f 213.
f. Vgl. S.70ff.

62   VII f 216 *kagaŋ*

Ewe (Anlo), Ghana, Akatsi

Faßtrommel, einfellig, offen
Pflockspannung (Typ A), 8 Pflöcke
H = 54,5; D = 15

a.+ b.   Vgl. VII f 212.
d.   Vgl. VII f 213.
f.   Vgl. S.70ff.

63   VII f 217 *krɔbotɔ*

Ewe (Anlo), Ghana, Akatsi

Faßtrommel, einfellig, offen
Pflockspannung (Typ A), 8 Pflöcke
H = 40,5; D = 25

a.+ b.   Vgl. VII f 212.
c.   Korpus mit Holzlack bestrichen. Ein Handgriff ist aus einer überstehenden Fellzunge herausgeschnitten.
f.   Vgl. S.70ff.

64   VII f 218 *kagaŋ*

Ewe (Anlo), Ghana, Akatsi

Faßtrommel, einfellig, offen
Pflockspannung (Typ A), 7 Pflöcke
H = 40,5; D = 15

a.+ b.   Vgl. VII f 212.
c.   Vgl. VII f 217
f.   Vgl. S.70ff.

65   VII f 219 *krɔbotzi*

Ewe (Anlo), Ghana, Akatsi

Faßtrommel, einfellig, offen
Pflockspannung (Typ A), 8 Pflöcke
H = 42; D = 30

a.+ b.   Vgl. VII f 212.
c.   Korpus mit Holzlack bestrichen.
f.   Vgl. S.70ff.

SAMMLER der Kat.-Nrn.58–65: Bareis, Meyer/1993

66   III C 12860 a+b *engan*

Grussi, Togo

Zylindertrommel, zweifellig
Schnurspannung, W-Schnürung (Typ B)
H = 113, D = 26 x 24

a.   Schnüre aus Leder (in Streifen).
c.   b = Trommelschlegel (fehlt).
d.   Die sich aufgrund der Schnürung ergebenden Muster sind zum Teil schwarz angestrichen.

SAMMLER: Mischlich/1901

67   III C 4802 a+b

Kebu, Togo

Faßtrommel, einfellig, offen
Pflockspannung (Typ A), 5 Pflöcke
H = 50; D = 19 x 18

a.   Schnüre pflanzlich. Drei Schlaufen je Pflock (zusammengedreht). Unterhalb der Membran ist ein pflanzlicher Ring um das Korpus gelegt, über den die Schnüre geführt sind. Zwei Pflöcke fehlen.
b.   Standfuß (Typ B).
c.   b = Schlegel (fehlt).
d.   Vertikale Rillen.
e.   Laut Erwerbungsbuch eine „Kriegstrommel, ein Beutestück aus Kebu".

SAMMLER: Wolf/1889

68   III C 12854 a-e *tumpani*
        (atumpan-Typ)

Krachi, Ghana, Kete Krachi

Bechertrommel, offen
Pflockspannung (Typ A), 3 Pflöcke,
2 Stützhölzer
H = 120; D = 34

a.   Schnüre pflanzlich. Membran und 2 Pflöcke fehlen.
b.   Schale faßförmig.
c.   b + c = Stützhölzer (Vgl. S.56), d + e = Schlegel (b–e fehlen).
d.   Ein angeschnitzter Ring unterhalb der Pflöcke. Weiß gefärbte geometrische Figuren (ein Zackenmotiv, Rechtecke). Korpus schwarz gefärbt.
e.   Laut Erwerbungsbuch „männliches Gegenstück" zu III C 12855.

f. Vgl. S.66.

SAMMLER: Mischlich/1901

69   C 12855 a-e *tumpani*   **Bechertrommel, offen**
(*atumpan*-Typ)   **Pflockspannung (Typ A), 4 Pflöcke,**
                                2 Stützhölzer
   Krachi, Ghana, Kete Krachi   **H = 117; D = ca. 36**

a. Schnüre pflanzlich. Drei Schlaufen je Pflock.
b. Schale faßförmig.
c. b + c = Stützhölzer (Vgl. S.56), d + e = Schlegel (b–e fehlen).
d. Weiß gefärbte geometrische Figuren (Rechtecke, Halbkreise). Angeschnitzte Ringe oberhalb der Pflöcke und unterhalb des Ansatzes. Korpus schwarz gefärbt.
e. Laut Erwerbungsbuch „weibliches Gegenstück (obea)" zu III C 12854.
f. Vgl. S.66.

SAMMLER: Mischlich/1901

70   III C 7961   **Zylindertrommel, zweifellig**
                                Schnurspannung, W-Schnürung (Typ B)
   Naudemba, Togo   **H = 32; D = 31,5 x 19,5**

a. Schnüre pflanzlich. Ligaturen rundumverlaufend, jeweils unterhalb des Fellringes.
c. An den Fellringen ist eine geflochtene Schnur als Haltegurt angebracht.

SAMMLER: Kersting/1898

71   III C 42934 *mbindi*   **Zylindertrommel, zweifellig**
                                Schnurspannung, W-Schnürung (Typ B)
   Naudemba, Togo   **H = 26; D = 26**

a. Schnüre pflanzlich. Zwei Ligaturen rundumverlaufend (unterhalb der Fellränder).
c. An den überstehenden Fellrändern ist ein geflochtener Tragegurt angebracht. b = Schlegel.
e. Eintrag im Erwerbungsbuch: „(...) vom Mann gespielt, über die linke Schulter gehängt, den Schlegel in der rechten Hand".

SAMMLER: Rumpf/1976

72   III C 42935 *mbindi*   **Zylindertrommel, zweifellig**
                                Schnurspannung, W-Schnürung (Typ B)
   Naudemba, Togo   **H = 25; D = 24**

a. Fellbefestigung vgl. III C 42934.
c. b = Schlegel.

SAMMLER: Rumpf/1976

73   III C 2480   **Sanduhrtrommel, zweifellig**
                                Schnurspannung, Stimmschnüre (Typ B)
   Ghana, Accra   **H = 34: D = 18 x 17**

a. Schnüre pflanzlich.
b. Mittelkörper (Typ A).
c. Einfache Kerbschnittornamente an den Schalen und am Mittelkörper.

SAMMLER: Wolf/1885

74   III C 5028   **Faßtrommel, einfellig, offen**
                                Pflockspannung (Typ A), 6 Pflöcke
   Togo, Agotime   **H = 52; D = 17,5**

a. Schnüre pflanzlich. Drei Schlaufen je Pflock.
b. Korpus zur Membran hin leicht verjüngt.
c. Ein Tragegurt ist oben am überstehenden Fellrand und unten an einem angeschnitzten Ring befestigt.
d. Ein schmaler angeschnitzer Ring unterhalb der Pflöcke, ein breiter angeschnitzter Ring unten am Korpus. Vertikale Rillen.
f. Ankermann 1901, S.56, Abb.139.

SAMMLER: Kling/1890

75　III C 5055　　　　　　　　　　**Sanduhrtrommel, zweifellig**
　　　　　　　　　　　　　　　　　Schnurspannung, Stimmschnüre (Typ B)
　　Ghana, Salaga　　　　　　　**H = 28; D = ca. 14**

a.　Schnüre pflanzlich.
b.　Mittelkörper (Typ B).
d.　Mittelkörper schwarz, Schalen weiß gefärbt.

SAMMLER: Kling/1890

76　III C 5068 a+b　　　　　　**Sanduhrtrommel, zweifellig**
　　　　　　　　　　　　　　　　　Schnurspannung, Stimmschnüre (Typ A)
　　Togo, Station Bismarcksburg　**H = 45; D = ca. 15,5**

a.　Schnüre aus eingedrehtem Leder.
b.　Mittelkörper (Typ B).
c.　Am Spannring ist ein Haltegurt aus Stoff angebracht. b = Schlegel (fehlt).
e.　Eintrag im Erwerbungbuch: „Trommel zum Tanzen und im Kriege".
f.　Ankermann 1901, S.53, Abb.126.

SAMMLER: Büttner/1891

77　III C 5894 *tampani* (*atumpan*-Typ)　Bechertrommel, einfellig, offen
　　　　　　　　　　　　　　　　　Pflockspannung (Typ A), 9 Pflöcke
　　Togo, Misahöhe　　　　　　**H = 131; D = 26**

a.　Schnüre pflanzlich. Drei Schlaufen je Pflock (zusammengedreht). Drei Pflöcke fehlen.
b.　Schale zylindrisch. Standfuß (Typ A).
d.　Ein angeschnitzter Ring unterhalb der Pflöcke.
e.　Beschreibung in der Ankaufsakte (Aktennr. 185/94): "(...) rufen zum Kriege und begleiten
　　die Krieger". Laut Ankaufsakte aus „Nyabo am Ageegebirge, 20 km von Misahöhe entfernt".
f.　Ankermann 1901, S.56, Abb.138.

SAMMLER: Baumann/1894

78　III C 5895 *tampani* (*atumpan*-Typ)　Bechertrommel, einfellig, offen
　　　　　　　　　　　　　　　　　Pflockspannung (Typ A), 9 Pflöcke
　　Togo, Misahöhe　　　　　　**H = 130; D = 27,5**

a.　Schnüre pflanzlich. Drei Schlaufen je Pflock (zusammengedreht).
b.　Schale zylindrisch. Standfuß (Typ A).
d.　Ein angeschnitzter Ring unterhalb der Pflöcke.
e.　Vgl. III C 5894.

SAMMLER: Baumann/1894

79　III C 6128 *fɔntɔmfrɔm*-Typ　**Faßtrommel, einfellig, offen**
　　　　　　　　　　　　　　　　　Pflockspannung (Typ A), 7 Pflöcke
　　Togo, Misahöhe　　　　　　**H = 122; D = ca. 35**

a.　Schnüre pflanzlich. Drei Schlaufen je Pflock.
d.　Das überstehende Fell ist rundumverlaufend eingeritzt. Vertikale Rillen unterhalb der Pflök-
　　ke. An einem der Pflöcke ist ein Menschenschädel gebunden.
f.　Vgl. S.65ff.

SAMMLER: Baumann/1895

80　III C 7038 *atumpan*-Typ　　**Bechertrommel, einfellig, offen**
　　　　　　　　　　　　　　　　　Pflockspannung (Typ A), 9 Pflöcke
　　Ghana, Kpembi bei Salaga　　**H = 112; D = 40**

a.　Schnüre aus Leder (in Streifen). Vier Schlaufen je Pflock (zum Teil umflochten). Zwei Pflök-
　　ke fehlen.
b.　Korpus zur Membran hin verjüngt.
d.　Ein angeschnitzter Ring unterhalb der Pflöcke. Korpus schwarz angestrichen.
f.　Ankermann 1901, S.57, Abb.141.

SAMMLER: Graf Zech/1897

81　III C 7039 *atumpan*-Typ　　**Bechertrommel, einfellig, offen**
　　　　　　　　　　　　　　　　　Pflockspannung (Typ A), 5 Pflöcke
　　Ghana, Kpembi bei Salaga　　**H = 104; D = 28**

a. Schnüre aus Leder (in Streifen). Vier Schlaufen je Pflock (zum Teil umflochten). Ein Pflock fehlt, einer wurde ersetzt.
b. Korpus zur Membran hin verjüngt.
d. Vgl. III C 7038.
e. Am Korpus ein Etikett mit Aufschrift: „Sprechtrommel des Königs von Pembi". Laut Erwerbungsbuch „weibliches" Gegenstück zu III C 7038.
SAMMLER: Graf Zech/1897

82	III C 7150	Sanduhrtrommel, zweifellig
		Schnurspannung, Stimmschnüre (Typ B)
	Togo	H = 43; D = ca. 17

a. Schnüre aus eingedrehtem Leder.
b. Mittelkörper (Typ B).
c. Rasselkörper im Inneren des Instruments.
SAMMLER: Deutsches Togo-Comité/1897

83	III C 20832	Bechertrommel, einfellig, offen
		Pflockspannung (Typ A), 7 Pflöcke
	Ghana oder Togo	H = 100; D = 21

a. Schnüre pflanzlich. 2 Schnüre je Pflock (zusammengedreht).
b. Korpus zur Membran hin verjüngt. Schale zylindrisch.
d. Rundum angeschnitzte zoomorphe Figuren. Stufenförmig herausgearbeiteter Ansatz.
SAMMLER: Riehers/1906

84	III C 23277	Zylindertrommel, einfellig, offen
		Pflockspannung (Typ A), 6 Pflöcke
	Ghana oder Togo (?)	H = 121, D = ca. 18

a. Schnüre aus eingedrehtem Leder. Drei Schlaufen je Pflock. Zwei Pflöcke fehlen.
b. Korpus zur Membran hin leicht verjüngt. Standfuß (Typ C).
d. Das Korpus ist schwarz und weiß bemalt, über dem Standfuß braune und blaue Rechtecke.
e. Laut Erwerbungsbuch ein Instrument aus Nigeria („wohl Yoruba"). Der Spannung nach, vor allem aufgrund der Pflöcke (die denen der Anlo-Ewe-Trommeln gleichen) vermutlich aus Ghana oder Togo.
SAMMLER: Bornemann/1909

85	III C 28576 *atumpan*-Typ	Bechertrommel, einfellig, offen
		Pflockspannung (Typ A) 9 Pflöcke
	Ghana oder Togo	H = 93; D = 41

a. Schnüre pflanzlich, drei Schlaufen je Pflock. Zusätzlich sind aus überstehenden Fellzungen Schlaufen herausgeschnitten, durch die die Pflöcke getrieben sind.
b. Schale zylindrisch.
d. Vertikale Rillen unterhalb der Membran. Korpus schwarz angestrichen.
f. Vgl. S. 55ff.
SAMMLER: Pretters/1913

86	III C 36736	Zylindertrommel, zweifellig
		Schnurspannung, Y-Schnürung
	Ghana oder Togo	H = 22,2; D = 19

a. Schnüre pflanzlich. Auf den Fellring ist ein weiterer, hölzerner Ring gelegt, über den die Schnüre verlaufen. Ligatur rundumverlaufend.
SAMMLER: Lemme/1947

87	VII f 105	Faßtrommel, einfellig, offen
		Pflockspannung (Typ B), 6 Pflöcke
	Togo (lt. Kartei)	H = 113; D = 30

a. Ohne Fellring. Schnüre pflanzlich. Schlaufen aus dem Fellrand herausgeschnitten. Zwei Schlaufen je Pflock.
b. Standfuß (Typ E).
d. Zwei Stufen oberhalb des Standfußes. Korpus schwarz angestrichen.
SAMMLER: Bock/1979

88   VII f 106

Togo (lt. Kartei)

Konustrommel, zweifellig
Schnurspannung, W-Schnürung
H = 55,5; D = 32 x 30 + D = 22 x 20

a. Ohne Fellringe. Schnüre aus eingedrehtem Leder. Ligatur aus Lederstreifen rundumverlaufend. Schnüre sind durch Schlitze in den Membranen geführt.
b. Rasselkörper im Inneren des Instruments.

SAMMLER: Bock/1979

89   VII f 111 *atumpan*-Typ

Togo

Bechertrommel, einfellig, offen
Pflockspannung (Typ A), 9 Pflöcke
H = 72,5; D = 27

a. Schnüre pflanzlich. Drei Schlaufen je Pflock.
b. Schale faßförmig.
c. Aus einer überstehenden Fellzunge ist ein Haltegriff herausgeschnitten.
d. Ein angeschnitzer Ring unterhalb der Pflöcke. An der Schale und am Ansatz vertikale Rillen.
   Das Korpus ist schwarz angestrichen.

SAMMLER: IITM/1982

90   VII f 112 *atumpan*-Typ

Togo

Bechertrommel, einfellig, offen
Pflockspannung (Typ A), 9 Pflöcke
H = 75; D = 25

Vgl. VII f 111.

SAMMLER: IITM/1982

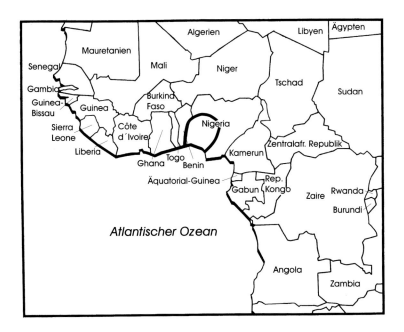

Region 4: Yoruba

Mit über 10 Millionen Muttersprachlern bilden die Yoruba eine der größten Ethnien in Westafrika. Ihr Verbreitungsgebiet erstreckt sich über den Südwesten Nigerias und reicht in die angrenzenden Areale des heutigen Benin. Viele Städte der Region entwickelten sich einst zu machtvollen Königstümern, weshalb das überlieferte kulturelle Leben bis heute vielfach im urbanen Kontext stattfindet. Die Musik der Yoruba ist besonders gut dokumentiert. Zahlreiche Schriften sowohl westlicher als auch nigerianischer Fachleute liegen vor. Selbst einer der höchsten Würdenträger der Yoruba – Laoye I., seines Zeichens Timi von Ede – arbeitete über die einheimische Musikkultur und veröffentlichte Ende der fünfziger Jahre eine kurze Abhandlung über die verschiedenen Trommel-Orchester (Laoye I. 1959). Die bekanntesten Ensembles heißen *dundun-*, *bata-*, *igbin-* und *ipese-*Trommeln. Das Museum konnte in den 1960er und 1970er Jahren je einen Satz dieser Gruppen erwerben.

*Dundun-*Trommeln

Die Instrumente der *dundun-*Gruppe gehören aufgrund der zahlreichen Publikationen zu den populärsten westafrikanischen Trommeln. Verwirrend ist die Vielfalt der Namen für die verschiedenen Instrumente, die zudem von den Autoren unterschiedlich geschrieben werden. Der Timi von Ede etwa beschreibt ein Set mit folgender Besetzung (Laoye I. 1959, S.10): *iya ilu, gudugudu, kerikeri, isaju, kanango, gangan.*

Nach Anthony King besteht das Standard-Ensemble nur aus 5 Trommeln (King 1961, S.8): *iya ilu, gudugudu, aguda, kanango, isaju.*

Die Differenzen ergeben sich, weil man in den einzelnen Gegenden jeweils verschiedene Instrumente verwendet und die gleichen Instrumente

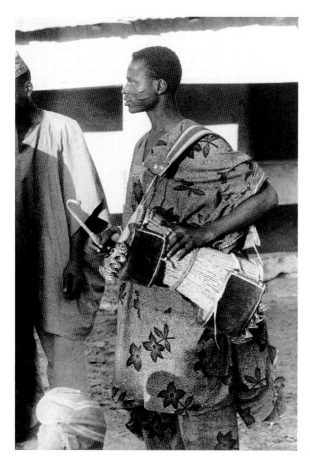

Abb.75 *Iya ilu*-Spieler. 1956.

Farbt.X(1)

teilweise unterschiedlich benennt. Gemeinhin besteht ein Set aus einer „Muttertrommel" (Meistertrommel), sowie einem Begleitsatz in tiefer, mittlerer und hoher Tonlage. Zumeist sind folgende Instrumente beteiligt:

1. *Iya ilu* (bei Euba: *Iyaalu*; bei Thieme: *Iya'lu*): große Sanduhrtrommel, Muttertrommel, wird bisweilen durch die etwas kleinere *akika* ersetzt (Thieme 1969, S.20).
2. *Kerikeri* oder *agbuda* (bei King: *aguba*): Sanduhrtrommel, tiefe Lage.
3. *Isahin* oder *omele abo* (*bei Oyelami: omele atele*): Sanduhrtrommel, mittlere Lage.
4. *Isaju* oder *omele ako*: Sanduhrtrommel, mittlere Lage, etwas höher als die *isahin* (Thieme 1969, S.20).
5. *Gudugudu*: Kesseltrommel, hohe Lage.

Die bei Laoye I. und Anthony King erwähnten Instrumente *gangan* und *kanango* unterscheiden sich morphologisch von den anderen Sanduhrtrommeln durch verhältnismäßig längere Mittelkörper und geringere Umfänge der Membranen. Der Ausdruck *gangan* ist offensichtlich eine Umformung des im zentralen Sudan für zweifellige Zylindertrommeln verwendeten Wortes *ganga*. Auch dort (bei den Hausa) kennt man eine Sanduhrtrommel mit länglichem Mittelkörper, die als *gangan yan kama*

Abb.76 *Gudugudu-*
Spieler. 1956.

bezeichnet wird (Ames 1965, S.80). Im *dundun*-Set ersetzen oder ergän-
zen *kanango* und *gangan* bisweilen die Trommeln der mittleren Lage
(Thieme 1969, S.22f.). Kubik berichtet, daß beide Instrumente in den
sechziger Jahren zum *dundun*-Ensemble am Hofe des Timi von Ede gehörten (Kubik 1989, S.112), was der Aufzählung Laoye I. entspricht.

   Bei den Sanduhrtrommeln ist das Fell stets mit einer dünnen Leder-
naht an einem Spannring befestigt. Zwischen Fell und Spannring sind
die Stimmschnüre über diese Naht geführt.[1] Die Stimmschnüre und die
Spannringe sind aus Leder. Als Rohmaterial für die Resonanzkörper dienen unterschiedliche Hölzer, unter anderem die Zedernart Cordia milenii,
die auch bei den Akan-Völkern vorzugweise verwendet wird. Die große   *Vgl. S.58*
Meistertrommel *iya ilu* ist unterhalb der Membranen zumeist mit angebundenen breiten Bändern aus Leder und Stoff versehen. An diesen Bän-

---

1   Im Katalog: Stimmschnüre (Typ A).

Abb.77
Gudugudu. Kat.-
Nr.94.

Abb.75
Abb.77 u. 78

Abb.76

dern befestigt man kleine Glocken, die – wenn der Spieler das Instrument bewegt – gegeneinander schlagen. Die Sanduhrtrommeln werden
von den Spielern stets mit Schultergurten getragen. Die *gudugudu* ist eine
Kesseltrommel mit Keilspannung.[2] Während die Sanduhrtrommeln mit
jeweils einem hölzernen, gekrümmten Schlegel gespielt werden, sind die
beiden Schlegel der *gudugudu* aus eingedrehtem Leder gefertigt. Der
Musiker trägt das Instrument an einem Gurt um den Hals.

Die *gudugudu,* die innerhalb des Orchesters am höchsten klingt, gilt
als „Vater" des Ensembles (Thieme 1969, S.24). Die tiefe Meistertrommel
iya ilu hingegen ist weiblich. Der Name *iya ilu* bedeutet nach Thieme
wörtlich „Mutter *(iya)* der Trommeln *(ilu)*". *Omele* ist eine verkürzte Form
von *omon ile,* auf deutsch „Kinder des Hauses" (ebd.).

Beim Spiel der begleitenden Sanduhrtrommeln ist stets um die Stimmschnüre ein Querband gebunden, wodurch die Tonhöhe weitgehend fixiert wird. Leichte Veränderungen lassen sich durch die Schlagtechnik
erzielen. Mit dem Schlegel führt man gedämpfte und ungedämpfte Schläge
aus (King 1961, S.16). Die *gudugudu* wird mit ein oder zwei talergroßen
Stimmpastenauflagen abgestimmt. Man kennt zwei Schläge unterschiedlicher Tonhöhe. Der höhere wird nahe am Rand der Membran, der tiefere nahe am Stimmpastentaler gespielt. Auf der *iya ilu* lassen sich Tonhöhen im Ambitus von ca. einer Oktave erzeugen (Kubik 1983, S.32). Der
Spieler trägt das Instrument – sofern er Rechtshänder ist – an einem breiten Gurt über der linken Schulter. Mit der linken Hand verändert er die
Tonhöhe, indem er in die Stimmschnüre greift und diese vom Resonanzkörper wegzieht. Zudem wird der Klang durch die Schlagtechnik modifiziert. Wie bei den Begleittrommeln dämpft man die Schläge bisweilen
ab, indem der Schlegel kurz auf der Membran verweilt. Vereinzelt werden auch Handschläge ausgeführt (Euba 1990, S.143).

Die *iya ilu* fungiert überwiegend als Sprechtrommel. Der Meistertrommler variiert die Tonhöhe entsprechend des Hoch-, Mittel- und Tief-
Tons der Yoruba-Sprache. Häufig interpretiert der Spieler auf dem Grund-

---

2 In einem anderen Ensemble der Yoruba *(bembe)* bezeichnet der Name *gudugudu* eine
   Zylindertrommel ohne Schnarrsaiten (vgl. S.111).

Abb.78 *Gudugudu.*
Kat.-Nr.94.

rhythmus der Begleitinstrumente sogenannte *orikis,* überlieferte Preisgedichte, die zumeist den Yoruba-Göttern gewidmet sind. Den Gedich-
ten werden unterschiedliche Begleitrhythmen zugeordnet. Bei einem *oriki*
zu Ehren Oguns, des Eisen- und Kriegsgottes, wie es Artur Simon 1984
im Konzertsaal der Universität von Ife aufnehmen konnte, sind als   *Mbsp.9*
Begleitinstrumente eine *gudugudu* und zwei unterschiedliche hoch klingende *kanango*-Trommeln zu hören. Das Stück beginnt – nach einer An-
fangsformel der *iya ilu* – in einem mäßigen Tempo, welches nach einigen
Trommelzeilen fast verdreifacht wird. Das Spiel der begleitenden Trommeln beschränkt sich auf die gerade Unterteilung des Metrums. Bei ei-
nem in der gleichen Session dargebotenen *oriki* zu Ehren des Schöpfer-   *Mbsp.10*
gottes Obatala entstehen innerhalb der ostinaten Begleitrhythmen hinge-   *Notenbsp.4*
gen Off-Beat-Spannungen.
   Die in Notenbeispiel 4 erklingende Formel der höher gestimmten
kanango findet in verschiedenen Stilarten des *dundun*-Satzes Verwendung.
Sie wird lautmalerisch als *konkolo* bezeichnet. Den Ausdruck verwendet
man bisweilen auch für die *omele*-Trommeln des Ensembles (Thieme 1969,
S.46).

X = offene Schläge mit elastischen Schlegeln

O = offene Schläge mit Holzschlegeln

⑫   Pulse/Min ≈ 323

| *gudugudu* | · X X · X X · X X · X X | hoher Ton |
| | X · · X · · X · · X · · | tiefer Ton |

kanango (hoch)   O · O · O O · O · O · O

kanango (tief)   O · · O · · O · · O · ·

Notenbeispiel 4[3]

---

3 Die unterstrichenen Buchstaben kennzeichnen die jeweiligen Einsätze der Instrumente (vgl. Oyelami 1989, S.16).

Abb.79 Kerb-
schnittmuster
„Haus des Ayan"
einer *koso*. Kat.-
Nr.115.

Die *iya ilu* kommt als Sprechtrommel vielfach solistisch zum Einsatz. Am Hofe des Timi von Ede etwa kündigt sie dem Herrscher Besucher an, oder sie imitiert – sofern es sich bei den Besuchern um hohe Würdenträger handelt – deren Preisgedichte. Wie Kubik berichtet, spielte der Timi von Ede selbst eine *iya ilu*. Auf diese Weise kommunizierte er mit seinem Palast-Musikern; oder er gab mit der Trommelsprache Anordnungen an die Dienstboten (Kubik 1989, S.112).

*Vgl. S.96
u. S.97f.*

Während die *bata*-Trommeln oder das *igbin*-Set meistens nur anläßlich bestimmter religiöser Festivals erklingen, wird das *dundun*-Ensemble unterschiedlich verwendet. Vielerorts hat es heute andere Orchester ersetzt. Man spielt es zu Ehren der verschiedenen traditionellen Gottheiten ebenso wie zur Begleitung christlicher Hymnen und profaner Tänze. Selbst in der urbanen Popularmusik kommt es zum Einsatz (Euba 1990, S.448).

Die Geschichte des Ensembles verliert sich in Legenden und Mythen. Parallelen zu einigen Instrumenten der Hausa führen bisweilen zur Annahme, daß die Vorbilder aus dem Zentralsudan stammen (vgl. Euba 1971, S.179f.). Der Timi von Ede schildert eine Legende, wonach das Orchester einst von Ayan aus Saworo im Ibariba Land gespielt wurde (Laoye I. 1959, S.10). Nach Eubas Informanten erzählt die Legende ferner, daß Ayan zunächst die Trommeln des *dundun*-Typs, danach die *gangan* und schließlich die *koso* erbaute (Euba 1971, S.180). Die *koso* ist eine einfellige Sanduhrtrommel, deren Stimmschnüre oben an einem breiten Fellring[4] und unten an einem hölzernen, um das Korpus gelegten Ring befestigt sind. Ihr Resonanzkörper unterscheidet sich von denen anderer Sanduhrtrommeln der Yoruba, da die Übergänge zwischen den Schalen und dem

Farbt.XI

Mittelkörper abgerundeter sind.[5] Zur Entstehung dieser Trommel ist eine

---

4   Im Katalog: Stimmschnüre (Typ C).
5   Im Katalog: Mittelkörper (Typ C).

Abb.80 *Koso*-Typ. Kat.-Nr.93.

weitere Legende bekannt: Als der Yoruba-Chief Agbejimoko zum Himmel fuhr, bestand sein *dundun*-Trommler darauf, ihn zu begleiten. Auf halbem Weg fiel seine Trommel nieder, und eines der Felle zerbarst, sodaß sich die Spannschnüre lösten. Agbejimokos Trommler ließ sich indes nicht beeindrucken. Er hob das Instrument auf, befestigte die Schnüre, und spielte mit bloßen Händen weiter (ebd., S.180).

Ayan, der legendäre Erfinder des *dundun*-Ensembles, wurde später von den Yoruba deifiziert. Noch heute erweisen die Trommelbauer ihre Ehrfucht, indem sie häufig ein ihm gewidmetes Zeichen in den Resonanzkörper einritzen. Nach Thieme bezeichnet das Muster ikonisch das „Haus des Ayan" (Thieme 1969, S.28).

Abb.79

Das im Museum aufbewahrte *dundun*-Ensemble (Kat.-Nr.109–114) besteht aus einer *iya ilu*, einer *gudugudu*, einer *omele* (*ako* oder *abo*) sowie drei Sanduhrtrommeln mit länglichen Mittelkörpern: *gangan*, *adama*, *kanango*. Auch eine ältere Trommel (Kat.-Nr.91) gehört zu letzterem Typ. Ihre Abmessungen unterscheiden sich nur unwesentlich von denen der neueren *gangan* (vgl. Abmessungen Kat.-Nr.110). Ferner finden sich eine weitere *gudugudu* (Kat.-Nr.94) sowie zwei *koso*-Trommeln (Kat.-Nr.93, Kat.-Nr.115) in der Sammlung. Bei der erstgenannten, älteren *koso*, die 1912 erworben wurde, ist auf den Membranrand – wie bei den *bata*-Instrumenten – ein zusätzlicher Fellstreifen gelegt. Die *iya ilu* und die neuere *koso*-Trommel sind jeweils an der oberen Schale, am Übergang zum Mittelkörper mit einem Kerbschnittmuster zur Ehren Ayans geschmückt.

Farbt.X(1)

Vgl. S.94
Abb.80

Vgl. Abb.79

Bata-Trommeln

Bata-Trommeln sind zumeist konusförmige, zweifellige Instrumente mit Schnurspannung, die zu verschiedenen Ensembles zuammengestellt werden. Branda-Lacerda beobachtete *bata*-Gruppen im Südosten Benins mit drei bis fünf Instrumenten (Branda-Lacerda 1988, S.25). Der Timi von Ede beschreibt ein Set aus 4 Trommeln (Laoye I. 1959, S.10 und S.13): *iya ilu, emele abo, emele ako, kudi.* Die bei ihm abgebildeten Instrumente entsprechen nach Thieme in Nigeria dem „Standard-Ensemble" (Thieme 1969, S.173). Auch das 1971 vom Museum erworbene Set aus Ibadan (Kat.-Nr.105–108) besteht aus diesen vier Trommeln. Bei Thieme heißen sie: *iya'lu* (im Folgenden: *iya ilu*), *omele abo iya'lu, omele ako, omele abo.*

Farbt.X(2)

Die *iya ilu* ist größer und schwerer als ihr Pendant aus dem *dundun*-Ensemble. Ihre Schnürung (aus Lederstreifen) wirkt – obwohl nicht all-*Vgl. S.16* zu komplex – dennoch aufgrund ihres Kreuzverlaufes außergewöhnlich. Bei dem Instrument in der Sammlung sind unterhalb der Membran kleine Glocken bzw. doppelkonusförmige Gefäßrasseln an Fellstreifen befestigt. Rasselkörper befinden sich auch im Korpus. Über jede Membran ist ein weiteres Fell gelegt, dessen Mitte im Umfang der eigentlichen Schlagfläche herausgeschnitten ist (wie man es bei nordindischen Kesseltrommeln kennt). Die größere Membran ist mit Stimmpaste versehen.

Die *omele abo iya ilu* gleicht in der Bauweise der *iya ilu*, sie ist jedoch kleiner, ohne Glocken und Gefäßrasseln und ohne Rasselkörper. Auch *omele ako* und *omele abo* entsprechen dieser Bauweise. Nur bei der kleineren *omele abo* ist Stimmpaste aufgetragen, sodaß deren praktikables Fell tiefer klingt als das der *omele ako*.

Die *bata*-Trommeln in Benin unterscheiden sich zum Teil in der Bauweise, was eine bei Rouget publizierte Abbildung verdeutlicht (Rouget 1965, Bildtafel II). Die Schnüre sind dort an die Schlaufen einer Naht gebunden, mit denen das Fell am Fellring befestigt ist. Auch die Maße einiger Trommelsätze in Benin entsprechen nicht denen des „Standard-Ensembles". Die von Branda-Lacerda erfaßten Instrumente aus den Städten Pobè und Sakété sind erheblich kleiner (Branda-Lacerda 1988, S.22). Außerdem beschreibt Branda-Lacerda eine Kalebassentrommel, die man ebenfalls als *bata* bezeichnet (ebd., S.20).

Die *iya ilu* und die *omele abo iya'lu* des „Standard-Ensembles" trägt man an Gurten horizontal vor dem Körper. Die Spieler schlagen die jeweils größere Membran *(oju-ojo)* mit der Hand und die kleinere *(oju-sasa)* mit einem ledernen, elastischen Schlegel.[6] *Omele ako* und *omele abo* werden häufig von einem Musiker mit zwei ledernen Schlegeln gespielt, wobei nur die jeweils größere Membran angeschlagen wird. Die beiden oftmals zusammengebundenen Instrumente trägt er vertikal vor dem Körper (vgl. Oyelami 1991, S.8ff.).

Musikalisch kommt dem *omele*-Trommelpaar mit raschen, auf zwei Tonhöhen basierenden Schlagfolgen eine ähnliche Rolle zu wie der *gudugudu* im *dundun*-Ensemble. Die *iya ilu* dient wiederum – häufig unterstützt von der *omele abo iya ilu* – als Sprechtrommel. Dabei spielt man Tieftöne mit offenen Schlägen, häufig simultan auf beiden Membranen. Mitteltöne ergeben sich durch gedämpfte Schläge mit den Fingern der flachen Hand nahe an der Stimmpasten-Auflage. Hochtöne entstehen durch gedämpfte Schläge mit der flachen Hand auf der Stimmpasten-Auflage,

---

6 Die beiden großen Trommeln des bei Rouget abgebildeten Ensembles aus Benin werden hingegen auf beiden Membranen mit Händen gespielt.

wobei der Handballen auf den Rand der Membran trifft (ebd., S.5 und S.8ff.). Die Tonhöhen sind jedoch ungenau, weshalb sich die Imitation der Sprache schwerer gestaltet als auf der *iya ilu* des *dundun*-Ensembles. Zudem scheint diese Kunst regional begrenzt. Den Musikern in Benin etwa, die Branda-Lacerda aufsuchte, war die Trommelsprache und die Technik der gedämpften und ungedämpften Schläge nicht geläufig (Branda-Lacerda 1988, S.26).

Beispiele für die *bata*-Trommelmusik mit dem Meistertrommler Lamidi Ayankunle aus einem Ort nahe der Stadt Oshogbo und zwei Begleitmusikern konnten für das Museum 1987 während eines Gastspiels in Berlin auf Video-Film dokumentiert werden (vgl. Filmverzeichnis, Nr.5). Unter anderem spielte die Gruppe ein *oriki* zu Ehren des Gottes Ogun. *Mbsp.11* Auf den *omele*-Trommeln, die von einem Musiker bedient werden, erklingt mit Varianten die gleiche Schlagfolge, die auch beim oben besprochenen Stück des *dundun*-Ensembles zu Ehren Oguns auf der *gudugudu* gespielt wurde. Das Tempo ist am Anfang ähnlich mäßig und beschleunigt sich nach einiger Zeit um mehr als das doppelte. Die Rhythmen der *iya ilu* und der *omele abo iya ilu* sind durch auffällig gerade Unterteilungen des Metrums gekennzeichnet: Ein anderes von Lamidi Ayankunle *Mbsp.12* vorgetragenes Stück – zu Ehren des Gottes Shango – erweist sich als *Notenbsp.5* zweiteilig. Beide Teile beruhen auf 12er Pulsation. Für den ersten Teil *Notenbsp.6* ergibt sich eine Einteilung in 4 x 3, für den zweiten in 2 x (3 x 2) Pulse.

O = offene Schläge mit der Hand nahe an der Stimmpasten-Auflage, bisweilen auf der Stimmpasten-Auflage
X = Schläge mit elastischem Schlegel
G = gedämpfte Schläge mit flacher Hand nahe an der Stimmpasten-Auflage, bisweilen auf der Stimmpasten-Auflage

⑫ Pulse/Min ≈ 554

```
              ˙  X X ˙ X X ˙ X X ˙ X X
omele ako     X ˙ ˙  X ˙ ˙  X ˙ ˙  X ˙ ˙
omele abo

omele abo-    ˙ ˙ ˙  ˙ ˙ ˙  ˙ X ˙  ˙ X     kl. Membran
iya ilu       ˙ ˙ ˙  ˙ ˙ ˙  O ˙ ˙  O ˙ ˙   gr. Membran

iya ilu       X ˙ ˙  ˙ ˙ X  ˙ ˙ X  ˙ ˙     kl. Membran
              O ˙ O  ˙ G ˙  ˙ ˙ ˙  ˙ ˙ ˙   gr. Membran
```

Notenbeispiel 5[7]

⑫ Pulse/Min ≈ 400

```
              X̌ ˙ X̌ X ˙  X̌ ˙ X̌ X ˙ ˙
omele ako     ˙ ˙ ˙  X ˙  ˙ ˙ ˙ X ˙       
omele abo

omele abo-    ˙ X ˙ X ˙ X ˙ X ˙ X ˙ X     kl. Membran
iya ilu       Ǒ ˙ Ǒ ˙ O ˙ Ǒ ˙ Ǒ ˙ O ˙   gr. Membran

iya ilu       ˙ X X̌ ˙ ˙ ˙  X X̌ ˙ ˙ X    kl. Membran
              ˙ O G ˙ ˙ ˙  O G ˙ ˙ ˙      gr. Membran
```

Notenbeispiel 6

---

7   Die gedämpften Schläge lassen sich aufgrund der Video-Aufnahme nicht exakt unterscheiden.

Die *bata*-Trommeln werden häufig mit Shango in Verbindung gebracht. Shango war einst einer der ersten Yoruba-Könige. Einer Legende zufolge wurden die *bata*-Trommeln während seiner Regierungszeit eingeführt (Thieme 1969, S.175). Später, nach seiner Deifizierung, spielte man sie dann anläßlich der ihm zu Ehren abgehaltenen Zeremonien. In jüngerer Zeit ersetzt dabei bisweilen ein *dundun*-Set die *bata*-Trommeln (King 1961, S.1).

Bata-Ensembles kennt man auch in afroamerikanischen Kulturen – vereinzelt in Brasilien (Segato & de Carvalho 1986, S.177) und vor allem in Kuba, wo sie im Lucumí-Kult zu Ehren verschiedener Yoruba-Götter erklingen. Dabei gibt es unterschiedliche Trommelsätze, die zumeist aus drei Instrumenten bestehen. Bei Ortiz finden sich zahlreiche Abbildungen (vgl. Ortiz 1954, S.205ff.). Die meisten Trommeln gleichen in Kuba morphologisch weitgehend den nigerianischen Vorbildern, obwohl die Resonanzkörper häufig eher sanduhrförmig als konisch geformt sind. Bisweilen werden die Membranen mit Netzschnürung befestigt. Die Trommeln des Standard-Ensembles heißen *iyalu*, *itótele* und *okonkolo* oder *omele*.

Zur Entstehung erzählt man sich eine Geschichte. Anfang des 19. Jahrhunderts wurde ein Yoruba namens Añabi nach Kuba verschleppt, der hier Juan el Cojo („Juan der Krüppel") genannt wurde. In seiner Heimat war er ein Würdenträger der Shango-Kultur gewesen. Auf einer Zuckerplantage überfuhr ihn ein Karren. Er brach sich ein Bein und wurde in ein Sklavenhospital gebracht. Dort hörte er erstmals in Kuba die ihm aus seiner Heimat vertraute Lucumí-Musik. Im Hospital traf er einen alten Sklaven mit Namen Atandá bzw. Ño Filomeno García, den er aus früheren Zeiten im Yoruba-Gebiet kannte. Sie verließen gemeinsam das Hospital und zogen in eine Schwarzen-Siedlung. Dort hörten sie wiederum die ihnen vertraute Musik, mußten aber erkennen, daß sie nicht auf den traditionellen *bata*-Trommeln gespielt wurde. Atandá war in Afrika ein angesehener Holzschnitzer gewesen. Er wußte, wie man die *bata*-Trommeln baut. Das erste Set, daß er herstellte, nannte er „*añabi*". Als kurze Zeit später ein Trommler es wagte, die traditionellen Rhythmen ohne *añabi* zu spielen, wurde dieser verrückt. Man flüsterte, er wäre verhext (ebd., S.315f.).

Igbin- und *ipese*-Trommeln

Unter dem Namen *igbin* faßt der Timi von Ede eine aus verschiedenen Ensembles bestehende Trommelfamilie zusammen: *igbin*-, *ipese*- und *agere*-Trommeln (Laoye I. 1959, S.6–9). Thieme bezeichnet diese Instrumente als „pegged cylindrical drums" (Thieme 1969, S.239). Allerdings sind nicht alle Trommeln dieser Familie zylindrisch. Es gibt konische, becher- und faßförmige Instrumente. Ihre Fellbefestigung nimmt eine Art Mittelstellung zwischen Pflock- und Nagelspannung ein. Bisweilen sind aus Fellzungen herausgeschnittene Schlaufen um die Pflöcke gespannt[8], oder die Pflöcke sind durch überstehende Fellzungen getrieben, wobei man häufig zudem Schnüre an die Membranränder näht und um die Pflöcke legt.

Beim *igbin*-Set unterscheidet sich die Form der Resonanzkörper je nach Region. Stevens beschreibt einen Satz aus Ife mit zwei Trommeln in Form anthropomorpher Figuren (*abo* und *ako*, weiblich und männlich) und

---

8 Im Katalog: Pflockspannung (Typ B). Bei Willet ist ein komplettes *igbin*-Set abgebildet, bei dem die Felle auf diese Weise befestigt sind (vgl. Willet 1977, S.352).

Abb.81 *Igbin*-Set. V.l.n.r.: *iya nla* (Kat.-Nr.101), *iya gan* oder *keke* (Kat.-Nr.100), *afere* (Kat.-Nr.102), *iya gan* oder *keke* (Kat.-Nr.103).

zwei kleineren Instrumenten („shorter, fatter drums of lower pitch") (Stevens 1966, S.188). Beim Timi von Ede ist ein Ensemble mit vier Zylindertrommeln dokumentiert: *iya nla, iya gan, keke, afere* (Laoye I. 1959, S.6).

Alle vier Instrumente sind zylindrisch und unten geschlossen. Die drei Begleittrommeln stehen auf jeweils vier Standbeinen. Die Muttertrommel *(iya nla)* ist ohne Standbeine. Ihr Spieler wechselt beim Trommeln häufig seinen Platz und hält das Instrument dann unterm Arm.[9] Daher ist sie gemeinhin die leichteste Trommel im Ensemble. Als Dekor sind den Instrumenten zumeist abstrakte Ornamente angeschnitten. Eine Ausnahme ergibt sich bei der *afere*, die häufig mit zoomorphen und anthropomorphen Figuren geschmückt ist (vgl. Laoye I. 1959, S.7).

Abb.81

Die Spielweise des *igbin*-Sets ist vielfältig. Die bei Kubik abgebildeten Trommeln werden mit einem Schlegel gespielt, während man mit der jeweils freien Hand die Schläge abdämpft (vgl. Kubik 1989, Abb. S.105). Außerdem kommen dort noch zwei zusätzliche, becherförmige Trommeln zum Einsatz, deren Ansätze in Form anthropomorpher Figuren geschnitzt sind. Diese mit zwei Schlegeln gespielten Instrumente haben nach Kubik „eine rhythmische Leitfunktion, indem der Spieler auf ihr eine rasche, die Elementarpulsation darstellende Schlagfolge wiederholt" (ebd., S.104). Bei den Abbildungen des Timi von Ede gehören zur *iya nla* und zur *iya gan* jeweils zwei Schlegel (Laoye I. 1959, S.7). Nach Thieme verwendet man häufig für sämtliche Instrumente zwei Schlegel, wobei der Spieler der führenden Trommel Tonhöhe und Klangfarbe mit unterschiedlicher Schlagintensität, mit Schlägen auf die Mitte und an die Ränder der Membran, sowie durch Abdämpfen der Membran mit den Fingern der linken Hand variiert (Thieme 1969, S.259). Das Spiel der Begleittrommeln beschränkt sich auf das Repetieren bestimmter Patterns (ebd.).

Das *igbin-Set* ist innerhalb des Yoruba-Gebietes weit verbreitet mit einer besonderen Konzentration in den Regionen um Ife und Ede. Hier

---

9   Nach Meki Nzewi, persönliche Mitteilung 1993

Abb.82 *Ipese*-Set. V.l.n.r.: *aran* oder *afere* (Kat.-Nr.97), *ipese* (Kat.-Nr.98), *aran* oder *afere* (Kat.-Nr.99).

Abb.83 *Igbin*-Typ. Kat.-Nr.92.

liegen die Zentren des Obatala-Kultes. Der Schöpfergott Obatala ist durch Weisheit und moralische Integrität und weniger durch physische Machtfülle (wie Ogun oder Shango) charakterisiert (Beier 1956/57, S.23). Man bezeichnet ihn als *Orisha Nla* (den großen *Orisha*). Die *igbin*-Trommeln erklingen während ihm gewidmeter Festivals (Stevens 1966, S.188). Einem Mythos zufolge war es Obatala, der den Trommeln ihre Namen gab:

Obatala liebte es zu tanzen und wann immer er tanzen wollte, sangen und klatschten seine Frauen für ihn. Später veranlaßte er, die Igbin-Trommeln

Abb.84 Ritual-Trommel
oranjao. Kat.-Nr.95.

aus Omo-Holz[10] herzustellen und benannte diese nach seinen Frauen.
Dies sind die Namen: (1) Igbin, mit Spitznamen Iya nla; (2)Iya gan; (3)
Keke und (4) Afere (Laoye I. 1959, S.6; Übersetzung aus dem Englischen:
A. Meyer).

Das *ipese*-Set besteht aus drei Trommeln und einer Glocke *agogo* (ebd.,
S.9). Die führende Trommel *ipese* ist konusförmig und offen, die beiden
Begleittrommeln *aran* und *afere* sind zylindrisch und geschlossen. Die
ipese hat einem schmalen Standfuß[11]. *Aran* und *afere* stehen auf jeweils 4   *Abb.82*
Standbeinen. Die beim Timi von Ede abgebildeten Instrumente unter-
scheiden sich hinsichtlich der Fellbefestigung. Die *ipese* ist hier mit Pflockspannung (Typ A) befestigt. Bei der *aran* sind einige Pflöcke durch Fellzungen getrieben, andere durch Schnüre mit der Membran verbunden.
Bei der *afere* sind rundum Pflöcke durch Fellzungen getrieben. Laut
Thieme fungiert in Ede bisweilen auch die *aran* als führendes Instrument. Die Trommeln werden dort mit jeweils zwei dünnen Holzschlegeln
gespielt. In Ife spielt man sie mit Händen (Thieme 1969, S.256).

Das *ipese*-Set gehört neben Stampfröhren und Glocken zu den Musikinstrumenten des Ifa-Kultes (McClelland 1982, S.94). Ifa oder Orunmila,

---

10 *Omo wood* = Cordia milenii (vgl. King 1961, S.9; Willet 1977, S.351).
11 Im Katalog: Standfuß (Typ E).

Abb. 85 Initiationsritual des Ogboni-Geheimbundes. Zeichnung aus Frobenius 1912, S.64.

der „Gott der Weisheit", wird in den Mythen der Yoruba gemeinhin als Verkörperung von Harmonie und Moral dargestellt (ebd., S.13). Die *ipese*-Trommeln erklingen ihm zu Ehren während der mehrtägigen Initations-Feierlichkeiten des Kultes.

Die *igbin*-Trommelfamilie stammt möglicherweise ursprünglich von den Igbo. Ulli Beier berichtet über alte Gesänge der Ifa-Priester, in denen der Schöpfergott Obatala als *„orisa igbo"* bezeichnet wurde, als Gott der Igbo, die einst im heutigen Yoruba-Gebiet siedelten (Beier 1956/57, S.24). Da die *igbin*-Trommeln eng mit dem Obatala-Kulthandlungen verbunden sind, scheint es naheliegend, daß sie ursprünglich von den Igbo gespielt wurden. Auch der Name *igbin* deutet daraufhin. Thieme verweist in diesem Zusammenhang auf eine Abbildung bei Talbot, die eine Trommel mit Pflockspannung aus dem westlichen Igbo-Land zeigt.[12]

Abb.81 u.82 Die *igbin*- (Kat.-Nr.100–103) und *ipese*-Sätze (Kat.-Nr.97–99) in der Sammlung entsprechen morphologisch weitgehend den beim Timi von Ede beschriebenen Ensembles. Die *afere* des *igbin*-Satzes (Kat.-Nr.102) ist mit angeschnitzten Figuren dekoriert (einem menschlichen Gesicht und einer Schlange). Eine weitere, faßförmige Trommel von *igbin*-Typ

Abb.83 (Kat.-Nr.92) aus der Sammlung von Frobenius kam bereits 1911 ins Museum. Von Frobenius stammt auch eine Ritualtrommel *oranjao* des Ogboni-Geheimbundes, die von der Fellbespannung her ebenfalls zur

Abb.84 *igbin*-Familie gehört (Kat.-Nr.95). Sie hat die Form einer anthropomorphen, männlichen Figur, wobei der Kopf als eigentlicher Resonanzkörper dient. Auf einer Zeichnung bei Frobenius ist ein ähnliches Instrument abgebildet. Es wird dort im Ensemble mit einer Zylinder- und einer Sanduhrtrommel anläßlich einer Initiations-Zeremonie gespielt, wobei der Kandidat aus einer Opferschale mit dem Mund eine in Hühnerblut (früher Menschenblut) schwimmende Kolanuß aufnimmt (Frobenius

Abb.85 1912, S.60).

---

12 Thieme 1969, S.251; Talbot 1926, Vol.III, S.808.

Katalog zu Region 4 (Nrn. 91–116)

91 **III C 2246** *gangan*-Typ   **Sanduhrtrommel, zweifellig**
                                      Schnurspannung, Stimmschnüre (Typ A)
      Yoruba, Nigeria, Abeokuta   **H = 45,5; D = ca. 15,5**

a. Schnüre aus eingedrehtem Leder (lila gefärbt).
b. Mittelkörper (Typ B).
c. Ein Tragegurt aus Stoff ist mit Lederschnüren an die Spannringe geschnürt.

SAMMLER: Lüderitz/1885

92 **III C 27402** *igbin*-Typ   **Faßtrommel, einfellig, offen**
                                        Pflockspannung (Typ B), 7 Pflöcke
      Yoruba, Nigeria   **H = 33,5; D = 22**

a. Ohne Fellring. Eine lederne Schnur ist durch Schlitze am Fellrand geführt. Die Schlaufen sind aus überstehenden Fellzungen herausgeschnitten. 3 Schlaufen je Pflock. 4 Pflöcke fehlen.
f. Vgl. S.96ff.

SAMMLER: Frobenius/1911

93 **III C 27405** *koso*   **Sanduhrtrommel, einfellig, offen**
                                        Schnurspannung, Stimmschnüre (Typ C)
      Yoruba, Nigeria   **H = 48; D = 14**

a. Membran aus Kalbfell. Schnüre aus eingedrehtem Leder. Die Schnüre sind unten an einen Holzring befestigt, der an Bohrlöcher geschnürt ist. Über die Membran ist ein weiteres Fell gelegt, daß nur den Fellring bedeckt, da ein Mittelteil kreisförmig im Umfang der Schlagfläche herausgeschnitten ist.
b. Mittelkörper (Typ C).
c. Ein blau eingefärbter Stoffgurt ist am Fell – bzw. unten am Holzring befestigt.
f. Vgl. S.92f.

SAMMLER der Kat.-Nrn.93–96: Frobenius/1912

94 **III C 27406** *gudugudu*   **Kesseltrommel**
                                        Keilspannung, 11 Keile, doppelte i-Schnürung (Typ A)
      Yoruba, Nigeria   **H = 10; D = 20**

Begleittrommel der *dundun*-Gruppe
a. Schnüre und Keilring aus eingedrehtem Leder. Zwei Stimmpasten-Auflagen. Gurtschlaufen.
c. Rasselkörper im Inneren des Instruments. Oben ist an den Schnüren ein Haltegurt aus Stoff angebracht.
f. Vgl. S.87ff.

95 **III C 27407** *oranjao*   **Kesseltrommel**
                                        Pflockspannung (Typ B), 6 Pflöcke
      Yoruba, Nigeria   **H = 68; D = 9,2 x 7,5**

a. Membran aus Kalbfell. Die Schlaufen sind aus überstehenden Fellzungen herausgeschnitten.
b. Korpus zur Membran hin leicht verjüngt. Standfuß (Typ B).
d. Aus einem Stück Holz ist eine männliche Figur geschnitzt. Ihr Kopf bildet das eigentliche Trommelkorpus. Gesicht, Hals und Oberkörper wurden mit einer schwarzen Substanz bestrichen. Deutlich ist das Geschlechtsorgan herausgearbeitet, welches von einem Schurz aus Leinen bedeckt wird.
f. Vgl. S.99f.

96 **III C 27408**   **Zylindertrommel, einfellig, offen**
                                        Schnurspannung, Netz-Schnürung (Typ C)
      Yoruba, Nigeria   **H = 14; D = 13,5**

a. Schnüre pflanzlich. Mehrere Ligaturen rundumverlaufend. Um das Korpus sind drei Rotangringe gelegt, über die die Schnüre verlaufen. Schnüre sind unten an einen mit Fell umhüllten Holzring gebunden.

SAMMLER der Kat.-Nrn.93–96: Frobenius/1912

97　III C 42697 *aran* oder *afere*　　Zylindertrommel, geschlossen
　　　　　　　　　　　　　　　　　　　　Pflockspannung (Typ A), 6 Pflöcke
Yoruba, Nigeria, Iseyin　　　　　H = 43; D = ca. 28,5

Begleittrommel des *ipese*-Ensembles.
a.　Ohne Fellring. Die Pflöcke sind durch den Fellrand getrieben. Eine pflanzliche Schnur ist durch Schlitze im Fellrand geführt und um die Pflöcke gelegt.
b.　4 Standbeine (Typ B).
d.　Ein breiter, angeschnitzter Ring unterhalb der Pflöcke. Am Fellrand eine eingebrannte Kerbe.
f.　Vgl. S.96ff.

SAMMLER der Kat.-Nrn.97–115: Simmonds/1971

98　III C 42698 *ipese*　　　　　Konustrommel, einfellig, offen
　　　　　　　　　　　　　　　　　　　　Pflockspannung (Typ A), 6 Pflöcke
Yoruba, Nigeria, Iseyin　　　　　H = 37; D = 25

Muttertrommel des *ipese*-Ensembles.
a.　Vgl. III C 42697.
b.　Standfuß (Typ E).
d.　Am Fellrand eine eingebrannte Kerbe.
f.　Vgl. S.96ff.

99　III C 42699 *aran* oder *afere*　　Zylindertrommel, geschlossen
　　　　　　　　　　　　　　　　　　　　Pflockspannung (Typ A), 6 Pflöcke
Yoruba, Nigeria, Iseyin　　　　　H = 37; D = ca.26

Begleittrommel des *ipese*-Ensembles.
a.　Vgl. III C 42697.
b.　4 Standbeine (Typ B).
f.　Vgl. S.96ff.

100　III C 42701　　　　　　　　Zylindertrommel, einfellig, geschlossen
　　　　　　　　　　　　　　　　　　　　Pflockspannung (Typ A), 6 Pflöcke
Yoruba, Nigeria, Iseyin　　　　　H = 52; D = 29

Begleittrommel des *igbin*-Ensembles.
a.　Ohne Fellring. Die Pflöcke sind durch Fellzungen getrieben. Eine pflanzliche Schnur ist rundumverlaufend durch Schlitze im Fellrand geführt und um die Pflöcke gelegt.
b.　4 Standbeine (Typ B).
d.　Ein rundumverlaufender, angeschnitzter Ring mit Zacken.
f.　Vgl. S.96ff.

101　III C 42702 *igbin (iya nla)*　　Zylindertrommel, einfellig, geschlossen
　　　　　　　　　　　　　　　　　　　　Pflockspannung (Typ A), 6 Pflöcke
Yoruba, Nigeria, Iseyin　　　　　H = ca. 37; D = 27

Muttertrommel des *igbin*-Ensembles.
a.　Vgl. III C 42701.
c.　Aus dem überstehendem Fell ist ein Haltegriff herausgeschnitten.
d.　Ein angeschnitzter Ring mit Zacken.
f.　Vgl. S.96ff.

102　III C 42703 *afere*　　　　Zylindertrommel, einfellig, geschlossen
　　　　　　　　　　　　　　　　　　　　Pflockspannung (Typ A), 6 Pflöcke
Yoruba, Nigeria, Iseyin　　　　　H = ca. 37; D = 27

Begleittrommel des *igbin*-Ensembles.
a.　Vgl. III C 42701.
b.　4 Standbeine (Typ B).
d.　Ein angeschnitzter Ring unterhalb der Pflöcke. Angeschnitzte Figuren (ein menschliches Gesicht, eine Schlange).
f.　Vgl. S.96ff.

103　III C 42704　　　　　　　　Zylindertrommel, einfellig, geschlossen
　　　　　　　　　　　　　　　　　　　　Pflockspannung (Typ A), 6 Pflöcke
Yoruba, Nigeria, Iseyin　　　　　H = ca. 36; D = 26

Begleittrommel des *igbin*-Ensembles.
a. Vgl. III C 42701.
b. 4 Standbeine (Typ C).
d. Am Fellrand eine eingebrannte Kerbe.
f. Vgl. S.96ff.

104 III C 42705 *bembe* (*ganga*-Typ)   **Zylindertrommel, zweifellig**
                                                Schnurspannung, doppelte i-Schnürung (Typ B)
    Yoruba, Nigeria, Ogbomosho   **H = 25; D = ca. 27**

a. Schnüre aus eingedrehtem Leder. Auf einer Membran zwei Schnarrsaiten aus eingedrehtem Leder.
c. Ein Ledergurt ist mit Schnüren an den Fellring gebunden.
d. Korpus mit Stoff umhüllt.
f. Vgl. S.110.

105 III C 42706 *iya ilu bata*   **Konustrommel, zweifellig**
                                                Schnurspannung, *bata*-Schnürung
    Yoruba, Nigeria, Ibadan   **H = 71; D = 24 + D = 14**

„Muttertrommel" des *bata*-Ensembles.
a. Schnüre aus Leder (in Streifen). Über die Membrane ist ein weiteres Fell gelegt, daß nur den Fellring bedeckt, da ein Mittelteil kreisförmig im Umfang der Schlagfläche herausgeschnitten ist. Stimmpaste auf der größeren Membran. Korpus und Längsschnüre sind mit einer weiteren grünlich-blau eingefärbten Lederschnur umwickelt.
c. An breiten Fellstreifen unterhalb der Membranen sind oben fünf Glocken und sieben Gefäßrasseln, unten 8 Gefäßrasseln (4 Paare) befestigt. Rasselkörper im Inneren des Instruments. Ein Tragegurt aus Leder und Stoff ist an den Schnüren angebracht.
f. Vgl. S.94ff.

106 III C 42707 *omele abo iya ilu*   **Konustrommel, zweifellig**
                                                Schnurspannung, *bata*-Schnürung
    Yoruba, Nigeria, Ibadan   **H = 71; D = 24 + D = ca. 14**

Begleittrommel des *bata*-Ensembles.
a. Vgl. III C 42706.
c. Tragegurt wie bei C 42706.
f. Vgl. S.94ff.

107 III C 42708 *omele ako*   **Konustrommel, zweifellig**
                                                Schnurspannung, *bata*-Schnürung
    Yoruba, Nigeria, Ibadan   **H = 33; D = 16 + D = 11**

Begleittrommel des *bata*-Ensembles
a. Fell, Fellbefestigung, Schnüre vgl. III C 42706. Ohne Stimmpaste.
c. Tragegurt aus Stoff.
f. Vgl. S.94ff.

108 III C 42709 *omole abo, kudi*   **Konustrommel, zweifellig**
                                                Schnurspannung, *bata*-Schnürung
    Yoruba, Nigeria, Ibadan   **H = ca. 26; D = 15 + D = 11**

Begleittrommel des *bata*-Ensembles.
a. Vgl. III C 42707.
c. Als Tragegurt ist ein Fellstreifen an den Schnüren befestigt.
f. Vgl. S.94ff.

109 III C 42711 *iya ilu*   **Sanduhrtrommel, zweifellig**
                                                Schnurspannung, Stimmschnüre (Typ A)
    Yoruba, Nigeria, Ibadan   **H = 51; D = 21**

„Muttertrommel" des *dundun*-Ensembles.
a. Schnüre aus eingedrehtem Leder.
b. Mittelkörper (Typ A).
c. Unterhalb der Membranen sind halbrundumverlaufend breite Bänder aus Leder und Stoff um die Stimmschnüre gelegt und mit Schlaufen befestigt. An den Schlaufen sind jeweils sieben kleine Glocken angebracht. Tragegurt aus Leder und Stoff.
f. Vgl. S.87ff.

110 III C 42712 *gangan*

Yoruba, Nigeria, Ibadan

Sanduhrtrommel, zweifellig
Schnurspannung, Stimmschnüre (Typ A)
H = 46; D = 17

Begleittrommel des *dundun*-Ensembles.
a. Schnüre aus eingedrehtem Leder.
b. Mittelkörper (Typ B).
c. Tragegurt aus Leder und Stoff.
d. Die Stimmschnüre sind zum Teil rot gefärbt.
f. Vgl. S.87ff.

111 III C 42713 *omele* (*abo* oder *ako*)

Yoruba, Nigeria, Ibadan

Sanduhrtrommel, zweifellig
Schnurspannung, Stimmschnüre (Typ A)
H = 43; D = 17

Begleittrommel des *dundun*-Ensembles.
a. Schnüre aus eingedrehtem Leder. Um die Stimmschnüre ist ein Querband gebunden.
b. Mittelkörper (Typ A).
c. Tragegurt aus Leder und Stoff.
f. Vgl. S.87ff.

112 III C 42714 *adama*

Yoruba, Nigeria, Ibadan

Sanduhrtrommel, zweifellig
Schnurspannung, Stimmschnüre (Typ A)
H = 37; D = 14

Begleittrommel des *dundun*-Ensembles.
a. Schnüre aus eingedrehtem Leder.
b. Mittelkörper (Typ A).
c. Tragegurt aus Leder und Stoff.
f. Vgl. S.87ff.

113 III C 42715 *kanango*

Yoruba, Nigeria, Ibadan

Sanduhrtrommel, zweifellig
Schnurspannung, Stimmschnüre (Typ A)
H = 24; D = 11

Begleittrommel des *dundun*-Ensembles.
a. Schnüre aus eingedrehtem Leder.
b. Mittelkörper (Typ A).
c. Tragegurt aus Leder und Stoff.
f. Vgl. S.87ff.

114 III C 42717 *gudugudu*

Yoruba, Nigeria, Ibadan

Kesseltrommel
Keilspannung, doppelte i-Schnürung (Typ A)
H = 13; D = ca. 27

„Vatertrommel" des *dundun*-Ensembles.
Vgl. III C 27406.

115 III C 42720 *koso*

Yoruba, Nigeria, Oyo

Sanduhrtrommel, einfellig, offen
Schnurspannung, Stimmschnüre (Typ C)
H = ca. 44; D = ca. 15

a. Schnüre pflanzlich. Die Schnüre sind um einen hölzernen Ring gelegt und an gebohrten Löchern befestigt (die Schnüre halten den Holzring). Fellring mit Stoff gestärkt.
b. Mittelkörper (Typ C).
c. An den Stimmschnüren ein lederner Tragegurt.
f. Vgl. S.92f.

SAMMLER der Kat.-Nrn.97–115: Simmonds/1971

116 III C 190

Nigeria, Palma (Südnigeria)

Sanduhrtrommel, einfellig, offen
Schnurspannung, Stimmschnüre (Typ C)
H = 45; D = 13,5

a. Stimmschnüre pflanzlich. Die Stimmschnüre sind unten an einen mit Stoff umwickelten Holzring befestigt.
b. Mittelkörper (Typ B).
c. Am Fellring ein pflanzlicher Haltegurt.

SAMMLER: v. Rauchhaupt/1866

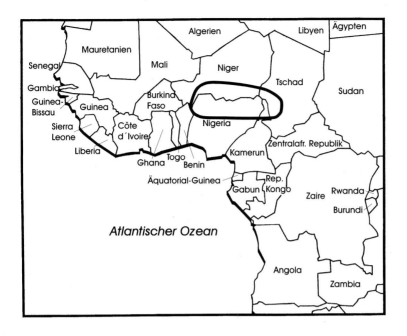

Region 5: Zentralsudan

Der zentrale Sudan umfaßt den Norden Nigerias, sowie einige angrenzende Gebiete in der Republik Niger, Kamerun und im Tschad. Die Region ist in hohem Maße islamisch geprägt. Der Islam kam zunächst mit nordafrikanischen Reisenden über die durch die Sahara führenden Handelsrouten. Der erste muslimische Staat im zentralen Sudan entstand Ende des 11. Jahrhunderts, als der König des Kanem-Bornu Reiches zum Islam konvertierte. Seit dem 14. Jahrhundert kamen vom Westen her zahlreiche islamische Missionare in das Gebiet der Hausa-Staaten. Aber erst im 19. Jahrhundert konnte sich der Islam hier durch die Kriegszüge der Fulani etablieren. Mit der Islamisierung ging der Einfluß der arabischen Kultur einher, was sich bei den Hausa vor allem in der Übernahme der arabischen Schrift zeigt. Auch die Musik und die Musikinstrumente weisen oftmals auf orientalische Vorbilder. Bei den Trommeln zeigt sich das u.a. anhand verschiedener Korpusformen und Fellbefestigungs-Typen sowie der verbreiteten Eigenart, die Instrumente mit Schnarrsaiten zu bespannen. Am populärsten sind Kesseltrommeln mit Gurtspannung sowie zweifellige Zylinder- und Sanduhrtrommeln. Ferner kennt man zweifellige konische Trommeln (vgl. Dauer 1985, S.72) und becherförmige Instrumente mit Gurtspannung.[1] Einige der Instrumente, die auf arabische Vorbilder zurückgehen, sind auch bei verschiedenen Ethnien in der Region verbreitet, deren Bevölkerung mehrheitlich nicht islamisch ist, z.B den Marghi und Bura in Süd-Borno, die sich heute überwiegend zum Christentum bekennen.[2]

---

1   Vgl. Krieger 1968, S.401ff.; Meyer 1993b, S.195.
2   Artur Simon, persönliche Mitteilung 1996; vgl. Simon 1991, S.202ff.

Abb.86 Höfisches Ensemble in Uba, Borno. Trompeten, Oboen, *ganga*-Trommeln. 1988.

Ganga-Trommeln

Der Ausdruck *ganga*, der möglicherweise von den Kanuri stammt (Hause 1948, S.23), wurde erstmals von Ames zur Bezeichnung einer größeren Gruppe verwandter Instrumente verwendet (Ames 1965, S.62f.). Alle Trommeln dieses Typs sind zylinder- oder faßförmig und zweifellig. Die Membranen sind mit Schnurspannung befestigt und mit Schnarrsaiten bespannt. Häufig ist das Korpus mit Stoff umhüllt.

Abb.86 u. 87 Alte arabische Bildquellen zeigen ähnliche Instrumente, und mittelalterliche Quellen belegen, daß sie vor mehr als fünfhundert Jahren in den Sudan gelangten (vgl. Dauer 1985, S.57). Häufig werden diese Trommeln gemeinsam mit Trompeten und Oboen gespielt. Dauer beschreibt entsprechende Ensembles bei den Hausa, Fulbe und den Kanembu (ebd., S.57ff.). Am Hof in Zaria und Sokoto imitieren die Instrumente im Zusammenspiel Lobworte zu Ehren der Herrscher. Musikbeispiele hierzu sind auf einer Schallplatte von Ames veröffentlicht.[3] Ferner gibt es Orchester, die bei Dauer als „Algaita-Ganga-Ensembles" bezeichnet werden und vornehmlich beim Preisgesang und zum Tanz erklingen. Die afrikanische Oboe *(al) gaita* mit Lippenscheibe weist schon vom Namen her in die arabische Welt. Sie gelangte vermutlich vom Maghrib aus in den zentralen Sudan (Simon 1983, S.302). Das Ensemble besteht zumeist aus 1 bis 2 Oboen und einem Satz mit bis zu sechs Trommeln.

In einem filmisch dokumentierten Beispiel mit dem „Stadt-Orchester" von Mongo im südlichen Tschad (vgl. Filmverzeichnis, Nr.6) besteht der gemeinsam mit einer *algaita* erklingende Trommelsatz aus zwei größeren *ganga*-Trommeln (*ganga* und *gangai*), einer zweifelligen flachen Zylindertrommel *(tirembel)* und einer ebenfalls zweifelligen Konustrommel

---

3 Vgl. Schallplattenverz. Nr. 9, B-7 und B-8.

Abb.87 Höfisches Ensemble in Maiduguri, Borno. Trompeten, Oboen, *ganga*-Trommeln. 1986.

(bandil), die beim Spielen zwischen den Beinen gehalten wird (Dauer 1985, S.71f.). Alle vier Trommeln tragen die Musiker an Gurten. *Ganga* und *gangai*, die auf einer Seite mit jeweils zwei parallel verlaufenden Schnarrsaiten bespannt sind, werden mit einem gekrümmten Schlegel und einer Hand geschlagen. Bisweilen wird nur die Membran mit den Schnarrsaiten bespielt; oder man verwendet für die Membran mit den Schnarrsaiten einen Schlegel und bespielt die andere mit der Hand – in der Art, wie häufig die Trommeln vom Typ der südasiatischen *dhol* angeschlagen werden. Der Spieler der flachen *tirembel* unterteilt das Metrum mit raschen Schlagfolgen. Auf den Trommeln *bandil*, *ganga* und *gangai* entstehen ostinate Rhythmen unterschiedlicher Längen.[4]

Während Ensembles dieser Art überwiegend im höfischen Kontext erklingen, kommt die *ganga* darüberhinaus auch bei weniger repräsentativen Anlässen zum Einsatz. Bei den Hausa etwa wird sie – mit zwei Schlegeln – zur Feldarbeit gespielt. Sie dient ferner als Begleitinstrument wandernder Berufsmusiker (Krieger 1968, S.395). Ein Ensemble besteht dann häufig aus mehreren *ganga* und einer Sanduhrtrommel *kurkutu* (ebd., S.394). *Vgl. S.121*

Bisweilen spielt man die *ganga*-Trommeln solistisch. Beispiele hierfür aus einem Dorf der Marghi in Borno wurden 1987 von Artur Simon auf Video-Film dokumentiert (vgl. Filmverzeichnis, Nr.7). Der Trommler, der zur Berufsgruppe der Schmiede gehört, begleitet einen als *billi-billi* bezeichneten Tanz, der von Frauen des Dorfes mit Beinrasseln getanzt wird. Die *ganga*-Trommel (hier: *kanga*) hält er an einem Gurt um die Schulter. Auf einer der Membranen schlägt er vermutlich zur eigenen Orientierung mit der Hand den Beat oder Off-Beat. Auf der anderen erklingen – *Abb.88*
Mbsp.13

---

4 Ausführliche Transkriptionen der Musik dieses Orchesters finden sich bei Dauer, 1985 Bd.II, S.44f.

Abb.88 Dorftrommler
mit *kanga* bei den
Marghi. 1987

mit einem Schlegel gespielt – verschiedene Rhythmen. In den Pausen
zwischen den akzentuierten Schlägen markiert er mit dem Schlegel leise
weitere Pulse, wodurch der Eindruck entsteht, daß ein zweites, als *time-
keeper* fungierendes Instrument mitspielt. Die durch die Beinrasseln hörbar werdenden Hauptakzente der Tanzrhythmen, entsprechen mehrheitlich denen des Trommelspiels, das – wie die beiden folgenden Beispiele
Notenbsp.7 u. verdeutlichen – in seiner Komplexität variiert. Beide Rhythmen werden
Notenbsp.8 vielfach wiederholt.

O = akzentuierte Schläge

o = nicht akzentuierte Schläge

⑫   Pulse/Min ≈ 337

kanga | **O** o **O** o o **O** o o **O** o **O** o |
Beinrasseln | x̌ · · x̌ · · x̌ · · x x · · |

Notenbeispiel 7

108

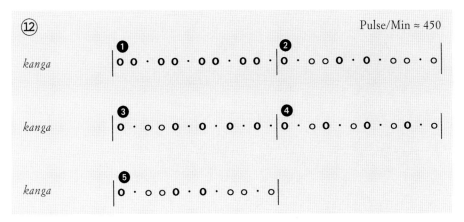

Notenbeispiel 8

Innerhalb der dörflichen Tanzmusik sind in einigen Gebieten neuerdings Musikstile populär, bei denen ein Musiker mehrere Instrumente zugleich spielt. Ein Beispiel dafür bietet der Meistertrommler Bukar Bishi aus Süd-Borno. Traditionell besteht ein Ensemble in seiner Heimat häufig aus einer *ganga*, einem Xylophon *tzinsa* und bis zu drei Sanduhrtrommeln *kwala* (*kurkutu*-Typ, vgl. S.121). Bukar Bishi spielt hingegen ein Set aus mehreren unterschiedlich gestimmten *ganga*. Die führende Trommel trägt er an einem Gurt um die Schulter, während die anderen vor ihm aufgestellt sind. Zum Ensemble gehören außerdem die traditionellen Instrumente *tzinsa* und *kwala*. Bukar Bishi tritt mit seiner Gruppe zumeist auf Hochzeiten auf, und seine Musik dient ausschließlich zur Unterhaltung. Verglichen mit dem Spiel des oben besprochenen Orchesters aus Mongo klingt sie weniger formelhaft, da der Meistertrommler sich immer wieder von den ostinaten Rhythmen der Sanduhrtrommel löst – „mit akzentuierten rhythmischen Verschiebungen, Tonlagen und Klangfarben" (Vogels 1989, o.Sz.).

Abb.89
Mbsp.14

Abb.89 Bukar Bishi. Meistertrommler aus Südborno. 1989.

Abb.90 *Ganga-*
Trommel. Hausa.
Nigeria. Kat.-
Nr.130.

Vgl. S.11

Abb.90

Abb.91

Farbt.XII(1)
Farbt.XII(2)

Das Museum besitzt eine Reihe *ganga-*Trommeln, von denen aber oftmals die Signatur durch die Auslagerung während des Zweiten Welt-
kriegs verloren gegangen ist. Daher läßt sich die Herkunft nur bei wenigen Trommeln eindeutig feststellen. Aus der umfangreichen Sammlung
von Kurt Krieger und Brigitte Menzel stammt ein faßförmiges Instrument (Kat.-Nr.130). Es ist mit einer Schnarrsaite bespannt und mit Rassel-
körpern gefüllt. Eine im Verhältnis wesentlich flacherere *ganga* stammt
aus Kamerun, möglicherweise aus Adamawa (Kat.-Nr.333). Zwei weitere
Trommeln vom *ganga-*Typ, stammen aus anderen Regionen, eine *brekete*
der Asante (Kat.-Nr.38) und eine *bembe* der Yoruba (Kat.-Nr.104). Beide sind mit Stoff umhüllt. Die *bembe* ist auf der einen Seite mit zwei im
rechten Winkel verlaufenden Schnarrsaiten bespannt. Vermutlich gelangte
der Trommeltyp über die Nupe in das Gebiet der Yoruba. Noch heute
gibt es dort Siedlungen der Nupe, die eine Vielzahl ihrer Traditionen
erhalten haben. Während ihrer religiösen Jahresfeste und Prozessionen
kommt nach Thieme ein Ensemble bestehend aus einer *bembe,* einer

Abb.91 *Ganga-*Trommel.
Kamerun. Kat.-Nr.333.

110

Abb.92 *Bembé-tru*. Togo. Kat.-Nr.321.

Kesseltrommel und einer Kürbisrassel zum Einsatz (Thieme 1969, S.150f.). Bei den Yoruba besteht ein *bembe*-Ensemble häufig aus mehreren Instrumenten vom *ganga*-Typ sowie zwei Sanduhrtrommeln (*kerikeri* und *isaju*), eine als *gudugudu* bezeichnete Zylindertrommel ohne Schnarrsaiten und verschiedenen Rasseln (ebd., S.146ff.). In der Sammlung findet sich eine weitere Zylindertrommel, die man als *bembé-tru* bezeichnet, laut Erwerbungsbuch aus Togo stammt „und beim Tanzspiel bembé mit einer Hand und einem Stock geschlagen" wird (Kat.-Nr.321). Das Instrument ist zweifellig und mit Schnurspannung befestigt, allerdings

Vgl. S.87ff.

Abb.92

Abb.93 *Ganga*-Trommel. Hausa. Südost-Kamerun. Kat.-Nr.203.

ohne Schnarrsaiten. Möglicherweise handelt es sich um ein Instrument der Yoruba, die im Norden Togos siedeln. Schließlich besitzt das Museum ein zweifelliges Instrument mit Schnarrsaiten, das laut Erwerbungsbuch aus Südost-Kamerun (Region 7) von den dort lebenden Hausa stammt (Kat.-Nr.203). Die Membranen sind mit geometrischen Ornamenten und stilisierten Tierfiguren bemalt.

Abb.93

Die Verbreitung der *ganga*-Trommeln verdeutlicht den Einfluß der voderorientalisch geprägten Musikkulturen im zentralen Sudan auf benachbarte Gebiete. Verantwortlich dafür waren – neben der Ausbreitung der Fulbe – vor allem die regen Handelstätigkeiten der Hausa, die sie in Berührung mit den verschiedenen Völkern brachten.

Kesseltrommeln

Wie die Zylindertrommeln weisen die bei den Hausa und ihren Nachbarn verbreiteten Kesseltrommeln auf arabische Einflüsse. Eine der frühesten Erwähnungen dieses Instrumententyps im Sudan findet sich in der „Chronik von Kano", wonach einem Herrscher (Sarki) mit Namen Kutumbi (1623–1648) im Kriege oder bei islamischen Festen neben einer Reihe anderer Musiker stets auch „fünfzig Kesselpauker" folgten (Erlmann 1973/74, S.36). Die heute bekannten Instrumente dieses Typs sind durch Gurtspannung gekennzeichnet. Die Resonanzkörper werden aus Kalebassen oder Holz, seltener aus Ton oder Kupfer gefertigt.

Größere Kesseltrommeln erklingen traditionell zu Ehren der Herrscher. Sie werden in der Region unterschiedlich bezeichnet. Bei den Hausa ist der Ausdruck *tambari* (Plural: *tambura*) verbreitet, den Helen Hause aufgrund bestimmter Eigenarten der Hausa-Sprache vom arabischen *tabl* herleitet:

> Unter den Hausa-Sprechern gibt es die Tendenz, das *b* zu nasalieren, deshalb hier das *mb*. *bl* ist eine seltene Kombination und das *a* wurde gemäß ihrer Sprachgewohnheiten eingefügt während *r* und *l* dialektische Varianten darstellen (...) (Hause 1948, S.13; Übersetzung aus dem Englischen: A. Meyer).

Normalerweise werden die *tambura* paarweise oder in Dreierguppen mit Instrumenten verschiedener Tonhöhen gespielt. Dabei dient als Stän-

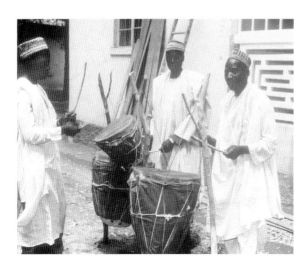

Abb.94 *Tumbɔl*-Trommel-Ensemble am Hof in Maiduguri. 1991.

Abb.95 *Tabshi*-Trommler in Sokoto. Hausa. Nigeria. Generalprobe für einen Empfang. 1962.

der häufig ein natürlich gewachsener Ast, an dessen Gabelung die Instrumente aufgehängt sind. Manchmal werden auch mehrere gerade, mit Schnüren verbundene Holzpflöcke, die in die Erde getrieben sind, als Ständer verwendet (vgl. Ames 1965, S.77, Abb.21). Am Hofe des Emirs von Zaria wurden nach Ames noch in den sechziger Jahren insgesamt vier *tambura* von zwei Musikern gespielt. Im Ensemble hatten diese Instrumente unterschiedliche Funktionen. Zwei *tambura* (genannnt *yan d'ai-d'ai* = „eines nach dem anderen") wurden alternierend mit einem oder zwei Schlegeln aus Nilpferdhaut gespielt. Ihnen kam mit „einem unveränderlichen Rhythmus von moderatem Tempo" eine metrisierende Funktion zu, während auf den beiden anderen (genannt *sal-salo* = „von unterschiedlicher Art") stets mit zwei Schlegeln regelmäßig wechselnde Patterns geschlagen wurden (ebd., S.76). Ferner kamen die Kesseltrommeln während wichtiger Prozessionen zum Einsatz, wobei die Musiker im Schneidersitz sitzend auf Kamelen ritten (Harris 1932, S.106).

Bisweilen wurden *die tambari* mit rituellen Beigaben versehen. Harris berichtet von einer Trommel des Emirs in Argungu (Sokoto-Provinz), in deren Korpus man ein menschliches Herz – vermutlich das eines feindlichen Oberhauptes – gegeben hatte. In Katsina enthielt ein Instrument eine Miniaturausgabe des Koran (ebd.).

Heute wird die *tambura* – zumindest in einigen Provinzen des Hausa-Gebietes – kaum mehr gespielt. Fremont E. Besmer konnte noch 1968/69 *tambura*-Spieler in Kano bei verschiedenen Anlässen während der Salla-Feste (der islamischen Feste Īd al fiṭr und Īd al-kabīr) hören (vgl. Besmer 1972, S.116f.). Kurt Krieger befand hingegen bereits in den frühen

Abb.96 *Tabshi*.
Hausa. Sokoto.
Nigeria. Kat.-Nr.132.

sechziger Jahren, daß der König von Zamfara „die letzte verbliebene tambari nur noch am Vorabend des Salla-Festes in Gegenwart aller Würdenträger einige Male mit der linken Hand" anschlug (Krieger 1968, S.386).

Am Hof in Maiduguri besteht hingegen bis heute eines der königlichen Ensembles aus drei ähnlichen, mit Stoff eingekleideten Trommeln, die man als *tumbɔl* bezeichnet. Sie werden jeweils von einem Musiker gespielt. Man kennt vier Trommelpatterns, mit denen verschiedene arabische Sprachformeln imitiert werden. Die Trommler des Ensembles stammen stets aus Musiker-Familien der Shuwa-Araber.[5] Bisweilen findet man die *tumbɔl*-Trommeln auch in den Dörfern der Shuwa.

Weit verbreitet in der Region sind kleinere Kesseltrommeln, z.B. die *tabshi (taushi)* der Hausa. Auch sie wird mit einer Schnarrsaite bespannt und mit Stimmpaste abgestimmt. Der Musiker trägt sie beim Spielen an einem Gurt um die Schulter oder sitzt vor dem Instrument. Die *tabshi* wird mit den Händen gespielt. Die rechte Hand schlägt – wie Ames in Zaria beobachtete – vornehmlich Beat-betont nahe am Stimmpastentaler, während die linke leicht mit drei Fingern einen Rhythmus gegen den Beat schlägt (Ames 1965, S.74). In der östlichen Sokoto-Provinz spielen

Abb.94

Farbt.XIII

---

5   Raimund Vogels, persönliche Mitteilung 1996.

114

Abb.97 *Tambari na kwarya*. Hausa. Sokoto. Nigeria. Kat.-Nr.135.

gemeinhin mehrere *tabshi*-Spieler im Ensemble. Dabei dient ein Tromm- *Abb.95*
ler häufig zugleich als Vorsänger für Loblieder, während die anderen den
Chor bilden (Krieger 1968, S.389). Morphologisch ähnlich ist eine weitere Hausa-Trommel, die *zakka*. Diese wird allerdings mit Schlegeln gespielt und ist weder mit einer Schnarrsaite versehen noch mit Stimmpaste bedeckt.

Kleinere Kesseltrommeln bilden häufig ein Ensemble mit Instrumenten des *ganga*-Typs oder mit Sanduhrtrommeln. Man bespielt sie zumeist
mit elastischen Schlegeln aus Leder oder Palmblättern. Häufig sind diese
Kesseltrommeln vor den sitzenden Spielern aufgestellt. Als Standfuß dient
ein weiterer mit Stoff umhüllter Gurt.

Bei einer anderen Hausa-Trommel, der *tambari na kwarya*, dient der
Gurt, der zur Fellbefestigung verwendet wird, zugleich als Standfuß. Das
Korpus besteht aus einer Kalebassenhälfte. Der sitzende Musiker bespielt
das Instrumente mit einem dünnen Schlegel und den Fingern einer Hand.
Ein Set besteht aus drei unterschiedlich gestimmten Trommeln. Es erklingt vor allem zur Begleitung von Gauklern, „die zaubern, Schlangen
beschwören, Hyänen vorführen, auf Speeren sitzen, sich mit Schwertern
und Messern schneiden oder mit Hörnern stoßen, ohne sich dabei zu
verletzen, bei jungen Mädchen und Würdenträgern betteln, tanzen usw."
(ebd., S.387). Als Krieger 1961 das Gebiet bereiste, war das Musizieren
zum Zweck des Bettelns allerdings verboten, was – wie Krieger in einem
Brief an Kurt Reinhard schrieb – für die traditionelle Musik erhebliche
Konsequenzen hatte:

> ... es muß jedesmal eine Lizenz eingeholt werden, die für die hiesigen Ver-
> hältnisse sehr teuer ist, nämlich 1 Pfund 2 S. Daraufhin nimmt die Musik-
> ausübung rapide ab, die Jungen können nichts mehr und die alten machen
> es nur noch selten, es ist ein absoluter Verfall zu beobachten, und ich komme
> gewissermaßen in letzter Minute, jedenfalls für diese Gegend.[6]

---

6   Kurt Krieger, Brief vom 3.11.1961 an Kurt Reinhard, dem Leiter der Abteilung Musik-
    ethnologie (damals: „Phonogramm-Archiv") im Museum für Völkerunde. Archiviert
    in der Abteilung Musikethnologie unter Sammlung Krieger M 2001–2454.

Abb.98 *Zakka*. Hausa. Sokoto. Nigeria. Kat.-Nr.133.

Abb.99 Kesseltrommel. Hausa. Nigeria. Kat.-Nr.125.

In der Sammlung finden sich keine der repräsentativen Trommelspiele vom Typ der *tambari*, aber eine Reihe einzelner Kesseltrommeln aus der Region. Die meisten stammen aus der Sammlung von Kurt Krieger, u.a.

Abb.96 u. 97 eine *tabshi* (Kat.-Nr.132), eine *tambari na kwarya* (Kat.-Nr.135) und eine

116

Abb.100 *Kalangu*. Hausa. Sokoto. Nigeria. Kat.-Nr.128.

zakka (Kat.-Nr.133). Eine Trommel vom Typ der *zakka*, die im Er- *Abb.98*
werbungsbuch als *kalandu* bezeichnet wird (Kat.-Nr.126), gelangte 1908
in die Sammlung. Eine weitere Kesseltrommel der Hausa (Kat.-Nr.125) – *Abb.99*
ohne Stimmpaste und Schnarrsaiten – ruht auf einem mit Stoff umhüllten Standfuß.

Sanduhrtrommeln

Die Sanduhrtrommel mit variabler Tonhöhe hat sich möglicherweise
vom zentralen Sudan aus im gesamten westafrikanischen Raum verbreitet (vgl. Anthony King: „Hausa Music", Grove 6). Auch sie weist auf
orientalische Vorbilder. Seit dem 9. Jahrhundert ist in alten islamischen
Kulturen die sanduhrförmige *kūba* belegt, die in der Literatur bisweilen
als einfellige Trommel bezeichnet und dargestellt wird (vgl. al Faruqi 1981,
S.149). Bei Farmer finden sich hingegegen Abbildungen mit zweifelligen
Instrumenten. Eine arabische Miniatur aus dem 14. Jahrhundert zeigt
eine Wasseruhr mit vier Musikantenfiguren. Einer der Musiker spielt auf
einer *kūba*, deren Felle mit Netzschnürung bespannt sind. Er hält das
Instrument auf den Knien und bespielt beide Membrane mit den Händen (Farmer 1966, S.92f.). Erheblich älter, aus dem 8. oder 9. Jahrhundert, ist die Darstellung eines *kūba*-Spielers auf einem iranischen Silber-
gefäß. Wie bei vielen westafrikanischen Instrumenten trägt der Musiker
die Trommel an einem über die Schulter gelegten Gurt. Die Felle scheinen mit Längsschnüren befestigt und mit einer Ligatur gespannt (ebd.,
S.26f.). Die Sanduhrtrommel dieses Typs könnte (wie *ganga* und *tambari*)
über Nordafrika in den zentralen Sudan gelangt sein. Im arabischen Raum

bezeichnet man die *kūba* heute u.a. als *ṭabl al Sūdān* (al Faruqi 1981, S.149).

Die populärste Sanduhrtrommel in der Region ist die zweifellige *kalangu* (*kalungu*) der Hausa, deren Name – wie erwähnt – in abgewandelter Form in weiten Teilen des Sudangürtel bekannt ist. *Sie* gehört zu den ältesten Trommeln dieses Typs. Harris berichtet von einem besonders repräsentativen Exemplar, das sich im Besitz eines Meistertrommlers in Yauri (Südwest-Hausa) befand und vermutlich mehrere Jahrhunderte alt war (Harris 1932, S.108). Das Korpus der *kalangu* wird aus unterschiedlichen Hölzern (u.a. Afzelia africana) hergestellt. Die Größe scheint variabel. Als durchschnittliche Höhe nennt Ames einen Wert von 35 cm (14 Zoll). Ein Instrument in der Sammlung (Kat.-Nr.128) mißt hingegen 43 cm. Die Membranen bestehen nach Ames häufig aus dem Leder weiblicher Ziegen. Bisweilen werden auch die Felle ungeborener Kälber verwendet (Ames 1965, S.69). Die Schnüre sind zwischen einem Spannring und der Membran befestigt.[7]

Vgl. S.43

Vgl. S.30
u. S.44
Abb.100

Die Bespannung ist bei Ames eingehend beschrieben: Das eingeweichte Fell wird enthaart und über den Resonanzkörper gelegt. Auf den Korpusrand setzt man einen weiteren Fellstreifen. Die Membran, die den Fellstreifen umhüllt, wird an diesen genäht. An der Naht befestigt man den Spannring und die Stimmschnüre. Nachdem die überstehenden Membranränder abgeschnitten sind, stellt man die Trommeln zum Trocknen in die Sonne, wodurch die Membrane und die Stimmschnüre die endgültige Spannung erhalten (ebd., S.70). Anders als die meisten Trommeln im zentralen Sudan ist die *kalangu* nicht mit einer Schnarrsaite bespannt. Man gibt Rasselkörper in das Instrument, häufig Pflanzensamen oder Früchte und nach Ames manchmal auch alte nigerianische Münzen (ebd., S.70f.).

Abb.101

Die *kalangu* wird mit einem gekrümmten Schlegel und bisweilen einer Hand gespielt. Der Musiker hält das Instrument an einem Schultergurt und spannt die Stimmschnüre mit dem Ober- oder Unterarm (Krieger 1968, S.400). Wie die Sanduhrtrommeln der Yoruba dient die *kalangu* als „Talking drum". Traditionell war sie das Instrument der Metzger, die ihre Waren anpriesen, indem sie auf der Trommel die Marktrufe imitierten. Sie wurde ferner – wie die *ganga* – bei der Feldarbeit zur Koordination des Arbeitsrhythmus eingesetzt. Beispiele dafür konnte Kurt Krieger 1952/53 in Anka mit einem Phonographen (!) dokumentieren.[8] Beim Bestellen der Ländereien des Königs erklangen zwei *kalangu* zusammen mit einer Kesseltrommel vom Typ der *zakka*. Ähnliche Aufnahmen – nunmehr mit einem Tonbandgerät – entstanden auf einer späteren Reise Kriegers 1961 in das gleiche Gebiet. Wiederum zur Feldarbeit erklingt ein Chor unter Leitung eines Vorsängers, der zugleich eine *kalangu* bedient. Das Begleitensemble besteht insgesamt aus drei *kalangu*, einer kleineren Sanduhrtrommel *kurkutu*, sowie einer als *daro* oder *tasa* bezeichneten Blechschüssel, deren Unterseite von einer Frau mit einem Schlegel aus Draht bespielt wird (vgl. Krieger 1968, S.378).

Mbsp.15

Manchmal erklingt die *kalangu* zum Auftakt großer Volksfeste oder bei Sportveranstaltungen (Ames 1965, S.69). Ihre Popularität verdankt die Trommel nicht zuletzt einem Gesetz von 1960, demzufolge Musiker, die öffentlich auftreten wollten, eine hohe Gebühr aufzubringen hatten.

---

7   Im Katalog: Stimmschnüre (Typ A).
8   Archiviert im Museum für Völkerkunde, Berlin, Abteilung Musikethnologie unter Sammlung Krieger 1952/53, Walzen Nr.11–13.

Abb.101 *Kalangu*-
Trommler. Hausa. Sokoto.
Nigeria. 1952.

Abb.102 *Kotso*-Trommler.
Hausa. Sokoto. Nigeria.
1964.

Abb.103 *Kotso*. Hausa.
Sokoto. Nigeria. Kat.-
Nr.131.

Ausgenommen war das Musizieren auf der *kalangu*, weshalb sich das Instrument unter professionellen Musikern verbreitete (ebd.). Zur Begleitung profaner Tänze wird sie häufig von einem Musiker zusammen mit der *dan karbi*, einer kleineren Sanduhrtrommel des gleichen Typs gespielt. Die *dan karbi* ist dabei am Oberschenkel des Spielers festgebunden. Ein um die Stimmschnüre gelegtes Querband fixiert die Tonhöhe (Krieger 1968, S.401). Die Kombination beider Instrumente hat sich vermutlich von Kano aus in der Hausa-Region verbreitet (Ames 1965, S.72). Mit der *kalangu* eng verwandt, aber wesentlich größer ist eine weitere Hausa-Trommel, die *jauje*, für die sich in der Sammlung kein Beispiel findet. Nach Ames wird sie ausschließlich zu repräsentativen Anlässen gespielt. Urspünglich war sie – wie ein alter Chef-Trommler berichtet – eine Kriegstrommel: „The jauje was not made for pleasure, it was the drum of the death" (ebd.).

Etwa die Größe der *kalangu* hat die einfellige Sanduhrtrommel *kotso* (bei Harris: *korso*), die nach Arnott bei den Hausa als typisches Instrument der Fulbe angesehen wird (D.W. Arnott: „Fulani Music". Grove 7). Die Trommel erinnert vom Namen her an die ebenfalls einfellige *koso*

120

Abb. 104 *Kurkutu*. Hausa. Sokoto. Nigeria. Kat.-Nr. 127.

der Yoruba, von der sie sich jedoch morphologisch unterscheidet. Der Resonanzkörper wird aus dem Holz des *alilliba*-Baumes (Cordia abyssinica) gefertigt (Besmer 1971, S.125). Die Membran ist mit einer Schnarrsaite und einem Stimmpasten-Taler versehen. Die Schnüre sind oben durch den Fellring und unten durch Bohrlöcher im Korpus geführt. Der Mittelkörper ist schlank und länglich. Wie die *koso* wird die *kotso* mit Händen gespielt, wobei der Musiker das Instrument an einem Gurt um die Schulter trägt und die Stimmschnüre mit dem Unterarm spannt (Ames 1965, S.79f.). Häufig erklingt die *kotso* zur Gesangsbegleitung (Harris 1932, S.107). In der Sokoto-Provinz spielte man sie zu den Preisliedern des Königs. In den dreißiger Jahren hat man sie hierbei durch die Kesseltrommel *tabshi* ersetzt (Krieger 1968, S.398).

Abb. 102 u.
Abb. 103

Im Hausa-Gebiet ist – wie erwähnt – ein dritter, kleinerer Typ der Sanduhrtrommeln bekannt, welcher bei Harris und Krieger als *kurkutu* und bei Ames als *kazagi* bezeichnet wird. Die Höhe eines Instrumentes in der Sammlung (Kat.-Nr. 127) beträgt 19 cm. Die Felle werden weder mit Stimmpaste abgestimmt noch mit Schnarrsaiten bespannt. Die Schnüre sind wie bei der *kotso* unten durch Bohrlöcher im Korpus geführt. Die *kurkutu* kommt im Ensemblespiel – u.a. mit Trommeln des *ganga*-Typs oder größeren Sanduhrtrommeln – die Aufgabe zu, das Metrum zu markieren. Der Spieler trägt sie an einem langen Gurt um die Schulter, sodaß sie vertikal vor dem Bauch hängt. Die Tonhöhe wird dabei mit einem Querband fixiert. Nach Ames spielt man die Trommel in Zaria mit einem bzw. zwei Holzschlegeln (Ames 1965, S.77f.). Nach Harris und Krieger verwendet man in der Sokoto-Provinz elastische Schlegel.[9]

Vgl. S.107
u. S.109

Abb. 104

Abb. 105

---

9   Harris 1932, S.112; Krieger 1968, S.399.

Abb.105 Musiker mit zwei *kalangu* und einer *kurkutu*. Hausa. Sokoto. Nigeria. 1961.

Abb.106 Sanduhr-trommel. Hausa. Nigeria. Kat.-Nr.123.

Abb.107 Sanduhrtrommel. Djen.
Nigeria. Kat.-Nr.121.

Abb.108 Sanduhrtrommel. Vere.
Nigeria. Kat.-Nr.150.

Abb.108 Sanduhr-
trommel. Vere. Nigeria.
Kat.-Nr.150.

Abb.103

Abb.106

Abb.107

Abb.108 u.
Abb.109

Neben der oben erwähnten *kalangu* und der *kurkutu* besitzt das Museum eine *kotso* (Kat.-Nr.131) sowie eine ähnliche Hausa-Trommel ohne
Stimmpaste und Schnarrsaite (Kat.-Nr.123). Letztere gelangte bereits 1883
in die Sammlung. Bei ihr hat man in die Löcher des Fellringes, durch die
die Schnüre verlaufen, kleine Rasseln mit Eisenringen gesteckt. Eine ähnliche Rassel ist am Fellring einer bei Harris abgebildeten Hausa-Trommel vom *ganga*-Typ (*gwa-ini*) befestigt (Harris 1932, S.110). Schließlich
finden sich im Museum zwei ältere einfellige Sanduhrtrommeln mit bemerkenswerter Fellbefestigung. Beide wurden 1912 von Frobenius gesammelt. Die eine (Kat.-Nr.121) stammt von den Djen im Südosten der
Region. Die Schnüre verlaufen unten über einen hölzernen Ring, der unter
angeschnitzten Vorsprüngen um das Korpus liegt. Das zweite, als *bigetoko*
bezeichnete Instrument (Kat.-Nr.150), stammt von den Vere, die östlich
der Djen siedeln. Bei ihm sind die Schnüre an einem Gurt befestigt, welcher mit einem sternförmigen, die Öffnung der unteren Schale bedek-
kenden Standfuß aus eingedrehtem Leder verbunden ist.

Katalog zu Region 5 (Nrn. 117–150)

117   III C 35945

Ankwe, Nigeria

Bechertrommel, einfellig, offen
Nagelspannung (Typ A), 6 Nägel
H = 58,5; D = 20

a. Statt eines Fellringes ist eine Lederschnur durch Löcher im Fellrand geführt und um die Nägel gelegt. Nägel sind durch am Fellrand herausgeschnittene Schlaufen getrieben.
b. Schale konisch. Korpus nicht zur Membran hin verjüngt.
d. Stufe im oberen Drittel des Ansatzes.

SAMMLER: Pfeffer/1928

118   III C 17638 *sá domane*

Camba, Kamerun oder Nigeria

Kesseltrommel
Gurtspannung, Y-Schnürung (Typ A)
H = 13; D = 22

a. Ohne Fellring. Schnüre aus Leder (in Streifen), Gurt pflanzlich. Gurtschlaufen. Die Schnüre sind durch herausgeschnittene Schlaufen am Fellrand geführt. Ligatur rundumverlaufend (oberhalb des Gurtes). Um das Fell ist mehrfach eine geflochtene Schnur gelegt, über die die Schnüre geführt sind.
b. Korpus aus Ton.

SAMMLER: Glauning/1903

119   III C 19011

Camba, Nigeria

Bechertrommel, einfellig, offen
Gurtspannung, doppelte i-Schnürung (Typ A)
H = 24; D = 10

a. Membran aus Reptilienhaut. Schnüre und Gurt pflanzlich. Gurtschlaufen. Ligatur rundumverlaufend.
b. Korpus aus Ton. Schale kesselförmig. Standfuß (Typ A).
c. Ein mit Stoff umwickelter Haltegurt ist oben an den Schnüren und unten an gebohrte Löchern im Ansatz befestigt.

SAMMLER: Glauning/1904

120   III C 16962 a+b

Daka, Kamerun, Adamawa

Sanduhrtrommel, zweifellig
Schnurspannung, Stimmschnüre (Typ A)
H = 46; D = 17 x 15,5

a. Schnüre aus eingedrehtem Leder.
b. Mittelkörper (Typ A).
c. Rasselkörper im Inneren des Instruments. b = Schlegel.

SAMMLER: Passarge/1894

121   III C 29339

Djen, Nigeria

Sanduhrtrommel, einfellig, offen
Schnurspannung, Stimmschnüre (Typ C)
H = 55; D = ca. 17

a. Membran aus Reptilienhaut. Schnüre pflanzlich. Die Schnüre sind unten an einen hölzernen Ring gebunden. An der unteren Schale sind rundumverlaufend Vorsprünge angeschnitzt, zwischen denen die Schnüre geführt sind.
b. Mittelkörper (Typ C).
c. An den Schnüren und oben am Fellring ist ein geflochtener Haltegurt gebunden.
e. Eintrag im Erwerbungsbuch: „Herkunft Djenu, Stamm und Dorf am oberen Benue, südlich der Muriberge."
f. Vgl. S.123f.

SAMMLER: Frobenius/1912

122   III C 22261

Duru, Kamerun, Adamawa

Konustrommel, zweifellig
Schnurspannung, W-Schnürung (Typ A)
H = 86; D = 39 x 29 u. 28,5 x 24

a. Schnüre pflanzlich. Zwei Ligaturen rundumverlaufend (jeweils unterhalb der Membran).
c. Rasselkörper im Inneren des Instruments.

e. Eintrag im Erwerbungsbuch: „Krieger-Spieltrommel".
SAMMLER: Dühring/1908

123 III C 16321   **Sanduhrtrommel, einfellig, offen**
                                        Schnurspannung, Stimmschnüre (Typ C)
      Hausa, Nigeria   **H = 39; D = 19**

a. Schnüre aus eingedrehtem Leder. Die Schnüre sind unten durch gebohrte Löcher, oben durch Löcher im Fellring geführt.
b. Mittelkörper (Typ B).
c. In den Fellring sind blecherne, spitz zulaufende Rasseln mit Drahtringen gesteckt (6 Rasseln erhalten). Tragegurt aus Stoff.
d. Um die untere Schale ist ein Stück Fell gelegt.
f. Vgl. S.22 u. S.124.
SAMMLER: Flegel/1883

124 III C 17946 b   **Bechertrommel, einfellig, offen**
                                        Schnur-Fell-Spannung, doppelte i-Schnürung (Typ B)
      Hausa? Nigeria?   **H = 60; D = 16,5**

a. Schnüre aus eingedrehtem Leder. Unterhalb der Membran ist um das Korpus mehrfach ein ledernes Querband gelegt über das die Schnüre geführt sind. Einzelne Ligaturen.
b. Schale konisch.
SAMMLER: Dominik/1903

125 III C 19100 a+b   **Kesseltrommel**
                                        Gurtspannung, doppelte i-Schnürung (Typ A)
      Hausa, Nigeria   **H = 19; D = 19,5**

a. Schnüre aus eingedrehtem Leder. Rundumverlaufende Ligatur.
c. Als Standfuß dient ein Stoffring, der am Gurt angebunden ist. An den Schnüren unterhalb des Fellringes ist ein Haltegurt aus Stoff befestigt. b = Schlegel (fehlt).
SAMMLER: Mischlich/1903

126 III C 26895 *kalandu*   **Kesseltrommel**
                                        Gurtspannung, doppelte i-Schnürung (Typ A)
      Hausa, Nigeria   **H = 22; D = 22 x 20**

a. Schnüre aus eingedrehtem Leder. Ligatur rundumverlaufend. Gurtschlaufen. Gurt mit Stoff umwickelt.
b. Im Korpus eine runde Öffnung.
c. Zwei elastische Schlegel sind an die Schnüre gebunden.
SAMMLER: Dittrich/1908

127 III C 38332 a, b *kurkutu*   **Sanduhrtrommel, einfellig, offen**
                                        Schnurspannung, Stimmschnüre (Typ C)
      Hausa, Nigeria, Anka   **H = 19; D = ca. 13**

a. Schnüre pflanzlich. Ligatur rundumverlaufend. Die Schnüre sind unten durch gebohrte Löcher geführt. Eine pflanzliche Schnarrsaite.
b. Mittelkörper (Typ A).
f. Vgl. S.121.
SAMMLER der Kat.-Nrn.127–139: Krieger, Menzel/1962

128 III C 38333 a, b *kalangu*   **Sanduhrtrommel, zweifellig**
                                        Schnurspannung, Stimmschnüre (Typ A)
      Hausa, Nigeria, Anka   **H = 42; D = 19**

a. Schnüre aus eingedrehtem Leder.
b. Mittelkörper (Typ B).
c. b = gebogener Schlegel. Stoffgurt an den Spannringen befestigt.
d. Einfache Kerbschnittornamente an den Enden des Mittelkörpers.
f. Vgl. S.118ff.

129   III C 38334 *gwangwaragwandi*   **Bechertrommel, einfellig, offen**
                                              Gurtspannung, doppelte i-Schnürung (Typ A)
      Hausa, Nigeria, Anka   **H = 45; D = 20,5**

a. Schnüre und Gurt aus eingedrehtem Leder. Gurtschlaufen. Eine pflanzliche Schnarrsaite.
   Stimmpaste.
b. Schale konisch. Standfuß (Typ A).
c. Ein Haltegurt aus Stoff ist oben an den Schnüre und unten am Ansatz befestigt.
f. Krieger 1968, S. 402 f.; Meyer 1993b, S:195.

130   III C 38335 a-c *ganga*   **Zylindertrommel, zweifellig**
                                              Schnurspannung, Y-Schnürung (Typ A)
      Hausa, Nigeria, Bayan Dutse   **H = 41; D = 33,5 x 29,5**

a. Schnüre aus eingedrehtem Leder. Zwei Ligaturen aus Lederstreifen und aus eingedrehtem
   Leder halbrundumverlaufend. Eine pflanzliche Schnarrsaite.
b. Korpus leicht faßförmig.
c. An den Spannschnüren ist oben und unten ein Stoffgurt angebracht. Rasselkörper im Inneren des Instruments. b + c = Schlegel (gebogen).
f. Vgl. S.106ff.

131   III C 38336 *kotso*   **Sanduhrtrommel, einfellig, offen**
                                              Schnurspannung, Stimmschnüre (Typ C)
      Hausa, Nigeria, Anka   **H = 43; D = 16**

a. Schnüre aus eingedrehtem Leder. Schnüre sind unten an Bohrlöchern befestigt. Eine pflanzliche Schnarrsaite.
b. Mittelkörper (Typ B).
f. Vgl. S.120f.

132   III C 38337 *tabshi*   **Kesseltrommel**
                                              Gurtspannung, X-Schnürung
      Hausa, Nigeria, Anka   **H = 22; D = 18,5**

a. Schnüre aus eingedrehtem Leder. Schnüre sind unten an einem Querband befestigt, das durch
   Schlaufen mit dem Gurt verbunden ist. Ligatur rundumverlaufend. Eine pflanzliche Schnarrsaite. Stimmpaste.
c. Ein Tragegurt ist oben an den Schnüren und unten am Gurt befestigt.
e. Eintrag im Erwerbungsbuch: „Palasttrommel am Hofe des Königs von Zamfara." Aufschrift
   auf der Membran: „Makada tabla Arka".
f. Vgl. S.114f.

133   III C 38338 a-c *zakka*   **Kesseltrommel**
                                              Gurtspannung, X-Schnürung
      Hausa, Nigeria, Anka   **H = 23; D = ca. 21**

a. Schnüre aus eingedrehtem Leder. Zwei Ligaturen rundumverlaufend. Eine pflanzliche Schnarrsaite.
c. b + c = Schlegel (*makiddi*).
d. Am Korpus Kerbschnitte, abstrakte Malereien und flüchtige Schriftzeichen.
f. Vgl. S.116f.

134   III C 38339 a+b   **Sanduhrtrommel, einfellig, offen**
                                              Schnurspannung, Stimmschnüre (Typ C)
      Hausa, Nigeria, Anka   **H = 25,2; D = 10,5**

a. Schnüre pflanzlich. Schnüre sind unten an Bohrlöchern befestigt.
b. Korpus besteht aus einer Gyandama-Kalebasse (sanduhrförmig). Mittelkörper (Typ B).
c. b = Schlegel.
f. Krieger 1968, S.419.

135   III C 38340 a,b *tambari na kwarya* **Kesseltrommel**
                                              Gurtspannung, Y-Schnürung (Typ A)
      Hausa, Nigeria, Anka   **H = 22; D = 39,5 x 36**

a. Schnüre aus eingedrehtem Leder. Einzelne Ligaturen teils aus eingedrehtem Leder, teils aus
   Lederstreifen. Gurtschlaufen. Eine Schnarrsaite aus eingedrehtem Leder.

b. Korpus besteht aus einer Kalebassenhälfte. Der Gurt dient zugleich als Standfuß.
c. b = Schlegel.
f. Vgl. S.115f.

136 III C 38341 a, b *gwazogwazo* **Kesseltrommel**
Gurtspannung, X-Schnürung
Hausa, Nigeria, Anka **H = 32; D = 22**

a. Schnüre aus eingedrehtem Leder. Zwei Ligaturen rundumverlaufend oberhalb des Gurtes.
b. Korpus besteht aus einer Kalebasse.
c. Unten am Gurt und oben an den Schnüren ist ein Tragegurt angebracht. b = Schlegel *(dan kiddy)*.
f. Krieger 1968, S.392.

137 III C 38342 a, b **Rahmentrommel, einfellig, offen**
Klebespannung
Hausa, Nigeria, Anka **H = 4,5; D = 10**

b. Korpus aus Ton.
c. b = Schlegel *(makiddy)*.
f. Krieger 1968, S. 419.

138 III C 38343 a,b *tsintsima* **Bechertrommel, einfellig, offen**
Gurtspannung, X-Schnürung
Hausa, Nigeria, Gwashi **H = 72; D = 30**

a. Schnüre aus eingedrehtem Leder. Stimmpaste. Ligatur rundumverlaufend. Die Schnüre sind am unteren Teil der Schale an ein komplexes Netzwerk geschnürt. Zwei pflanzliche Schnarrsaiten.
b. Schale konisch.
c. Ein Tragegurt aus Stoff ist oben an den Schnüren und unten am Ansatz an einer durch ein Bohrloch geführten Schlaufe befestigt. b = Spanner aus Eisen.
d. Ansatz zur Hälfte mit Leder umwickelt.
f. Krieger 1968, S.401f.; Meyer 1993b, S.195.

139 III C 38344 *banga* **Kesseltrommel**
Gurtspannung, doppelte i-Schnürung (Typ A)
Hausa, Nigeria, Anka **H = 32,5; D = 18,5 x 17**

a. Schnüre aus eingedrehtem Leder. Gurtschlaufen. Gurt mit Stoff umwickelt.
c. Ein Stoffgurt ist oben an den Schnüren und unten am Korpus befestigt.
d. Korpus unten mit Leder umwickelt.
f. Krieger, S. 389f.

SAMMLER der Kat.-Nrn.127–139: Krieger, Menzel/1962

140 III C 44035 **Sanduhrtrommel, zweifellig**
Schnurspannung, Stimmschnüre (Typ B)
Hausa (?), Nigeria (?) **H = 37; D = ca. 6,5**

a. Schnüre aus eingedrehtem Leder. Ligatur rundumverlaufend.
b. Mittelkörper (Typ A).
c. An den Schnüren ist ein Tragegurt befestigt.
e. Instrument laut Erwerbungsbuch aus Nigeria (Hausa); vom Typ her eher aus Nord-Ghana.

SAMMLER: Unbekannt. Laut Erwerbungsbuch „alter Bestand".

141 III C 29627 **Kesseltrommel**
Topfspannung
Igbira, Nigeria **H = 50; D = 24**

a. Schnüre pflanzlich.
b. Korpus aus Ton.

SAMMLER: Frobenius/1912

142 III C 16557 **Sanduhrtrommel, einfellig, offen**
Schnurspannung, Stimmschnüre (Typ C)
Kotopo, Nigeria **H = 28,5; D = 12**

a. Schnüre pflanzlich. Schnüre sind unten an einem Holzring befestigt.
c. Mittelkörper (Typ C).
d. Kerbschnittornamente zwischen den Schalen.
SAMMLER: Flegel/1895

143 III C 16577   **Sanduhrtrommel, einfellig, offen**
                                         Schnurspannung, Stimmschnüre (Typ C)
        Kotopo, Nigeria   **H = 37; D = ca. 14**

a. Schnüre pflanzlich. Schnüre sind unten an einem Holzring befestigt.
b. Mittelkörper (Typ C).
d. Das Korpus ist schwarz gefärbt.
SAMMLER: Flegel/1885

144 III C 30237   **Zylindertrommel, zweifellig**
                                         Schnurspannung, doppelte i-Schnürung (Typ B)
        Laka, Tschad   **H = 46; D = 16**

a. Schnüre aus Leder. Einzelne Ligaturen.
c. Rasselkörper im Inneren des Instruments.
SAMMLER: Logone-Pama-Grenz-Exped./1914

145 III C 21506   **Konustrommel, zweifellig**
                                         Schnurspannung, W-Schnürung (Typ A)
        Musgu, Kamerun oder Tschad   **H = 36,5; D = 27 x 24,5 und 13 x 12**

a. Ohne Fellring. Schnüre aus eingedrehtem Leder. Zwei Ligaturen rundumverlaufend.
SAMMLER: Zipse/1907

146 III C 21507   **Zylindertrommel, zweifellig**
                                         Schnurspannung, doppelte i-Schnürung (Typ B)
        Musgu, Kamerun oder Tschad   **H = 38; D = 33 x 29**

a. Schnüre aus eingedrehtem Leder. Einzelne Ligaturen aus Leder (in Streifen).
c. An einer der Ligaturen ist ein lederner Haltegurt angebracht.
SAMMLER: Zipse/1907

147 III C 28136 *sala*   **Korpus einer Zylindertrommel**

        Nupe, Nigeria   **H = 42; D = ca. 39 x 31,5**
SAMMLER: Frobenius/1911

148 III C 28137   **Konustrommel, einfellig, geschlossen**
                                         Pflockspannung (Typ B), 8 Pflöcke
        Nupe, Nigeria   **H = 54; D = 23**

a. Ohne Fellring. Aus überstehenden Fellzungen sind Schlaufen herausgeschnitten, durch die
   die Pflöcke getrieben sind. 3 Schlaufen je Pflock.
b. Korpus zur Membran hin verjüngt.
c. Ein Tragegurt ist an zwei in das Korpus getriebene Eisenkrampen befestigt.
d. Einfache Kerbschnittornamente.
SAMMLER: Frobenius/1911

149 III C 17726 *day*   **Zylindertrommel, einfellig, offen**
                                         Schnur-Fell-Spannung, doppelte i-Schnürung
                                         (Typ B)
        Tunia, Tschad   **H = 56; D = 15**

a. Membran aus Reptilienhaut. Schnüre und Gurt aus eingedrehtem Leder. Einzelne Ligaturen.
b. Korpus nach unten hin leicht konisch.
c. An den Schnüren ist ein lederner Haltegurt befestigt.
SAMMLER: Dominik/1903

150   III C 29416 *bigetoko*   **Sanduhrtrommel, einfellig, offen**
                                                     Schnurspannung, Stimmschnüre (Typ C)
  Vere, Nigeria   **H = 54; D = 17 x 15**

a. Membran aus Reptilienhaut. Schnüre pflanzlich. Schnüre sind unten an einen mit Leder
    umhüllten Ring befestigt, der mit einem ledernen Standfuß verbunden ist. Ligatur rundum-
    verlaufend.
b. Mittelkörper: Typ A.
f. Vgl. S.123f.

SAMMLER: Frobenius/1912

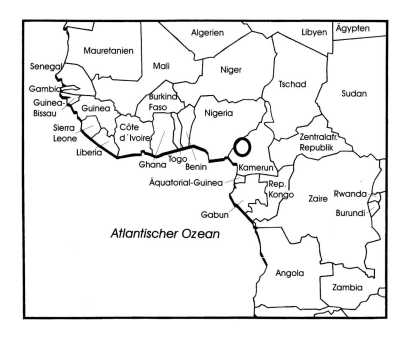

Region 6: Kameruner Grasland

Der Begriff „Kameruner Grasland" wurde während des 19. Jahrhunderts von deutschen Reisenden für das Hochlandgebiet im Westen Kameruns mit seinen von Grasflächen bedeckten Plateaus geprägt (Geary 1983, S.1). Die hier lebenden Bevölkerungsgruppen sprechen verschiedene Dialekte, die gleichermaßen durch Einflüsse der Sudan- und Bantu-Sprachen gekennzeichnet sind (vgl. Koloß 1980, S.69). Innerhalb der Region lassen sich vier ethnische Hauptgruppen unterscheiden: Tikar, Bamun, Bamileke und Bali.

Zu keiner Zeit hat die Bevölkerung des Graslandes eine politische Einheit gebildet. Sowohl die Königreiche der Tikar, Bamun und Bali als auch die vielen kleinen Chefferien der Bamileke waren unabhängige Gesellschaften. Kulturell gibt es hingegen eine Fülle von Gemeinsamkeiten, was sich unter anderem in der hoch ausgebildeten Schnitzkunst zeigt.

Während der deutschen Kolonialzeit hat die Region einen besonderen Reiz auf Forschungsreisende ausgeübt. Ankermann, Thorbeke und viele andere haben sie besucht, und das Museum hat davon in hohem Maße profitiert. Von den kunsthandwerklich herausragenden Trommeln der *Abb.110–112* Sammlung stammt die Mehrzahl aus diesem Gebiet. Die Instrumente unterscheiden sich signifikant von denen benachbarter Gebiete in Nigeria und im Kameruner Regenwald. Aus diesen Gründen ist dem vergleichsweise kleinen Areal – als „Enklave" innerhalb der nachfolgend beschriebenen Region 7 – hier ein eigenes Kapitel gewidmet.

Beschnitzte Trommeln

Die mit Ornamenten beschnitzten Trommeln des Graslandes haben becher-, faß- oder zylinderförmige Resonanzkörper. Die Felle sind mit

Abb.110 Trommler und Männergruppe in Tanzschmuck. Bamun. Kamerun, um 1907.

Abb.111 Trommler und Männergruppe in Tanzschmuck. Bamun. Kamerun, um 1907.

132

Abb. 112 Trommler. Bamun. Kamerun, um 1907.

Nagelspannung befestigt. Die Nägel führt man zumeist durch eine geflochtene Schnur[1], die entweder zusätzlich zum Fellring um das Korpus
gelegt ist oder den Fellring ersetzt.

Trommeln mit angeschnitten Tier- und Menschenfiguren sind stets
Eigentum des Palastes, der Kwifon-Geheimgesellschaft oder der Militärgesellschaften. Sie befinden sich niemals im Besitz einzelner Personen.[2]
Die Militärgesellschaften hatten früher die Aufgabe, das Land zu vertei-
digen und den Gegner mit „gefährlicher" Medizin zu schwächen. Noch
heute treffen sich ihre Mitglieder in manchen Gebieten regelmäßig und
treten u.a. bei Begräbnisfeiern wichtiger Männer zusammen (vgl. Koloß
1982, o.Sz.). Der Kwifon-Geheimbund war einst die wichtigste politische Institution im Grasland. Im Zusammenhalt war er mächtiger als die
Könige. Wer je gegen die Anweisungen des Bundes handelte, riskierte
Krankheit und Unglück (Koloß 1992, S.36). Eine wichtige Stellung nahm
der Bund zudem bei rituellen Handlungen zu Ehren der Vorfahren ein.

In einigen abgelegenen Gebieten konnten sich viele dieser Traditionen
bis heute erhalten. Ein Beispiel dafür bietet das Tikar-Königreich Oku.
Der Berliner Ethnologe Hans-Joachim Koloß hat hier in den siebziger
und achtziger Jahren umfangreiche Feldforschungen durchgeführt und
einer Vielzahl ritueller Handlungen beigewohnt. U.a. finden sich in seinen Feldaufzeichnungen Notizen über eine becherförmige Königstrommel, die anläßlich einer bevorstehenden Totenfeier neu bespannt
wurde. Das Instrument war rundumverlaufend mit zoomorphen Figuren
(Reptilien) beschnitzt. Es wurde von den verschiedenen Masken-
gesellschaften der Prinzen gespielt. Der Trommelbauer Mbei Ndimoh –

Titelbild

Abb. 113–117

---

1 Bisweilen sind die Schnüre auch um die Nägel gelegt.
2 Hans-Joachim Koloß, persönliche Mitteilung 1994.

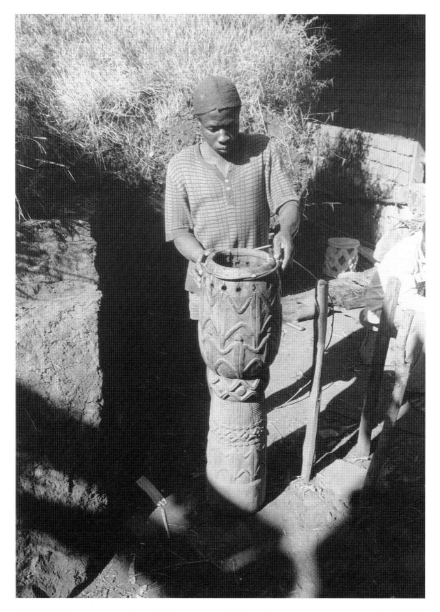

Abb. 113 Bespannung einer Königstrommel. Oku. Kamerun. – Anpassen des Fellringes.

etwa 35 Jahre alt[3] – gehörte zum königlichen Mbele-Klan und war Mitglied im Kwifon-Bund. Er hatte vom Fon (dem König) ein Antilopenfell erhalten, das zunächst mehrere Tage im Wasserbad lag. Der Arbeitsplatz befand sich vor dem Haus des Trommelbauers. Drei Pfähle waren in den Boden gerammt, die Trommel dazwischen gestellt und angebunden. Zunächst deponierte Mbei Ndimoh unter einem Stein eine Medizin, bestehend aus Gräsern und einer Frucht. Er hatte diese Medizin von einem

---

3   Die Aufzeichnungen datieren vom 20.11.1977.

Abb.114 Bespannung einer Königstrommel. Oku. Kamerun. – Einnähen des Fellringes.

alten Mann erstanden. Sie soll feindliche Einflüsse von der Trommel fern-
halten. Bei diesem Ritual hielt Mbei die Hände auf dem Rücken. Eigentlich, so erklärte er, dürfe keiner dabei zuschauen, der nicht selbst eine
solche Trommel herzustellen vermag. Denn es sei möglich, mit einer stär-
keren Medizin die Trommel zu zerstören; Kollegen jedoch würden so
etwas nicht tun. Für die Bespannung wurde zunächst ein pflanzlicher
Fellring in die Membran eingenäht. An der Naht befestigte Mbei insgesamt 11 Steine von erheblichem Gewicht, worauf er das Fell über das
Korpus stülpte. Mit einem Holzhammer schlug er dann auf ein Schutz-
holz, das am Fellring angelegt war, bis der Fellring über die Bohrlöcher
im Korpus reichte. Die Nägel wurden zunächst durch eine geflochtene
Schnur und dann durch die Bohrlöcher getrieben. Nachdem auf diese
Weise alle Nägel befestigt waren, legte Mbei die geflochtene Schnur ein
zweites Mal um das Korpus und befestigte es mit Bindfaden. Einen überstehenden Rest der Schnur band er als Tragegurt zu einer Schlaufe. Nach
dem Enthaaren des Felles mit bloßen Händen und feuchter Erde wurde
der überstehende Fellrand abgeschnitten und das Instrument mit einer
Frucht (*gardenegg*, lat. = Solanum melogena) als Medizin behängt.

Die beschnitzten Trommeln werden stets mit Händen gespielt. Sie erklingen vorwiegend bei Begräbnissen und Totengedenkfeiern. Früher
spielte man sie auch anläßlich verschiedener Jahresfeste, die heute jedoch nur noch bei sehr wenigen Bevölkerungsgruppen abgehalten werden.[4] Bei Totengedenkfeiern, die die Verstorbenen gnädig stimmen sollen, begleiten die Trommeln bis heute die „heiligen" Instrumente des
Kwifon-Geheimbundes. Zu ihnen gehören Eisenglocken und ein tornister-
artiges Rasselinstrument *kebak*, bei dem in einen Rahmen aus Elefanten-
haut kleine Glocken befestigt sind. Die *kebak*-Rassel wird von Tänzern
abwechselnd auf dem Rücken getragen. Aufgrund der Tanzbewegungen

Farbt.XIV

---

4   Hans-Joachim Koloß, persönliche Mitteilung 1994.

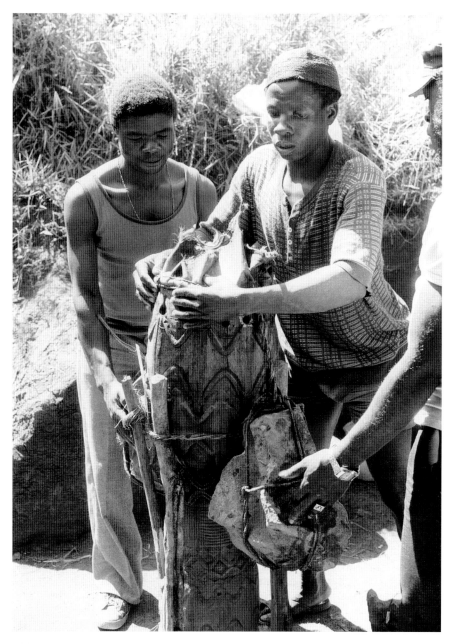

Abb.115 Bespannung einer Königstrommel. Oku. Kamerun. – Membran wird über das Korpus gestülpt, mit Steinen beschwert, bis der Fellring unterhalb der Bohrlöcher sitzt.

schlagen die Glocken gegeneinander und gegen den Rahmen. Die heiligen Instrumente sind mit „gefährlicher Medizin" eingerieben. Durch sie werden die Stimmen des *juju* hörbar. Der Begriff *juju* ist in weiten Teilen West- und Zentralafrikas bekannt und stets mit unterschiedlichen Formen von Zauberei verbunden. Bisweilen wird der Ausdruck auf das französische Wort *jouer* (= „spielen") zurückgeführt (vgl. Waterman 1986,

Abb.116 Bespannen einer Königstrommel. Oku. Kamerun. – Die mit Steinen beschwerte Membran.

S.153). Denkbar wäre auch, daß er aus der Verdoppelung des Ewe-Wortes *dzo* (= „Zauber") entstanden ist. Im Kameruner Grasland bezeichnet *juju* die Masken der Gesellschaften, ihre Medizin und auch die Gesellschaften selbst. „Einen juju machen" bedeutet nach Koloß „soviel wie eine Zauberhandlung durchführen" (Koloß 1977, S.36). Die Trommeln werden nicht gesalbt und gehören somit auch nicht zu den heiligen Instrumenten. Bei geheimen Zeremonien stellt man sie allerdings bisweilen

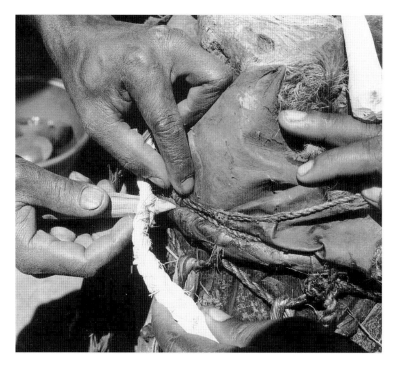

Abb. 117 Bespannung einer Königstrommel. Oku. Kamerun. – Nägel werden durch eine zusätzliche Schnur und dann oberhalb des Fellrings durch die Membran und die Bohrlöcher geführt.

auf Podeste, um zu vermeiden, daß ihr Korpus Abdrücke im weichen Boden hinterläßt, die später auf die Zeremonie deuten könnten.[5]

In einem Film von Koloß werden die Eisenglocken und die Rassel *kebak* während einer Totengedenkfeier in Oku u.a. von zwei beschnitzten Trommeln begleitet, deren Spiel sich weitgehend auf die Unterteilung des Metrum beschränkt (vgl. Filmverzeichnis, Nr.8). Musikalisch interessanter ist das Trommelspiel bei einem ebenfalls filmisch dokumentierten Musikbeispiel einer Militärgesellschaft (vgl. Filmverzeichnis, Nr.9). Anläßlich des Begräbnisses eines alten Mannes tritt sie mit Gesängen auf, die von einem Schraper, einer Gefäßrassel sowie einer schmalen becher- oder zylinderförmigen Trommel und einer breiteren Zylindertrommel begleitet werden. Zahlreiche Teilnehmer schlagen Haumesser gegeneinander, ähnlich wie es bereits Ankermann um 1907 bei den Bamun beobachten konnte (Baumann & Vajda 1959, S.283). Die Haumesser auf der einen Seite sowie der Schraper und die Rassel auf der anderen markieren im Verhältnis von 4 : 3 einzelne Pulse. Auf der schlanken Trommel, die der Musiker schräg zwischen den Beinen hält, erklingt eine auf 12 Pulse sich erstreckende Figur und deren Varianten mit gedämpften und – tiefer klingenden – offenen Schlägen. Die breite Zylindertrommel ist vor dem Musiker aufgestellt. Ihre Figuren sind variabler und erstrecken sich zum Teil über mehrere Pulsationen.

Mbsp.16

Notenbsp.9

Zu den imposantesten Instrumenten der Sammlung gehört eine beschnitzte zylindrische Trommel auf vier Standbeinen (Kat.-Nr.158), die

5 Hans-Joachim Koloß, persönliche Mitteilung 1994.

138

R = offene Schläge mit den Fingern der hohlen Hand nahe am Rand der Membran

M = offene Schläge mit den Fingern der leicht hohlen Hand auf die Mitte der Membran

H = gedämpfte Schläge mit den Fingern der leicht hohlen Hand auf die Mitte der Membran

O = offene Schläge mit den Fingern der flachen Hand auf die Mitte der Membran, der Handballen trifft auf den Rand der Membran

G = gedämpfte Schläge mit den Fingern der flachen Hand auf die Mitte der Membran, der Handballen trifft auf den Rand der Membran

⑫   Pulse/Min ≈ 540

	❶						❷						
Haumesser	X · · X · · X · · X ·	·	X · · X · · X · · X · ·	etc.
Rassel/ Schraper	X · · · X · · · X · ·	·	X · · · X · · · X · · ·	etc.
Schlanke Zylindertro.	R · · G G · G · G · ·	·	R · · R · G R · G · · ·	etc.
Breite Zylindertr.	· · O · O · O · O · O ·		O · O · O · O · O · O ·	

	❸						❹					
Rassel/ Schraper	X · · X · · X · · X ·	·	X · · X · · X · · X ·	
Breite Zylindertr.	O · O · O · O · O · O H̆	·	· · O · O · O · O · O · · H̆	

	❺				
Rassel/ Schraper	X · · X · · X · · ·	
Breite Zylindertr.	· · O · O · O · · H̆	

Notenbeispiel 9

laut Erwerbungsbuch aus „Fontschanda" (bei Beumers und Koloß: „Foncanda")[6] stammt. Nach einer Karte bei Thorbeke liegt dieser Ort südlich von Bamun am Fluß Nde. Es handelt sich vermutlich um eine der kleinen Chefferien der Bamileke. Der Sammler Oldenburg bemerkt in einem Brief vom 29. Juli 1886[7], daß das Instrument urspünglich dem Großvater des damaligen Oberhauptes gehörte.   *Farbt.XV*

Die Trommel ist rundumverlaufend mit Reliefs anthropomorpher und zoomorpher Figuren beschnitzt. Das Korpus ruht auf vier Standbeinen   *Abb.118* in Form von Büffelköpfen mit auffallend großen und scharfen Zähnen. Der Büffel gehört im Grasland neben dem Elefanten, dem Leoparden und der Schlange zu den „Vier Königstieren".[8] Daher wurden die Königstrommeln mit Büffelfellen bespannt. Ferner sind die Masken der Geheimbünde häufig als Büffelköpfe geschnitzt (Geary 1983, S.111). Der Resonanzkörper der Trommel zeigt anthropomorphe Figuren beim Ver-

---

6   Vgl. Beumers & Koloß 1992, S.306, Kommentar zur Abb. 33.
7   Museum für Völkerkunde SMPK, Aktennr.469/16.
8   Hans-Joachim Koloß, persönliche Mitteilung 1995.

Abb.118 Beschnitzte Wandung einer Trommel aus Foncanda. Kamerun. Kat.-Nr.158.

richten alltäglicher Arbeiten, außerdem Krokodile sowie Schlangen und Spinnen, die beide eine wichtige Rolle in der Mythologie des Graslandes spielen. Die Schlange gilt bei manchen Bevölkerungsgruppen als Symbol für die Ahnen, und im nordwestlichen Grasland hieß es einst, daß die Vorfahren den Oberhäuptern in Gestalt der Python erscheinen (ebd., S.92). Die Erdspinne gilt als personifizierte Weisheit, da sie den Ahnen besonders nahe ist:

> ... diese Spinne hat, da sie in einem Erdloch lebt, eine vertrauliche Beziehung zu den Ahnen. Entsprechend der Auffassung vieler Grasland-Gruppen, leben die Ahnen in einer Welt unterhalb des Erdbodens, die eine genaue Spiegelung der Welt oberhalb des Erdbodens darstellt (Geary 1983, S.94; Übersetzung aus dem Englischen: A. Meyer).

Die Reliefs der Trommel verdeutlichen die kunsthandwerkliche Fertigkeit der Grasland-Schnitzereien, die sich nicht zuletzt aus dem hohen Ansehen der Schnitzer innerhalb der Gesellschaften erklärt (vgl. ebd., S.86). Heute besitzen die anthropomorphen und zoomorphen Figuren allerdings kaum mehr eine tiefere Bedeutung. Die Königstiere etwa dienen lediglich als Erkennungszeichen des Hofes. Man achtet eher auf die ästhetische Qualität der kunsthandwerklichen Arbeiten als auf die Symbolik.[9]

Im oben erwähnten Brief Oldenburgs finden sich einige Notizen über die Umstände der Erwerbung des repräsentativen Instrumentes:

> Und (wie) wunderte ich mich, daß sich der Mann (der *Chief*) überreden ließ, mir die Trommel abzulassen, nachdem sich schon vorher diverse

---

9   Hans-Joachim Koloß, persönliche Mitteilung 1994.

Abb.119 Beschnitzte
Trommel.
Bamoungong.
Kamerun. Kat.-
Nr.156.

Herren, darunter der Bezirksamtmann von Jabassi, zu dessen Wirkungs-
kreis das Dorf gehörte, vergeblich bemüht haben, die Trommel zu bekommen. Interessieren dürfte Sie auch, daß ich die Trommel nicht so ohne
weiteres ausgeliefert bekam, sondern dieselbe wurde von Leuten des Häupt-
lings bei Nacht weggetragen, nachdem ich zuvor dem Häuptling ebenfalls
bei Nacht den Kaufpreis eingehändigt hatte. Und erst in Jabassi bekam
ich die Trommel ausgeliefert. Ob dieser Vorgang nun damit zusammen-
hängt, daß die Trommel vielleicht Eigentum des ganzen Dorfes[10] war oder
auf einen Aberglauben beruht, konnte ich leider nicht erfahren.

Neben dem Instrument aus Foncanda besitzt das Museum eine Reihe
weiterer repräsentativer Palasttrommeln. Ein ebenfalls zylindrisches Instrument (Kat.-Nr.156) stammt aus der Bamileke-Chefferie Bamoungong. *Abb.119*
Es steht auf vier Standbeinen in Form zweier weiblicher und zweier männ-
licher anthropomorpher Figuren. Am Korpus oberhalb der Standbeine
sind drei Schlangen angeschnitzt, zwei einköpfige und eine doppelköpfige.
Letztere läßt sich als Zeichen für die Macht des Königs interpretieren,
der wie die zweiköpfige Schlange in der Lage ist, an zwei Fronten gleich-

<hr>

10 Die beschnitzten Trommeln waren stets Eigentum der Gemeinschaft (vgl. S.133).

Abb.120 Beschnitzte Trommel. Kom. Kamerun. Kat.-Nr.177.

Abb.120

Abb.121

Abb.122

zeitig zu kämpfen (vgl. ebd., S.92). Eine Bechertrommel der Tikar-Grup-
pe Kom (Kat.-Nr.177) ist mit zoomorphen Figuren beschnitzt, u.a. mit
kreuzförmigen Ornamenten, die sich als stilisierte Spinnen oder Frösche
interpretieren lassen (vgl. ebd., S.94). Ähnliche Ornamente sind an den
Standfüßen zweier Trommeln aus Bafum (Kat.-Nr.161 und 162) herausgearbeitet. Bei einer Faßtrommel aus Bali (Kat.-Nr.155) ist eine vorste-

Abb. 121 Beschnitzte Trommel. Bafum. Kamerun. Kat.-Nr. 162.

Farbt. XVI

hende Halterung für einen Tragegurt in Form eines Frosches angeschnitzt.
Der Frosch gilt nach Geary im Grasland als Symbol für die Fruchtbar-
keit (ebd., S. 94). Das Korpus der Faßtrommel ist ferner mit menschlichen Gesichtern oder Masken beschnitzt, die zum Teil schwarz angemalt
sind. Im Ausdruck identische Gesichter weisen anthropomorphe Skulp-
turen an einem ebenfalls im Museum aufbewahrten Holzbett aus Bamenda
(III C 21571) auf.

Abb.122 Beschnitzte Trommel. Bali. Kamerun Kat.-Nr.155. Vgl. Farbt.XVI.

Fesselstab-Reibtrommeln

Reibtrommeln sind in weiten Teilen West- und Zentralafrikas verbreitet. In den meisten Fällen handelt es sich um sogenannte „Fesselstab-Reibtrommeln", bei denen ein Stab aus Holz, Bambus oder Schilfrohr durch eine Öffnung in der Membran geführt ist und befestigt wird. Der Spieler reibt mit der Innenhand den Stab, sodaß die Membran indirekt in Schwingung versetzt wird.

Bei den Instrumenten im Grasland ist der Stab stes von außen durch die Membran geführt. Der Spieler hält das Korpus zwischen Unterarm und Taille und reibt den Stab mit der freien Hand. Normalerweise erklingen die Reibetrommeln zu rituellen Anlässen. In einigen Kulturen gelten sie als geheime Instrumente.[11] In Oku gehören sie zum Instrumentarium der Chong-Gesellschaft, in der die einflußreichen, zumeist älteren Männer des Königreiches organisiert sind. In einem 1977 entstandenen Film von Koloß tritt die Gesellschaft anläßlich des Totenfestes zum Gedenken der verstorbenen Königsmütter auf (vgl. Filmverzeichnis, Nr.10). Das Begleitensemble für ihre Tänze und Gesänge besteht aus einem randgeblasenen Rohr, das in eine mit Wasser gefüllte Kalebasse gehalten wird, einer Gefäßrassel, einer Eisenglocke, einer kleinen, mit einer Hand gespielten Bechertrommel und zwei Reibtrommeln. Auf der Bechertrommel und der Glocke werden in gleichmäßigen Abständen Beat und Off-Beat markiert, während der Spieler der Rassel, der zugleich singt, über zwölf Pulse ein *timeline*-artiges Pattern spielt. Auf dem Blasrohr erklingen überwiegend sich wiederholende Tonfolgen im Intervall einer erhöhten Quarte. Der Spieler der ersten Reibtrommel spielt die Varianten einer charakteristischen Figur. Das Spiel der zweiten beschränkt sich zumeist auf die Akzentuierung jedes sechsten Pulses.

Während bei der ersten Trommel die Reibbewegungen den akzentuierten Pulsen weitgehend entsprechen, erklingen auf dem zweiten Instrument langgezogene „Töne", deren Reibbewegungen sich im Schnitt

Farbt.XVII u.
Farbt.XVIII

Notenbsp.10

Notenbeispiel 10

---

11 Hans-Joachim Koloß, persönliche Mitteilung 1995.

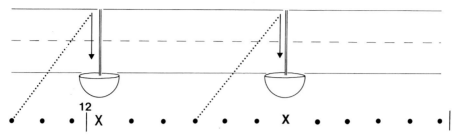

Abb.123 Stabreibtrommelspiel in Oku. Kamerun..

Abb.123

Mbsp.17

Abb.124

auf 4 Pulse verteilen, wobei der Akzent auf dem vierten liegt Zum Glei-
ten sind die Stäbe der Trommeln mit Palmwein eingerieben – vor dem
Auftritt hatte der König die Instrumente mit Palmwein „gesegnet".

Die Reibtrommeln in der Sammlung stammen von den Kom (Kat.-
Nr.175 und 176), den Bamenda (Kat.-Nr.166) und den Bafum (Kat.-
Nr.154). Bei allem Instrumenten sind die Resonanzkörper kesselförmig
und die Membranen mit Gurtspannung befestigt, wobei der Gurt aus
Rotang unterhalb einer angeschnitzen Leiste um das Korpus gelegt ist.
Gurt und Membran sind stets mit Einzelschnüren (ebenfalls aus Rotang)
verbunden. Sie sind unten durch Öffnungen in der angeschnitzten Lei-
ste geführt.

Abb.124 Stabreib-
trommel. Bamenda.
Kamerun. Kat.-Nr.166.

146

Katalog zu Region 6 (Nrn. 151–182)

151 III C 21099

Bafum, Kamerun, Grasland

Bechertrommel, einfellig, offen
Nagelspannung (Typ A), 12 Nägel
H = 107, D = ca. 24 x 26

a. Die Nägel sind durch den Fellring getrieben. Oberhalb der Nägel ist eine geflochtene Lederschnur um den Fellrand gelegt.
b. Schale konisch. Standfuß (Typ A).
d. Kerbschnittornamente.

SAMMLER: Glauning/1906

152 III C 24156

Bafum, Kamerun, Grasland

Bechertrommel, einfellig, offen
Nagelspannung (Typ B)
H = ca. 74; D = 19

a. Nägel sind teilweise durch den Fellring und durch eine geflochtene Schnur getrieben, die um den Fellrand gelegt ist.
b. Schale konisch.
d. Kerbschnitte zwischen zwei angeschnitzten Ringen in der Mitte des Korpus.

SAMMLER: Menzel/1909

153 III C 24163

Bafum, Kamerun, Grasland

Bechertrommel, einfellig, offen
Nagelspannung (Typ A), 26 Nägel
H = 106; D = 26

a. Um den Fellrand ist eine geflochtene Schnur gelegt, durch die die Nägel getrieben sind. Zwei Nägel fehlen.
b. Schale konisch.
d. Ein angeschnitzter Ring zwischen Korpus und Ansatz.

SAMMLER: Menzel/1909

154 III C 26536

Bafum, Kamerun, Grasland

Kesseltrommel
Gurtspannung, Einzelschnüre
H = 23; D = 42

Fesselstab-Reibtrommel
a. Schnüre pflanzlich. Der Gurt ist unterhalb einer angeschnitzten Leiste befestigt. Die Schnüre verlaufen durch Bohrlöcher in der Leiste.
c. Rasselkörper im Inneren des Instruments. Ein geflochtener Handgriff ist an die Schnüre gebunden.
f. Vgl. S.145f.

SAMMLER: Fechtner/1911

155 III C 23726

Bali (Bamessong), Kamerun, Grasland

Faßtrommel, einfellig, offen
Nagelspannung (Typ A), 12 Nägel
H = 105, D = 25

a. Ohne Fellring. Um den Fellrand ist eine geflochtene Schnur gelegt, durch die die Nägel getrieben sind.
b. Korpus zur Membran hin verjüngt. Standfuß (Typ B).
d. Rundumverlaufend angeschnitzte Gesichter (zum Teil schwarz bemalt) und abstrakte Figuren. Eine angeschnitzte Halterung für einen Tragegurt in Form eines Frosches.
f. Vgl. S.142ff. u. Farbtafel XVI.

SAMMLER: Glauning/1909

156 III C 21115

Bamileke (Bamoungong), Kamerun, Grasland

Zylindertrommel, geschlossen
Nagelspannung (Typ B)
H = 123, D = 43

a. Ohne Fellring. Um den Fellrand sind zwei geflochtene Schnüre gelegt, durch die die Nägel getrieben sind.

b. Korpus zur Membran hin verjüngt. 4 Standbeine (Typ B).
d. Standbeine in Form menschlicher Figuren (sitzende Frauen und Männer). Oberhalb der Standbeine ist das Korpus rundumverlaufend mit zwei angeschnitzten einköpfigen Schlangen und einer doppelköpfigen Schlange versehen.
f. Vgl. S.141f.

SAMMLER: Glauning/1906

157 III C 21545

**Bamileke (Bamoungong),
Kamerun, Grasland**

Zylindertrommel, einfellig, offen
Nagelspannung (Typ B)
H = 65; D = 25 x 24

a. Ohne Felllring. Um den Fellrand sind zwei geflochtene Schnüre gelegt, durch die die Nägel getrieben sind.
b. Korpus zur Membran hin verjüngt.
d. Drei ausgeschnittene zoomorphe Figuren (Reptilien) am Korpus. Unterhalb des Fells ein Ring aus Zacken.

SAMMLER: Glauning/1907

158 III C 30682

**Bamileke (Foncanda),
Kamerun, Grasland**

Zylindertrommel, einfellig, offen
Nagelspannung (Typ B)
H = 117; D = 37

a. Ohne Fellring. Um den Fellrand ist mehrfach eine geflochtene Schnur gelegt, durch die die Nägel (aus Eisen) getrieben sind.
b. Korpus zur Membran hin verjüngt. 4 Standbeine (Typ B).
d. Vier Standbeine in Form von Büffelköpfen. Am Korpus rundumverlaufend anthropomorphe und zoomorphe Figuren.
f. Vgl. S.138ff. u. Farbtafel XV

SAMMLER: Oldenburg/1916

159 III C 20634

Bamun, Kamerun, Grasland

Zylindertrommel, geschlossen
Nagelspannung (Typ A), 9 Nägel
H = 58,5; D = 24 x 22

a. Nägel sind durch den Fellring getrieben.
b. Korpus zur Membran hin leicht verjüngt. Standfuß (Typ D) mit Öffnungen.
d. Aufgrund der Öffnungen oberhalb des Sockels ergeben sich zoomorphe Figuren (stilisierte Spinnen); Kerbschnittornamente am Korpus.

SAMMLER: Konietzko/1905

160 III C 21536

Bamun, Kamerun, Grasland

Zylindertrommel, einfellig, offen
Keilringspannung, 3 Keile, doppelte
i-Schnürung (Typ A)
H = 114; D = 23,5

a. Die Membran ist weit über das Korpus gezogen. Gurt und Schnüre pflanzlich. Gurtknoten.
b. Korpus verläuft nach unten hin leicht konisch. Standfuß (Typ B).
c. Herkunft laut Erwerbungsbuch: „Bamuntu".

SAMMLER: Glauning/1907

161 III C 28992

Bamun, Kamerun, Grasland

Zylindertrommel, einfellig, offen
Nagelspannung (Typ B)
H = 112; D = 21 x 20

a. Ohne Fellring. Nägel aus Eisen.
b. Standfuß (Typ C) mit angeschnitzten X-förmigen Ornamenten (stilisierte Spinnen).
f. Vgl. S.142.

SAMMLER: Thorbecke/1908

162 III C 28993

Bamun, Kamerun, Grasland

Zylindertrommel, geschlossen
Nagelspannung (Typ A), 17 Nägel
H = 72; D = 27

a. Die Nägel sind durch den Fellring getrieben.
b. Standfuß (Typ C) mit Öffnungen.
d. Aufgrund der Öffnungen oberhalb des Sockels ergeben sich zoomorphe Figuren (stilisierte Spinnen). Unterhalb der Nägel ein angeschnitzter Ring aus Zacken.
f. Vgl. S.142f.
SAMMLER: Thorbecke/1908

163　III C 28925　　　　　　　　**Bechertrommel, einfellig, offen**
　　　　　　　　　　　　　　　　　　Nagelspannung (Typ B)
Tikar (Bafut), Kamerun, Grasland　**H = 74,5; D = ca. 30**

a. Ohne Fellring. Reste von Stimmpaste, die urspünglich die gesamte Fell-Oberfläche bedeckte.
b. Schale zylindrisch.
d. Ansatz mit Öffnungen.
SAMMLER: Thorbecke/1908

164　III C 21574　　　　　　　　**Zylindertrommel, einfellig, offen**
　　　　　　　　　　　　　　　　　　Nagelspannung, Typ B
Tikar (Bamenda), Kamerun,　　**H = 110; D = 20,5**
Grasland

a. Ohne Fellring. Um den Fellrand ist ein geflochtene Schnur gelegt, durch die die Nägel getrieben sind.
b. Korpus zur Membran hin leicht verjüngt. Standfuß (Typ B).
d. Ein angeschnitzter, gezackter Ring in der Mitte des Korpus. Standfuß mit Zackenornament.
SAMMLER: Hirtler, v. Wenckstein/1907

165　III C 21575　　　　　　　　**Zylindertrommel, einfellig, offen**
　　　　　　　　　　　　　　　　　　Nagelspannung (Typ A). 13 Nägel
Tikar (Bamenda), Kamerun,　　**H = 118,5; D = 21,5**
Grasland

a. Die Nägel sind durch den Fellring getrieben.
b. Korpus nicht zur Membran hin verjüngt. Standfuß (Typ B).
c. Direkt unter den Nägeln ist eine Schnur zum Tragen angebunden.
d. Kerbschnittornamente und ein angeschnitzter Ring unterhalb der Fellbefestigung. Standfuß mit Zackenornamenten.
SAMMLER: Hirtler, v. Wenckstein/1907

166　III C 21577　　　　　　　　**Kesseltrommel**
　　　　　　　　　　　　　　　　　　Gurtspannung, Einzelschnüre
Tikar (Bamenda), Kamerun,　　**H = 23; D = 32**
Grasland

Fesselstab-Reibtrommel
a. Schnüre und Gurt pflanzlich. Gurtknoten. Der Gurt ist unterhalb einer angeschnitzten Leiste befestigt. Die Schnüre verlaufen durch Bohrlöcher in der Leiste.
c. Rasselkörper im Inneren des Instruments.
d. Ein angeschnitzter Ring überhalb des Gurtes.
f. Vgl. S.145f.
SAMMLER: Hirtler, v. Wenckstein/1907

167　III C 22412　　　　　　　　**Zylindertrommel, einfellig, offen**
　　　　　　　　　　　　　　　　　　Nagelspannung (Typ B)
Tikar (Bamenda), Kamerun,　　**H = 115; D = ca. 22**
Grasland

a. Ohne Fellring. Um den Fellrand ist mehrfach eine geflochtene Schnur gelegt, durch die die Nägel getrieben sind. Die Nägel sind aus Metall.
b. Korpus zur Membran hin verjüngt.
d. Angeschnitzte abstrakte Figuren.
SAMMLER: Picht/1908

168 III C 22574

Konustrommel, einfellig, offen
Nagelspannung (Typ B)
H = 113; D = 31

Tikar (Bamenda), Kamerun,
Grasland

a. Ohne Fellring. Die Nägel sind durch eine geflochtene Schnur getrieben, die mehrfach um die Membran gelegt ist.
b. Der obere Durchmesser ist kleiner als der untere. 3 Standbeine (Typ B).
c. Am Korpus unten eine große rechteckige Öffnung.

SAMMLER: Picht/1908

169 III C 24697

Bechertrommel, einfellig, offen
Nagelspannung (Typ A), 7 Nägel
H = 111,5; D = 25 x 22

Tikar (Bamenda), Kamerun,
Grasland

a. Die Nägel sind durch den Fellring getrieben.
b. Korpus zur Membran hin verjüngt. Schale zylindrisch.
d. Ein angeschnitzter Ring zwischen Schale und Ansatz.

SAMMLER: Ankermann/1908

170 III C 24698

Zylindertrommel, geschlossen
Nagelspannung (Typ A), 13 Nägel
H = 61; D = 29

Tikar (Bamenda), Kamerun,
Grasland

a. Nägel sind teilweise durch den Fellring getrieben.
b. Korpus zur Membran hin verjüngt. Vier Standbeine (Typ B).
c. Ein geflochtenes Trageband ist am Fellrand und an einem der Standbeine befestigt.

SAMMLER: Ankermann/1908

171 III C 29681

Zylindertrommel, einfellig, offen
Keilspannung, doppelte i-Schnürung (Typ A)
H = 65; D = 22,5

Tikar (Bamenda), Kamerun,
Grasland

a. Gurt und Schnüre pflanzlich. Gurtknoten. Sämtliche Keile fehlen.
b. Korpus verläuft unten leicht konisch.

SAMMLER: Adametz/1913

172 III C 20636

Bechertrommel, einfellig, offen
Nagelspannung (Typ A), 14 Nägel
H = 121; D = 26,5

Tikar (Kom), Kamerun, Grasland

a. Statt eines Fellringes ist unterhalb der Membran ein hölzerner, mit Leder umhüllter Ring um das Korpus gelegt und mit Schnüren an die Membran gebunden. Um diesen Ring ist mehrfach eine geflochtene Schnur gelegt. Die Nägel sind durch die Schnur und durch den Holzring getrieben.
b. Korpus zur Membran hin leicht verjüngt. Schale kesselförmig. Ansatz nach unten hin konisch.
d. Rundumverlaufend angeschnitzte zoomorphe Figuren (Reptilien, Fledermausköpfe) und abstrakte Ornamente. Ein angeschnitzter Ring zwischen Schale und Ansatz.
f. Vgl. Farbtafel XV.

SAMMLER: Konietzko/1905

173 III C 21263

Faßtrommel, einfellig, offen
Nagelspannung (Typ A), 16 Nägel
H = 107; D = 23,5

Tikar (Kom), Kamerun, Grasland

a. Ohne Fellring. Unterhalb der Membran ist ein mit Leder umhüllter Ring aus Holz um das Korpus gelegt und mit Schnüren an die Membran gebunden. Um den Ring ist eine geflochtene Schnur gelegt. Die Nägel sind durch den Holzring und durch die geflochtene Schnur getrieben.
b. Standfuß (Typ A). Korpus zur Membran hin leicht verjüngt.
d. In der Mitte des Korpus ein angeschnitzter Ring. Oberhalb und unterhalb des Ringes rundumverlaufend angeschnitzte anthropomorphe Figuren.

f. Vgl. Farbtafel XV.

SAMMLER der Kat.-Nrn.173–176: Sauerland/1907

174 III C 21264   **Sanduhrtrommel, einfellig, offen**
                                         Schnurspannung, Stimmschnüre (Typ C)
    Tikar (Kom), Kamerun, Grasland   **H = 41; D = 16,5**

a. Schnüre pflanzlich. Schnüre sind unten an einem Holzring befestigt
b. Mittelkörper (Typ A).
d. Dekor: Drei an- bzw. ausgeschnitzte Ringe zwischen den Schalen.

175 III C 21265   **Kesseltrommel**
                                         Gurtspannung, Einzelschnüre
    Tikar (Kom), Kamerun, Grasland   **H = 25; D = 30**

Fesselstab-Reibtrommel.
a. Schnüre und Gurt pflanzlich. Gurtknoten. Der Gurt ist unterhalb einer angeschnitzten Lei-
    ste befestigt. Die Schnüre verlaufen durch Bohrlöcher in der Leiste.
c. Rasselkörper im Inneren des Instruments.
d. Einfache Kerbschnittornamente (Dreiecke).

176 III C 21266   **Kesseltrommel**
                                         Gurtspannung, Einzelschnüre
    Tikar (Kom), Kamerun, Grasland   **H = 22; D = 38**

Fesselstab-Reibtrommel.
a. Schnüre und Gurt pflanzlich. Gurtknoten. Der Gurt ist unterhalb einer angeschnitzten Lei-
    ste befestigt. Die Schnüre verlaufen durch Bohrlöcher in der Leiste.
c. Rasselkörper im Inneren des Instruments. Haltegriff an zwei Schnüren befestigt.
f. Vgl. S.145f.

SAMMLER der Kat.-Nrn.173–176: Sauerland/1907

177 III C 24933 *tsom*   **Zylindertrommel, einfellig, offen**
                                         Nagelspannung (Typ A), 14 Nägel
    Tikar (Kom), Kamerun, Grasland   **H = 101,5; D = 25**

a. Nägel sind durch den Fellring getrieben. Um die Nägel ist eine geflochtene Schnur gelegt.
b. Standfuß (Typ B).
d. Am Korpus abstrakte und zoomorphe Figuren (u.a. Reptilien).
f. Vgl. S.142.

SAMMLER: Ankermann/1908

178 III C 45286   **Bechertrommel, einfellig. offen**
                                         Nagelspannung (Typ A), 11 Nägel
    Tikar (Oku), Kamerun, Grasland   **H = 110; D = 25 x 24**

a. Nägel sind durch eine geflochtene Schnur getrieben, die mehrfach um das Korpus gelegt ist.
b. Schale zylindrisch. Ansatz nach unten hin verbreitert.
d. Zwischen Schale und Ansatz ein angeschnitzer Ring. Kerbschnitte rundumverlaufend.

Sammler: Koloß/1996

179 III C 20635   **Zylindertrommel, geschlossen**
                                         Nagelspannung (Typ A), 21 Nägel
    Kamerun, Grasland   **H = 94; D = 41 x 40**

a. Nägel sind durch den Fellring getrieben.
b. Standfuß (Typ C) mit Öffnungen.

SAMMLER: Konietzko/1905

180 III C 29692   **Sanduhrtrommel, einfellig, offen**
                                         Schnurspannung, Stimmschnüre (Typ C)
    Kamerun, Grasland   **H = 44; D = 13**

a. Schnüre pflanzlich. Auf den Fellring ist ein weiterer, geflochtener Ring gelegt. Die Schnüre
    sind durch beide Ringe geführt. An der unteren Schale ist eine Stufe herausgearbeitet. Dar-
    unter ein Ring aus Rotang, an dem die Schnüre befestigt sind.
b. Mittelkörper (Typ A).

d. An- bzw. ausgeschnitzte Ringe am Mittelkörper.
e. Herkunft laut Erwerbungsbuch: „Minge, westlich von Bali".

SAMMLER: Adametz/1913

181 III C 29693   **Zylindertrommel, einfellig, offen**
                                          Keilspannung, doppelte i-Schnürung (Typ A)
Kamerun, Grasland   **H = ca. 47,5; D = 19 x 16,5**

a. Schnüre und Gurt pflanzlich. Gurtknoten.
b. Standfuß (Typ B). Korpus nach unten hin leicht konisch.
e. Herkunft laut Erwerbungsbuch: „Minge, westlich von Bali".

SAMMLER: Adametz/1913

182 III C 29740   **Bechertrommel, einfellig, offen**
                                          Nagelspannung (Typ B)
Kamerun, Grasland   **H = 110; D = 21 x 20**

a. Auf den Fellring ist eine geflochtene Schnur gelegt, durch die die Nägel getrieben sind.
b. Korpus zur Membran hin leicht verjüngt. Schale kesselförmig.
d. Ein angeschnitzer Ring zwischen Korpus und Ansatz.

SAMMLER: Adametz/1913

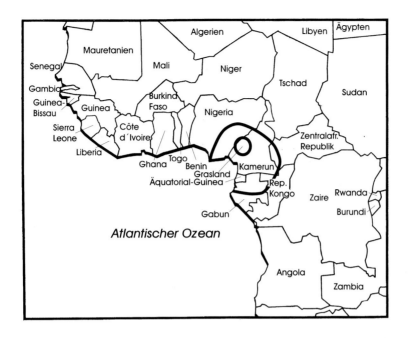

Region 7: Igbo- und Crossriver-Gebiet, Nordwestlicher Regenwald

In der Region 7 sind der Südosten Nigerias sowie die nordwestlichen Teile des zentralafrikanischen Regenwaldes und die angrenzenden Savannengebiete erfaßt. Das Gebiet markiert eine linguistisch heterogene Übergangszone zwischen den Sudan- und Bantu-Kulturen. Während das Igbo zu den Ost-Kwa-Sprachen gehört, bilden die Crossriver-Sprachen (u.a. Efik, Ibibio, Anang) eine der vier Untergruppen des Benue Congo.[1] Im Süden umschließt die Region den Einflußbereich der Fañ und verwandter Bantu-Völker, die in der älteren Literatur unter dem Namen Pangwe zusammengefaßt werden. Sie stammen urspünglich aus Zentral-Kamerun und gelangten in mehreren Einwanderungsschüben in ihr heutiges Siedlungsgebiet in Süd-Kamerun, Äquatorial Guinea und Nord-Gabun, was zur Assimilation zahlreicher hier lebender Ethnien führte (Born 1975, S.698f.). In Nachbarschaft der Fañ leben zudem die Baka-Pygmäen, die verschiedene Musikinstrumente von den Bantu-Völkern übernommen haben.

Kulturell sind die Bantu-Völker im nordwestlichen Regenwald mit den Bevölkerungsgruppen in Südwest-Nigeria verwandt, was sich u.a. anhand verschiedener Tanzformen (vgl. Dauer 1983, S.230) sowie der gebräuchlichen Musikinstrumente ablesen läßt. Die Region entspricht weitgehend dem Verbreitungsgebiet der Trommeln mit Keilspannung. Die bei den Igbo und im Crossriver-Gebiet verwendeten Trommeln sind häufig grob

---

1 In der älteren Afrikanistik wurden die Crossriver-Sprachen bisweilen als „Semi-Bantu" bezeichnet (vgl. Jungraithmayr und Möhlig [Hrsg.] 1983, S.65).

Abb.125 Trommler. Crossriver. Nigeria. Foto: Alfred Mansfeld zw. 1910 und 1914. Aus: Mansfeld 1924, S.97.

Abb.126 Anthropomorphe Trommel. Ngolo. Südwest-Kamerun. Kat.-Nr.241.

Abb.127 Anthropomorphe
Trommel. Kundu. Südwest-
Kamerun. Kat.-Nr.230.

und schmucklos gefertigt. Dennoch spielen sie im gesellschaftlichen Le-   *Abb.125*
ben vielfach bis heute eine wichtige Rolle – etwa zur Repräsentation der
Oberhäupter und zur Ankündigung wichtiger Ereignisse (Njoku 199,
S.48f.). Die Trommeln der Fañ und ihrer Nachbarn sind oftmals kunst-
voller hergestellt. Man unterscheidet hier nach der Größe zwei Typen:
die konische oder zylindrische *mbɛ*, mit einer Höhe von über einem Me-
ter und eine kleinere Zylindertrommel *ngom*. Die Bezeichnung *ngom* ist
in Varianten (*ngoma*, *komma*, *ingomma*, *ngomo*...) in vielen Bantu-Kulturen als allgemeiner Ausdruck für „Trommel" bzw. „Instrument" sowie
als Name bestimmter Trommeln verbreitet.

Während die Resonanzkörper der *mbɛ* und *ngom* stets unten offen sind,
kennt man bei verschiedenen Ethnien in der Region auch geschlossene
becherförmige oder zylindrische Trommeln mit Keilspannung. In der
Sammlung werden mehrere kunsthandwerklich bemerkenswerte Instrumente dieses Typs von den Ngolo in Südwest-Kamerun aufbewahrt. Bei
einem Exemplar (Kat.-Nr.241) ist das Korpus in Form eines weiblichen   *Abb.126*
Unterkörpers geschnitzt. Ein ähnliches Instrument (Kat.-Nr.230) stammt
von den ebenfalls in Südwest-Kamerun lebenden Kundu. Einen Sonder-   *Abb.127*
fall bietet eine zweifellige Zylindertrommel (Kat.-Nr.232) der an der Küste
Südkameruns siedelnden Mabea. Die Membranen des Instruments sind
mit Längsschnüren und Ligaturen befestigt; zwischen den Ligaturen und
der Wandung waren ursprünglich – wie eine Abbildung bei Ankermann
zeigt – Keile getrieben.   *Abb.128–129*

Abb. 128–129 Trommel
der Mabea. Zustand heute
und Zeichnung bei Anker-
mann. Kat.-Nr.232

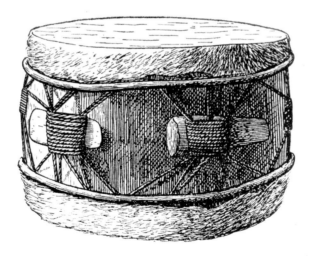

Im Katalog sind auch die Instrumente der Gbaya der Region zugeordnet, die in Ost-Kamerun, Nord-Kongo und im Süden der Zentralafrikanischen Republik leben. Die Kultur der Gbaya, deren Sprache zum Adamawa Ost und damit nicht zur Bantu-Familie gehört, weist auf Verwandtschaften mit westafrikanischen Völkern. Ihre auffälligsten Trommeln sind
Abb.130   durch Pflockspannung (Typ B) gekennzeichnet. Den Resonanzkörpern

Abb.130 Trommel der
Gbaya. Kat.-Nr.200.

sind Standfüße auf schmalen Säulen angeschnitzt. Man spielt die Instrumente paarweise mit Händen, u.a. bei Initiationsfeiern junger Männer.[2]

Mgwa, ukom, ese – Trommelspiele der Igbo

Überwiegend im Süden des Igbo-Gebietes sind Trommelspiele mit
mehreren, aufeinander abgestimmten Instrumenten verbreitet (Nzewi
1977, S.558). Dabei unterscheidet man das *mgwa-* (9 Trommeln), das
ukom- (10 Trommeln) und das *ese*-Set (5 Trommeln).

Die Bauweise der Trommeln ist weitgehend identisch. Ihre Membranen werden mit Keilspannung befestigt und abgestimmt. Die Resonanzkörper sind zylindrisch und unten geschlossen, wobei man sie nur etwa
zur Hälfte ausgehöhlt hat. Ein Instrument des *ese*-Ensembles ist unten
offen. Die Höhe der Wandungen variiert zwischen 11 und 15 cm. Die
offene Trommel ist größer (H = ca. 24 cm).

---

2 Vgl. Simha Arom in: Gansemans und Schmidt-Wrenger 1986, S.100f.

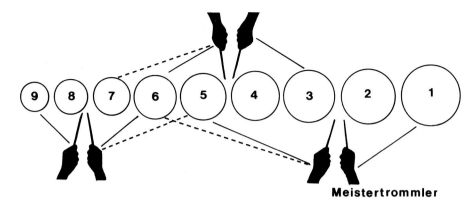

Meistertrommler

Abb.131 *Mgwa*-Set. Anordnung der Instrumente und ihre Verteilung auf die Musiker. Igbo. Nigeria. Nach Nzewi 1977, S.575.

Zur Herstellung finden sich bei Nzewi Informationen verschiedener Trommelbauer. Für die Resonanzkörper verwendet man bevorzugt Rotholz. Es sollte nicht zulange trocken liegen, da es sonst hart und faserig wird. Trocknet es hingegen zu schnell aus, kann es beim Bearbeiten zersplittern. Am geeignesten ist das Holz von Bäumen, die während eines Waldbrandes abgestorben sind. Die Membranen bestehen meistens aus Antilopenfell. Als besonders geeignet gelten die Felle von Tieren, die mit einem Gewehr erschossen werden, weil das Tier dann schnell stirbt und in den Venen des Fells etwas Blut zurückbleibt. Das macht die Membranen dauerhaft und stark. Stirbt ein Tier hingegen langsam, entweicht das Blut aus den Venen, und das Fell wird spröde und reißt leicht ein. Der Mittelteil eines Felles ist wegen seines „tieferen Timbres" am besten für die größeren, die Schulterteile für die mittleren Trommeln geeignet (ebd., S.569f.). Während der Herstellung opfert man – wie vielfach in West- und Zentralafrika üblich – ein Huhn.[3]

Die Musiker spielen die Sets mit jeweils zwei dünnen Schlegeln. Die Instrumente sind in der Tonhöhe ansteigend von rechts nach links angeordnet. Nach Nzewi ergibt sich für das *mgwa*-Set folgende Stimmung[4]:

mgwa: g' – fis' – f' – d' – cis – b – gis – e – C

Die *mgwa*-Trommeln werden von drei Musikern gespielt. Der Meistertrommler bedient die fünf tiefsten und teilweise die sechste, ein Begleiter (*„Receiver-Soloist"*) die dritte bis sechste und teilweise die siebte, ein weiterer Musiker (*„Mixer-Soloist"*) die vier höchsten und teilweise die fünfte Trommel. Das Zusammenspiel richtet sich nach den „Melodien" des Meistertrommlers:

Abb.131

Jeder Musiker [„core-soloist"] spielt eine aus vier bis fünf Noten der Tonreihe sich zusammensetzende Melodie. Receiver- und Mixer Soloist spielen dabei komplementäre Melodien zur Hauptmelodie des Meistertrommlers. Ihre eigenen fundamentalen Melodielinien können Transformationen, Inversionen oder Transpositionen des führenden melodischen Themas sein (ebd., S.619f.; Übersetzung aus dem Englischen: A. Meyer).

3 Nach Nzewi opfert man bisweilen ebenfalls ein Huhn, wenn ein Set längere Zeit nicht gespielt wurde („zur Regeneration") (vgl. Nzewi 1977, S.573).
4 Um den Vergleich der Stimmungen der Trommelsätze zu erleichtern, sind die Skalen transponiert wiedergegeben. Nzewi notiert absolute Tonhöhen (vgl. Nzewi 1977, S.589).

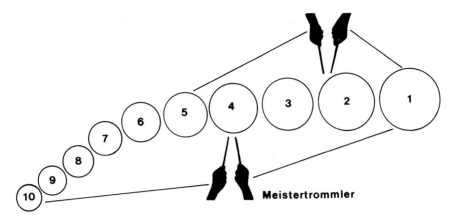

Abb.132 *Ukom*-Set. Anordnung der Instrumente und ihre Verteilung auf die Musiker. Igbo. Nigeria. Nach Nzewi 1977, S.574.

Neben dem Trommelspiel gehören zwei Konustrommeln und mehrere Idiophone zum *mgwa*-Ensemble (ebd., S.454). Der Ausdruck *mgwa* bezeichnet ursprünglich einen Ringkampf, der von den Trommlern musikalisch begleitet wurde. Mittlerweile hat diese Sportart an Popularität verloren und die Ensembles erklingen nun zu verschiedenen gesellschaftlichen Anlässen sowie bei folkloristischen Veranstaltungen (ebd., S.448ff.).

Der Tonumfang ist bei den *ukom*-Trommeln nach Nzewi um einen Halbton größer als beim *mgwa*-Set:

ukom: gis' – fis' – dis' – cis' – c' – b – gis – f – dis – C

Uzoigwe verzeichnet für das *ukom*-Set z.T. abweichende Tonschritte. Die von ihm notierten Cent-Zahlen verdeutlichen, daß die mit europäischer Notation wiedergegebenen Intervalle nur als Anäherungswerte zu verstehen sind (Uzoigwe 1981, S.196). Es scheint allerdings fraglich, ob die Frequenzspektren der Trommeln überhaupt den Tonhöhen in dieser eindeutigen Form zuzuordnen sind.

ukom (nach Uzoigwe):
a' – g' – f' – dis' – c' – b – gis – f – dis – C
115+ 225 140 310 200 200 350 140 310 Cent

Beim Spiel des *ukom*-Sets sitzen sich zwei Musiker gegenüber, wobei der Meistertrommler das gesamte Set bedient, während der „*Receiver-Soloist*" nur auf den fünf tiefsten Trommeln spielt. Die „fundamentale Melodie" gestaltet der Meistertrommler lediglich auf der vierten bis achten Trommel. Der Begleiter spielt überwiegend ostinate Figuren, wobei sich komplexe metrische Zyklen und gegenläufige melodische Schlagfolgen ergeben. Nzewi beschreibt das anhand eines ausgewählten Beispiels:

Abb.132

> Während die ostinate melodisch-akkordische Bewegung eine zyklische Struktur von sechs Pulsen hat[5], bewegt sich das vom Meistertrommler als vollständige fundamentale Melodie gespielte spiegelbildliche Thema in acht Pulsen. Daher bedarf es 24 Pulse bis die beiden Musiker eine vollständige harmonische Runde vollzogen haben und wieder synchron ihre rhythmischen und harmonischen Anfangspunkte erreichen. (...) In der Praxis spielt

---

5   Nzewi verwendet den Begriff *pulse* nicht – wie in der neueren Literatur vielfach üblich – für die kleinste Unterteilung der rhythmischen Struktur, sondern im Sinne von *beat* („steady propulsion") (vgl. Nzewi 1977, S.712).

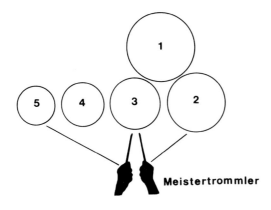

Abb.133 *Ese*-Set. Anordnung der Instrumente. Nach Nzewi 1977, S.574.

der Meistertrommler nur selten mehr als zwei Durchführungen („statements") des grundlegenden Themas bevor er beginnt, melodische Ausweitungen darüber zu erfinden, bis er dann schließlich mit dem ostinaten Zyklus synchronisiert (Nzewi 1977, S. 640; Übersetzung aus dem Englischen: A. Meyer).

Als Begleitinstrumente dienen eine Konustrommel und eine Schlitztrommel. Das Ensemble erklingt überwiegend bei Begräbnisfeiern angesehener Frauen und zu Ehren weiblicher Gottheiten (ebd., S.458f.).

Abb.133 u. Abb.134

Das *ese*-Set wird von einem Musiker gespielt. Nach Nzewi ergibt sich folgende Skala:

ese: dis – cis – H – G – C1

Zum *ese*-Ensemble gehören zwei weitere einfellige Trommeln und zwei Schlitztrommeln. Es erklingt traditionell während der Begräbnisfeiern angesehener Männer (ebd., S.477ff.).

Das Spiel auf den drei Sets ist häufig semantisch zu deuten. Neben lexikalischen Tonhöhen, ist das Igbo durch rhythmische Konstellationen gekennzeichnet, die sich trefflich auf das Trommelspiel übertragen lassen (Echezona 1963, S.48). Viele der überlieferten Melodien sind Imitationen von Textzeilen, die bisweilen während des Spiels auch gesungen werden. Inhaltlich geht es meistens um lokale, alltägliche Begebenheiten und „philosophische Anekdoten über die Gesellschaft und das Leben im allgemeinen" (Nzewi 1977, S.613).

Die drei im Museum aufbewahrten Sets (Kat.-Nr.204–227) wurden von dem nigerianischen Musiker und Musikwissenschaftler Meki Nzewi für die Abteilung Musikethnologie hergestellt. Ferner finden sich in der Sammlung vier unten offene Trommeln der Ekoi aus dem Crossriver-Gebiet (Kat.-Nr.192, 193, 194, 195).[6] Sie gehören laut Erwerbungsbuch zu einem aus neun Instrumente bestehenden „Orchester". Möglicherweise handelt es sich hier ebenfalls um eine Art Trommelspiel.

Mbɛ und *ngom* (Trommeln der Fañ und benachbarter Ethnien)

Bei den typischen Trommeln der Fañ liegen die Gurte der Keilspannung fast immer direkt unterhalb der Membranen in Schlaufen[7]. Die Gurte werden aus Rotang gefertigt, die Membranen aus Antilopenfell (Norborg

---

6   Die fehlenden Instrumente sind vermutlich durch die Auslagerung während des Zweiten Weltkrieges verlorengegangen.
7   Im Katalog: Gurtschlaufen.

Abb.134 *Ese*-Set. Igbo. Nigeria. Kat.-Nr.213–217.

1989, S.192). Häufig sind die Instrumente mit kunstvoll beschnitzten Standfüßen bzw. dekorierten Korpusenden versehen.

Die größeren *mbɛ*-Trommeln *(mbei, mbeñy, mbeng)*[8] werden aus leichtem Holz hergestellt. Sie sind mehrheitlich mit erhabenen, nach unten spitz zulaufenden Dreiecken beschnitzt, die wiederum vielfältig verziert sind. Tessmann hat diese Form der Ornamentierung, die er als „einen Triumph der Kerbschnitzerei" bezeichnete (Tessmann 1913, Bd.1, S.258), mit Abreibungstechnik dokumentiert. Im allgemeinen befinden sich die Dreiecksmuster zwischen zwei Ringen, die unterhalb der Fellbefestigung und oberhalb des Standfußes angeschnitzt sind. Bisweilen unterteilt ein weiterer an- oder ausgeschnitzter Ring das Korpus in der Mitte. Die Dreiecke sind z.T. mit unterschiedlichen runden oder halbrunden Figuren verziert. Neben diesen abstrakten Ornamenten findet man stilisierte Tierfiguren. Typisch ist die Darstellung des Warans, der auch bei den im Faŋ-Gebiet weit verbreiteten Schmuckrindenplatten ein häufiges Motiv abgibt (ebd. S.244f.). Bei ausgeschnitzten Mustern sind die Rillen meistens mit weißer oder schwarzer Farbe gefärbt. Die Standfüße unterhalb angeschnitzter Ringe sind mit Öffnungen in ein oder zwei Etagen verziert. *Abb.135*

Die *mbɛ*-Trommeln werden mit den Händen gespielt – wie von Hornbostel schreibt – „in der Mitte des Felles mit den Fingerspitzen, am Rande mit den mittleren Phalangengliedern."[9] Von Hornbostel hat im zweiten Band von Tessmanns „Völkerkundlicher Monographie" über die *Pangwe* einen Beitrag zur Musik verfaßt. Die Spielweise kannte er vermutlich aufgrund der Beschreibungen Tessmanns. *Abb.136*

---

8   Vgl. Norborg 1989, S.191f.; Pepper o. J., S.40.
9   Vgl. von Hornbostel, in Tessmann 1913, Bd.2., S.324f.

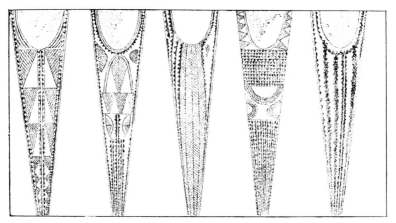

Fig. 1.

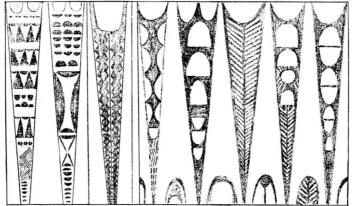

Fig. 2.

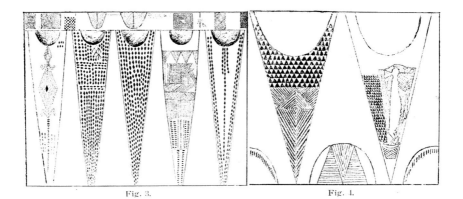

Fig. 3.　　　　　　　　　　Fig. 4.

Abb.135 Kerbschnitzereien bei *mbɛ*-Trommeln. Dokumentiert mit Abreibetechnik. Aus: Tessmann 1913, Bd.1, Abb.112.

Abb.136 Trommler mit *mbɛ*-Typ und Schlitztrommel. Historisches Foto. Dia-Sammlung im Museum für Völkerkunde Berlin, Abt. Musikethnologie. Signatur: Afrika L 56. Publiziert bei Carl Stumpf 1911, S.207. Nach Stumpf dem Katalog der Crossby-Brown Collection (Metropolitan Museum) in New York entnommen (ebd., S.199). Urheber unbekannt.

Bei traditionellen Tänzen der Fañ erklingt die *mbɛ* zusammen mit mehreren Schlitztrommeln unterschiedlicher Größen, von denen eine häufig als Sprechtrommel dient. Einige Beispiele wurde von Herbert Pepper dokumentiert, u.a. ein „Kriegstanz" zu Ehren eines legendären Oberhauptes (vgl. Schallplattenverz. Nr. 11, C 127, A-1). Der Tanz wird von den Angehörigen des Frauenheeres (!) aufgeführt. Auf einer Schlitztrommel und einer *mbɛ* erklingt weitgehend unisono ein schneller ostinater Rhythmus. Der Spieler einer zweiten Schlitztrommel gibt dazu verbal Anweisungen an die Tänzerinnen und „verdoppelt" diese mit der Trommelsprache (Pepper o. J., S.40).

Die *mbɛ* kommt auch bei Begräbnisfeiern zum Einsatz. Aus einem kleinen Ort nahe der ehemaligen deutschen Kolonialstation Lolodorf stammt ein Instrument der Fañ-Untergruppe Ntum, welches der Marine-Oberstabsarzt Hans Waldow 1908 dem Museum übereignete (Kat.-Nr.243). Das Instrument wurde – wie er in einem Brief ans Museum *Abb.137* schreibt – eigens angefertigt, „um bei den Totenfestlichkeiten des Häuptling Ntonga, welcher dort verstorben war, zu dienen."[10]

Ferner erklingen die *mbɛ*-Trommeln im Kontext der Zeremonien verschiedener Kulte und Geheimbünde, etwa zu den Tänzen im „*Sso*-Kult", die – wie Tessmann schrieb – „das Böse, insbesondere die Gewalt des Geschlechtstriebes verbildlichen" (Tessmann 1913, Bd.2, S.61). Bei Zeremonien des Ñgi-Bundes der Fañ wurde die *mbɛ* nach L. C. Leraux zusammen mit einer Schlitztrommel, einem Xylophon und einer Stabzither *mvet* gespielt (Leraux 1925, S.7). In der Akte zur oben erwähnten

---

10 Museum für Völkerkunde, Aktennummer 1621/1908.

Abb.137 *Mbɛ*-Trommeln: V.l.n.r. Kat.-Nr.196 (Fañ, Kamerun), Kat.-Nr.245 („Pangwe", Gabun), Kat.-Nr.243 (Ngumba, Kamerun).

Trommel findet sich neben dem Brief von Hans Waldow eine stichwortartige Beschreibung der Ñgi-Aktivitäten, die vermutlich ebenfalls von Waldow verfaßt wurde:

> Die Ñgîe-Versammlungen finden statt, wenn jemand krank ist oder stirbt oder wenn sie Krieg oder Gift machen wollen. Zum Ñgîe wird getrommelt. Ñgîe kann bei Tag und Nacht stattfinden. Nur die Eingeweihten sind zugelassen. Am Ñgîetag wird gehungert. Sie tanzen manchmal von 6 Uhr morgens bis abends, erst dann gehen sie Essen. Erst tanzen die Kinder, dann kommt der Mwàn (der Oberste des Ñgîe-Bundes) und tanzt und singt.[11]

Die kleinere *ngom* der Fañ wird mit hakenförmigen Schlegeln oder mit Händen gespielt. Der Musiker sitzt entweder vor dem in schräger Position gehaltenen Instrument oder rittlings auf dem Korpus. Bisweilen hält er es stehend in der linken Hand und spielt nur mit einem Schlegel (Norborg 1989, S.190).

Ursprünglich war die *ngom* – wie von Hornbostel schreibt – ein Instrument, das im kriegerischen Kontext zum Einsatz kam (in: Tessmann 1913, Bd.2, S.324f.). Unter anderem erklang sie zur Begleitung von Tänzen, die bei Kriegserklärungen aufgeführt wurden. Nach Pepper werden die Instrumente zur Repräsentation von Würdenträgern gespielt. Er dokumentiert eine Gruppe junger Tänzer der Fañ, die ihre Darbietungen

---

11 Museum für Völkerkunde, Aktennummer 1621/1908.

Abb.138 *Mbɛ*-Trommel. Fañ.
Kamerun. Kat.-Nr.197.

zu Ehren eines Oberhauptes vorführen (vgl. Schallplattenverz. Nr.11, C 126, A-24). Das Begleitensemble besteht aus vier *ngom*-Trommeln, einer Schlitztrommel *(nkou)* und einer Flöte (vgl. Pepper o. J., S.22).

Während die Trommeln der Fañ und einiger ihrer Nachbarn relativ gut dokumentiert sind, findet man zu den Instrumenten anderer verwandter Etnien in der Literatur nur verstreute Hinweise. Die Namen *mbɛ* und *ngom* für größere und kleinere Trommeln mit Keilspannung sind bis weit nach Norden verbreitet. So beschreibt etwa Nekes ein Ensemble der Duala, bestehend aus einer Schlitztrommel und einer Trommel *mbɛ* (ein „bis zur Brust reichender Holzzylinder, der oben mit Ziegen- oder Leopardenfell überspannt ist") sowie einer Trommel *ngom* bzw. *ngomo* („eine Art Pauke") (Nekes 1912/1976, S.300f.). Eine Abbildung bei Pie-Claude Ngumu zeigt eine Zylindertrommel *mbɛ* der Beti in Süd-Kamerun, mit kleinen Standbeinen unterhalb eines angeschnitten Ringes sowie mit geometrischen Ornamenten an den Wandungen, die den Verzierungen auf den Instrumenten der Fañ ähneln (vgl. Ngumu 1976, S.72f. und ebd., Abb. 5,1).

Bei den Mvɔlɔ, einer Untergruppe der Beti haben sich die Trommelnamen auch im Kontext neotraditioneller Musik erhalten. Zur Begleitung von modernen Tanzgruppen erklingen hier u.a. zwei Faßtrommeln *mbɛ mɔɔn* („kleine *mbɛ*") und *mbɛ nyiá* („große *mbɛ*") mit Keilspannung, die in der Art afrokaribischer congas in einem Gestell ruhen und mit Händen gespielt werden.[12] Bei den ebenfalls in Süd-Kamerun, nahe der Stadt Sangmelina lebenden Bulu erklingen bei einem modernen Tanz *(Danse Mebutu)* u.a. vier kleinere zylindrische Trommeln mit Keilspannung, de- *Farbt.XIX(1)*

Abb.139 *Ngom*-Typ. Kamerun. Kat.-Nr.251.

Farbt.XIX(2)
Mbsp.18
ren tiefste als *nnóm ngom* bezeichnet wird. Der Musiker sitzt auf dem seitlich liegenden Instrument, spielt mit den Händen und verändert die Tonhöhe bisweilen, indem er die Ferse gegen die Membran preßt.[13]

Rittlings auf den Resonanzkörpern sitzen auch die Trommler der im Norden Gabuns lebenden Bibayak-Pygmäen, die die *mbɛ* von den Fañ übernommen haben (Norborg 1989, S.204). Die Bibayak bezeichnen diese Trommeln als *ndumu*. Bei ihnen begleiten sie unter anderem die charakteristischen, zumeist mehrstimmigen Jodel-Gesänge. Sie werden mit beiden Händen gespielt, mit Schlagtechniken am Rand und in der Mitte der Membran (Sallée 1989, S.5f.). Musikbeispiele hierzu sind auf ein CD mit Aufnahmen von Pierre Sallée veröffentlicht (vgl. Schallplattenverz. Nr.10, 1 + 3).

Das Museum besitzt neben dem oben beschriebenen Instrument aus der Sammlung von Waldow fünf weitere *mbɛ*-Trommeln. Bei einem Exemplar (Kat.-Nr.197) ist der Gurt nach Art der Topfspannung direkt um den Membranrand gelegt bzw. durch Löcher in der Membran geführt und mit Keilen befestigt. Während die bei Norborg abgebildeten *ngom*-*Abb.138* Trommeln der Fañ ähnlich kunstvolle Ornamentierungen aufweisen wie die *mbɛ* (Norborg 1989, S.189, Abb.33), sind die kleineren Zylindertrommeln aus der Region, die im Museum aufbewahrt werden, weitgehend schmucklos. Einige Instrumenten aus dem südlichen Kamerun (u.a. *Abb.139* Kat.-Nr.251, 242, 261) weisen als Dekor einige Öffnungen am unteren Korpusende auf.[14]

---

12 Die Musik dieses Ensembles ist im Museum für Völkerkunde, Abteilung Musikethnologie unter der Sammlung Simon, Kamerun 1984 Archiv-Nummern M 25169 – M 25177 archiviert und dokumentiert.

13 Museum für Völkerkunde, Abteilung Musikethnologie, Sammlung Simon, Kamerun 1984, Archivnummern M 25224 – M 25232.

14 Im Katalog: Standfuß (Typ D).

Katalog zu Region 7 (Nrn. 183–261)

183 III C 21873
Anyang, Kamerun oder Nigeria

Zylindertrommel, einfellig, offen
Gurtspannung, doppelte i-Schnürung (Typ A)
H = 64; D = 17 x 15,5

a. Schnüre und Gurt pflanzlich. Gurtknoten.
d. Angeschnitzte zoomorphe Figuren (Reptilien). Membran mit abstrakten Ornamenten bemalt.
e. Laut Erwerbungsbuch eine Trommel des „Ngbe-Geheimbundes".

SAMMLER der Kat.-Nrn.183–186: Adametz/1908

184 III C 21874
Anyang, Kamerun oder Nigeria

Zylindertrommel, einfellig, offen
Gurtspannung, doppelte i-Schnürung (Typ A)
H = 60; D = 18 x 15

a. Gurt und Schnüre pflanzlich. Gurtknoten. Lochpunkte in der Membran.
b. Korpus zur Membran hin leicht konisch.
c. Zwei angeschnitzte zoomorphe Figuren (Reptilien); eingebrannte abstrakte Ornamente.

185 III C 21886
Anyang, Kamerun oder Nigeria

Konustrommel, einfellig, offen
Keilspannung, doppelte i-Schnürung (Typ A)
H = 100; D = 24,5 x 22

a. Gurt und Schnüre pflanzlich. Gurtknoten. Keile fehlen.
b. Standfuß Typ C (oberhalb des Sockels fünfeckig).
d. Kerbschnittornamente.

186 III C 21890
Anyang, Kamerun oder Nigeria

Zylindertrommel, einfellig, offen
Gurtspannung, doppelte i-Schnürung (Typ A)
H = 26; D = 12 x 11

a. Membran aus Giraffenhaut. Schnüre und Gurt pflanzlich. Gurtknoten.

SAMMLER der Kat.-Nrn.183–186: Adametz/1908

187 III C 12642
Beti, Kamerun, Waldgebiet

Zylindertrommel, einfellig, geschlossen
Keilspannung, 8 Keile, doppelte i-Schnürung
(Typ A)
H = 65; D = 36,5

a. Schnüre und Gurt pflanzlich. Gurtknoten.
b. 4 Standbeine (Typ A).
d. Ein wellenförmig angeschnitzter Ring oberhalb der Standbeine.
e. Laut Erwerbungsbuch eine Trommel des Ngi-Geheimbundes.

SAMMLER: v. Bülow/1901

188 III C 21807
„Djumperri", Kamerun oder Nigeria

Sanduhrtrommel, einfellig, offen
Schnurspannung, Stimmschnüre (Typ C)
H = 42,5; D= 17 x 15

a. Schnüre pflanzlich. Auf den Fellring ist eine Schnur gelegt, über die die Stimmschnüre geführt sind. Unten sind die Schnüre an einen geflochtenen Holzring unterhalb angeschnitzter Vorspünge gebunden.
b. Mittelkörper (Typ C).
c. Ein Tragegurt aus Leder ist in der Mitte des Korpus angebunden.
e. Zur Herkunft schreibt der Sammler in einem Brief an das Museum vom 15.10.1907: „Die Sachen kommen von den Djumperri (Djomperri/Djampurru), die vor ca. 20 Jahren aus der Gegend südlich Takum (...) in ihre jetzigen Wohnsitze übergesiedelt sind, in die Gegend südlich der Katsena [Katsina], etwa 10° östliche Breite... ." (Museum für Völkerkunde, Aktennr. 2278/07)

SAMMLER: Adametz/1907

189 III C 18883

Zylindertrommel, einfellig, offen
Keilspannung, 4 Keile, doppelte i-Schnürung
(Typ A)

Eket, Nigeria

H = 64; D = 17

a. Schnüre und Gurt pflanzlich. Gurtknoten. 3 Keile fehlen.
d. Unten ist ein Eisenring um das Korpus gelegt.
e. Laut Erwerbungbuch eine „Kriegstrommel".

SAMMLER: Steffenelli/1904

190 III C 18884

Kesseltrommel
Keilspannung, doppelte i-Schnürung (Typ A)

Eket, Nigeria

H = 19,5; D = 15,5

a. Schnüre und Gurt pflanzlich. Gurtschlaufen (umgelegt). Nur drei Keile vorhanden.
Urspüngliche Anzahl der Keile unbestimmt.

SAMMLER: Steffenelli/1904

191 III C 11641

Konustrommel, einfellig, offen
Keilspannung, 3 Keile, doppelte i-Schnürung
(Typ A)

Ekoi oder Ododop,
Kamerun oder Nigeria

H = 32,5; D = ca. 19

a. Schnüre und Gurt pflanzlich. Gurtknoten.
b. Korpus zur Membran hin leicht verjüngt.
c. Am Fell und am Gurt ein kleiner Haltegriff aus Rotang.

SAMMLER der Kat.-Nrn.191–195: Nachlaß Queist/1900

192 III C 11646

Konustrommel, einfellig, offen
Keilspannung, doppelte i-Schnürung (Typ A)

Ekoi, Nigeria

H = 27; D = 16 x 15

a. Membran aus Reptilienhaut. Schnüre und Gurt pflanzlich. Gurtknoten. Keile fehlen.
b. An die Schnüre ist ein Haltegurt gebunden. Unten im Korpus eine runde Öffnung.
e. Eintrag im Erwerbungsbuch: „III C 11545 bis 11654 sollen ein Orchester bilden".
f. Vgl. S.160

193 III C 11648

Zylindertrommel, einfellig, offen
Keilspannung, 3 Keile, doppelte i-Schnürung
(Typ A)

Ekoi, Nigeria

H = 35; D = 16

a. Schnüre und Gurt pflanzlich. Gurtknoten. Zwei Keile fehlen.
b. Korpus leicht konisch.
c. An den Schnüren und am Gurt ist ein Handgriff befestigt.
f. Vgl. S.160.

194 III C 11651

Konustrommel, einfellig, offen
Keilspannung, 2 Keile, doppelte i-Schnürung
(Typ A)

Ekoi, Nigeria

H = 59; D = ca. 15

a. Membran aus Affenhaut, ein Teil des Schwanzes dient als Henkel. Schnüre und Gurt pflanzlich. Gurtknoten.
f. Vgl. S.160.

195 III C 11653

Konustrommel, einfellig, offen
Keilspannung, 3 Keile, doppelte i-Schnürung
(Typ A)

Ekoi, Nigeria

H = 55,5; D = 14

a. Membran aus Affenhaut, ein Teil des Schwanzes dient als Henkel. Schnüre und Gurt pflanzlich. Gurtknoten.
f. Vgl. S.160.

SAMMLER der Kat.-Nrn.191–195: Nachlaß Queist/1900

196 III C 5999 *mbɛ*-Typ   Zylindertrommel, einfellig, offen
                                            Keilspannung, doppelte i-Schnürung (Typ A)
Fañ, Kamerun   H = 116; D = 26 x 24

a. Schnüre und Gurt pflanzlich. Gurtschlaufen. Nur noch ein Keil vorhanden (vermutlich ursprünglich drei).
b. Standfuß (Typ C) mit Öffnungen.
d. Rundumverlaufend angeschnitten abstrakte Figuren (Dreiecke, Halbkreise) zwei angeschnitze Ringe (überhalb des Standfußes und unterhalb der Fellbefestigung).
f. Vgl. S.160ff.

SAMMLER: Oelert/1895

197 III C 7520 *mbɛ*-Typ   Zylindertrommel, einfellig, offen
                                            Keilspannung, 4 Keile
Fañ, Kamerun   H = 94; D = 35 x 24

a. Der (pflanzliche) Gurt ist um das Fell gelegt bzw. zum Teil durch Öffnungen am Fellrand geführt.
b. Korpus zur Membran hin verbreitert. Standfuß (Typ C) mit Öffnungen.
d. Rundumverlaufend angeschnitten abstrakte Figuren. Zwei angeschnitzte Ringe (oberhalb des Standfußes und unterhalb der Fellbefestigung).
f. Vgl. S.160ff.

SAMMLER: Zintgraff/1898

198 III C 18578   Sanduhrtrommel, zweifellig
                                            Schnurspannung, Stimmschnüre (Typ C)
Gbaya, Kamerun oder   H = 45,5; D = ca. 19
Zentralafrikanische Republik

a. Schnüre pflanzlich.
b. Mittelkörper (Typ B).

SAMMLER: v. Stein/1904

199 III C 30337   Korpus einer Konustrommel, einfellig
                                            Pflockspannung (Typ B), 6 Pflöcke
Gbaya, Kamerun oder   H = 126; D = 29
Zentralafrikanische Republik

a. Drei Pflöcke fehlen.
b. Standfuß (Typ C) mit Öffnungen.
c. Drei angeschnitzte Ringe in der Mitte des Korpus.
f. Vgl. S.156f..

SAMMLER der Kat.-Nrn.199–202: Logone-Pama-Grenz-Exped./1914

200 III C 30338   Konustrommel, einfellig, offen
                                            Pflockspannung (Typ B), 6 Pflöcke
Gbaya, Kamerun oder   H = 115; D = ca. 27
Zentralafrikanische Republik

a. Ohne Fellring. Schlaufen aus Fellzungen geschnitten. Drei Schlaufen je Pflock. Zwei Pflöcke fehlen.
b. Standfuß (Typ C) mit Öffnungen.
d. Zwei angeschnitzte Ringe oberhalb des Standfußes.
f. Vgl. S.156f.

201 III C 30339   Konustrommel, einfellig, offen
                                            Pflockspannung (Typ B), 6 Pflöcke
Gbaya, Kamerun oder   H = 109; D = 23
Zentralafrikanische Republik

a. Ohne Fellring. Schlaufen aus Fellzungen geschnitten und mit Rotang umwickelt. Drei Schlaufen je Pflock. Einer der Pflöcke fehlt.
b. Standfuß (Typ C) mit Öffnungen.
d. Kleine eingeritzte Dreiecke am Korpus und an einem angeschnitzten Ring oberhalb des Standfußes.
f. Vgl. S.156f.

202 III C 30340   **Konustrommel, einfellig, offen**
                                              Pflockspannung (Typ B), 6 Pflöcke
Gbaya, Kamerun od. Zentralafrika   **H = 105,5; D = 28**

a. Ohne Fellring. Schlaufen aus Fellzungen geschnitten. 2 Schlaufen je Pflock.
b. Korpus zur Membran hin leicht verjüngt. Standfuß (Typ C).
c. Kerbschnittornamente oberhalb des Standfußes.
f. Vgl. S.156f.

SAMMLER der Kat.-Nrn.199–202: Logone-Pama-Grenz-Exped./1914

203 III C 22780 *ganga*-Typ   **Zylindertrommel, zweifellig**
                                                Schnurspannung, doppelte i-Schnürung (Typ B)
Kamerun   **H = ca. 35; D = 60 x 52**

a. Schnüre aus eingedrehtem Leder. Einzelligaturen aus Leder (in Streifen). Zwei Schnarrsaiten aus gedrehtem Leder auf beiden Membranen.
c. An den Membranrändern ist ein pflanzlicher Tragegurt befestigt.
d. Aufgemalte Ornamente auf beiden Membranen: geometrische Motive und stilisierte Tierfiguren.
f. Vgl. S.111f.

SAMMLER: Reuter/1909

204 VII f 230a *mgba*   **Zylindertrommel, geschlossen**
                                                Keilringspannung, 11 Keile, doppelte i-Schnürung (Typ A)
Igbo, Nigeria   **H = 15; D = 17**

Teil des *mgba*-Trommelspiels.
a. Schnüre und Gurt pflanzlich. Gurtschlaufen (zum Teil umgelegt).
f. Vgl. S.157ff.

SAMMLER der Kat.-Nrn.204–227: Nzewi/1993

205 VII f 230b *mgba*   **Zylindertrommel, geschlossen**
                                                Keilspannung, 6 Keile, doppelte i-Schnürung (Typ A)
Igbo, Nigeria   **H = 14,5 D = 15**

Teil des *mgba*-Trommelspiels.
a. Gurt und Schnüre pflanzlich. Gurtschlaufen.

206 VII f 230c *mgba*   **Zylindertrommel, geschlossen**
                                                Keilspannung, 7 Keile, doppelte i-Schnürung (Typ A)
Igbo, Nigeria   **H = 13,5; D = 15**

Teil des *mgba*-Trommelspiels.
a. Gurt und Schnüre pflanzlich. Gurtschlaufen.

207 VII f 230d *mgba*   **Zylindertrommel, geschlossen**
                                                Keilspannung, 7 Keile, doppelte i-Schnürung (Typ A)
Igbo, Nigeria   **H = 12,5; D = 14 x 13,5**

Teil des *mgba*-Trommelspiels.
a. Gurt und Schnüre und pflanzlich. Gurtschlaufen (umgelegt).

208 VII f 230e *mgba*   **Zylindertrommel, geschlossen**
                                                Keilspannung, 6 Keile, doppelte i-Schnürung (Typ A)
Igbo, Nigeria   **H = 12, D = 12**

Teil des *mgba*-Trommelspiels.
a. Schnüre und Gurt pflanzlich. Gurtschlaufen.

209 VII f 230f *mgba*   **Zylindertrommel, geschlossen**
                                                Keilspannung, 6 Keile, doppelte i-Schnürung (Typ A)

Igbo, Nigeria   H = 12; D = ca. 12,5

Teil des *mgba*-Trommelspiels.
a. Gurt und Schnüre pflanzlich. Gurtschlaufen.

210 VII f 230g *mgba*   **Zylindertrommel, geschlossen**
                                      Keilspannung, 6 Keile, doppelte i-Schnürung
                                      (Typ A)
     Igbo, Nigeria   **H = 11; D = 11,5**

Teil des *mgba*-Trommelspiels.
a. Gurt und Schnüre pflanzlich. Gurtschlaufen.

211 VII f 230h *mgba*   **Zylindertrommel, geschlossen**
                                      Keilspannung, 6 Keile, doppelte i-Schnürung
                                      (Typ A)
     Igbo, Nigeria   **H = 11; D = 12**

Teil des *mgba*-Trommelspiels.
a. Gurt und Schnüre pflanzlich. Gurtschlaufen.

212 VII f 230i *mgba*   **Zylindertrommel, geschlossen**
                                      Keilspannung, 5 Keile, doppelte i-Schnürung
                                      (Typ A)
     Igbo, Nigeria   **H = 11; D = 10,5**

Teil des *mgba*-Trommelspiels.
a. Gurt und Schnüre pflanzlich. Gurtschlaufen (umgelegt).

213 VII f 231 *ese*   **Zylindertrommel, einfellig, offen**
                                      Keilspannung, 6 Keile, doppelte i-Schnürung
                                      (Typ A)
     Igbo, Nigeria   **H = 24; D = 19,5**

Teil des *ese*-Trommelspiels.
a. Gurt und Schnüre pflanzlich. Gurtschlaufen (umgelegt).
d. Unten am Korpus zwei herausgesägte Zacken.
f. Vgl. S.157ff.

214 VII f 232a *ese*   **Zylindertrommel, geschlossen**
                                      Keilspannung, 7 Keile, doppelte i-Schnürung
                                      (Typ A)
     Igbo, Nigeria   **H = 14; D = 17**

Teil des *ese*-Trommelspiels.
a. Gurt und Schnüre pflanzlich. Gurtschlaufen (umgelegt).

215 VII f 232b *ese*   **Zylindertrommel, geschlossen**
                                      Keilspannung, 7 Keile, doppelte i-Schnürung
                                      (Typ A)
     Igbo, Nigeria   **H = 14; D = 14,5**

Teil des *ese*-Trommelspiels.
a. Gurt und Schnüre und Keilring pflanzlich. Gurtschlaufen (umgelegt).

216 VII f 232c *ese*   **Zylindertrommel, geschlossen**
                                      Keilspannung, 6 Keile, doppelte i-Schnürung
                                      (Typ A)
     Igbo, Nigeria   **H = 13,5; D = 13**

Teil des *ese*-Trommelspiels.
a. Gurt und Schnüre pflanzlich. Gurtschlaufen.

217 VII f 232d *ese*   **Zylindertrommel, geschlossen**
                                      Keilspannung, 5 Keile, doppelte i-Schnürung
                                      (Typ A)
     Igbo, Nigeria   **H = 13,5; D = 12**

Teil des *ese*-Trommelspiels.
a.   Gurt und Schnüre pflanzlich. Gurtschlaufen.

218 VII f 233a *ukom*	**Zylindertrommel, geschlossen** **Keilspannung, 7 Keile, doppelte i-Schnürung** **(Typ A)**
Igbo, Nigeria	**H = 15; D = 16,5**

Teil des *ukom*-Trommelspiels.
a.   Gurt und Schnüre pflanzlich. Gurtschlaufen (umgelegt)
f.   Vgl. S.157ff.

219 VII f 233b *ukom*	**Zylindertrommel, geschlossen** **Keilspannung, 7 Keile, doppelte i-Schnürung** **(Typ A)**
Igbo, Nigeria	**H = 14; D = 18 x 16**

Teil des *ukom*-Trommelspiels.
a.   Gurt und Schnüre pflanzlich. Gurtschlaufen (umgelegt).

220 VII f 233c *ukom*	**Zylindertrommel, geschlossen** **Keilspannung, 8 Keile, doppelte i-Schnürung** **(Typ A)**
Igbo, Nigeria	**H = 13,5; D = 13**

Teil des *ukom*-Trommelspiels.
a.   Schnüre und Gurt pflanzlich. Gurtschlaufen (umgelegt).

221 VII f 233d *ukom*	**Zylindertrommel, geschlossen** **Keilspannung, 6 Keile, doppelte i-Schnürung** **(Typ A)**
Igbo, Nigeria	**H = 13,5; D = 13,5**

Teil des *ukom*-Trommelspiels.
a.   Gurt und Schnüre pflanzlich. Gurtschlaufen (umgelegt).

222 VII f 233f *ukom*	**Zylindertrommel, geschlossen** **Keilspannung, 6 Keile, doppelte i-Schnürung** **(Typ A)**
Igbo, Nigeria	**H = 12,5; D = 14,5 x 13,5**

Teil des *ukom*-Trommelspiels.
a.   Gurt und Schnüre pflanzlich. Gurtschlaufen (umgelegt).

223 VII f 233e *ukom*	**Zylindertrommel, geschlossen** **Keilspannung, 7 Keile, doppelte i-Schnürung** **(Typ A)**
Igbo, Nigeria	**H = 11,5; D = 12,5**

Teil des *ukom*-Trommelspiels.
a.   Gurt und Schnüre pflanzlich. Gurtschlaufen (umgelegt).

224 VII f 233g *ukom*	**Zylindertrommel, geschlossen** **Keilspannung, 6 Keile, doppelte i-Schnürung** **(Typ A)**
Igbo, Nigeria	**H = 13; D = 13 x 12**

Teil des *ukom*-Trommelspiels.
a.   Gurt und Schnüre pflanzlich. Gurtschlaufen (umgelegt).

225 VII f 233h *ukom*	**Zylindertrommel, geschlossen** **Keilspannung, 5 Keile, doppelte i-Schnürung** **(Typ A)**
Igbo, Nigeria	**H = 12; D = 11,5**

Teil des *ukom*-Trommelspiels.
a.   Gurt und Schnüre pflanzlich. Gurtschlaufen (umgelegt).

226 VII f 233i *ukom*
                                             Zylindertrommel, geschlossen
                                             Keilspannung, 5 Keile, doppelte i-Schnürung
                                             (Typ A)
    Igbo, Nigeria   H = 11,5; D = 12

Teil des *ukom*-Trommelspiels.
a.   Gurt und Schnüre pflanzlich. Gurtschlaufen.

227 VII f 233j *ukom*
                                               Zylindertrommel, geschlossen
                                             Keilspannung, 5 Keile, doppelte i-Schnürung
                                             (Typ A)
    Igbo, Nigeria   H = 11,5; D = 12,5

Teil des *ukom*-Trommelspiels.
a.   Gurt und Schnüre pflanzlich. Gurtschlaufen (umgelegt).
SAMMLER der Kat.-Nrn.204–227: Nzewi/1993

228 III C 14487
                                               Zylindertrommel, einfellig, offen
                                             Keilspannung, 10 Keile, doppelte i-Schnürung
                                             (Typ A)
    "Jassa", Kamerun   H = 119; D = ca. 30,5

a.   Schnüre und Gurt pflanzlich. Gurtknoten. In der Membran zwei Lochpunkte.
b.   4 Standbeine (Typ A).
d.   Angeschnitzte und aufgemalte abstrakte Figuren.
e.   Laut Erwerbungsbuch eine Kriegstrommel der „Jassa" die nur noch „300–400 Köpfe" stark
      waren (wohl zum Zeitpunkt der Sammlung).
SAMMLER: Schulz/1902

229 III C 20198
                                               Zylindertrommel, einfellig, offen
                                             Keilspannung, 4 Keile, doppelte i-Schnürung
                                             (Typ A)
    Keaka, Kamerun   H = 33; D= 19 x 18

a.   Schnüre und Gurt pflanzlich. Gurtknoten. Drei Keile fehlen.
b.   Korpus leicht konisch. Standfuß (Typ D).
c.   Am Gurt ist ein kleiner geflochtener Handgriff befestigt.
d.   Standfuß achteckig; am Standfuß rundumverlaufend Kerbschnittornamente.
SAMMLER: Mansfeld/1904

230 III C 10692
                                               Kesseltrommel
                                             Keilspannung, 5 Keile, doppelte i-Schnürung
                                             (Typ A)
    Kundu, Kamerun   H = 42; D = 18

a.   Gurt und Schnüre pflanzlich. Gurtknoten. Einige zusätzliche Keile sind durch den Fellring
      getrieben.
b.   Korpus hat die Form eines weiblichen Unterkörpers. Standfuß (Typ C).
d.   Gesäßspalte und Geschlechtsteil sind deutlich herausgearbeitet.
f.   Vgl. S.154f.
SAMMLER: Wenke/1900

231 III C 6699
                                               Konustrommel, einfellig, offen
                                             Keilspannung, 5 Keile, doppelte i-Schnürung
                                             (Typ A)
    Mabea, Kamerun   H = 109; D = 22

a.   Schnüre und Gurt pflanzlich. Gurtschlaufen. Drei Keile fehlen.
b.   Vier Standbeine (Typ A), eines abgebrochen.
d.   Ein angeschnitzer Ring in der Mitte des Korpus.
SAMMLER: Zenker/1897

232 III C 6700
                                               Zylindertrommel, zweifellig
                                             Keilspannung
    Mabea, Kamerun   H = 21; D = 28

a. Schnüre pflanzlich. Einzelne Ligaturen. Eigentlich Schnurspannung. Keile waren zwischen die Ligaturen getrieben. Keile fehlen.
e. Eintrag im Erwerbungsbuch: „Kleine Trommel mit Antilopenfell bespannt. In Bipindi erworben."
f. Vgl. S.155f.
SAMMLER: Zenker/1897

233   III C 9866   **Zylindertrommel, einfellig, offen**
                                            Gurtspannung, Netz-Schnürung (Typ C)
   Mabea, Kamerun   **H = 54; D = 20,5**

a. Schnüre und Gurt pflanzlich. Gurtknoten. Die Naht des Fellringes bildet Schlaufen, in denen ein hölzerner Ring liegt. Die Schnüre sind hinter diesem Ring an den Schlaufen befestigt. Ligatur rundumverlaufend. Lochpunkt in der Membran.
b. 4 Standbeine (Typ A).
SAMMLER: Zenker/1899

234   III C 12372   **Zylindertrommel, einfellig, offen**
                                            Keilspannung, 4 Keile, doppelte i-Schnürung
                                            (Typ A)
   Mabea, Kamerun   **H = 104; D = 23 x 22**

a. Ohne Fellring. Schnüre und Gurt pflanzlich. Gurtschlaufen.
b. Standfuß (Typ C) mit Öffnungen.
c. Am Gurt ein geflochtener Haltegurt.
d. Ein breiter angeschnitzter Ring oberhalb des Standfußes. Zwei schmale angeschnitzte Ringe in der Mitte des Korpus.
SAMMLER: Zenker /1900

235   III C 9728   **Zylindertrommel, einfellig, offen**
                                            Keilspannung, 8 Keile, doppelte i-Schnürung
                                            (Typ A)
   Maka, Kamerun   **H = 100; D = 22**

a. Mit Fellring. Schnüre und Gurt pflanzlich. Gurtschlaufen.
b. 3 Standbeine (Typ A).
d. An- bzw. ausgeschnitzte abstrakte Figuren.
SAMMLER: v. Stein/1898

236   III C 8032   **Bechertrommel, geschlossen**
                                            Keilspannung, doppelte i-Schnürung (Typ A)
   Ngolo, Kamerun   **H = 93,5; D = 25 x 23,5**

a. Schnüre und Gurt pflanzlich. Der Gurt ist direkt unterhalb des Fellringes angebracht. Gurtknoten. Keile fehlen.
b. Schale zylindrisch. Standfuß (Typ B).
d. Ein angeschnitzter Ring mit Zacken in der Mitte des Ansatzes. Ausgeschnitzte Zacken im Standfuß.
SAMMLER der Kat.-Nrn.236–240: v. Kamptz/1897

237   III C 8034   **Zylindertrommel, einfellig, offen**
                                            Keilspannung, doppelte i-Schnürung (Typ A)
   Ngolo, Kamerun   **H = 68,5; D = 18**

a. Schnüre und Gurt pflanzlich. Nur noch einer der Keile vorhanden. Gurtknoten.

238   III C 8035   **Zylindertrommel, geschlossen**
                                            Keilspannung, 6 Keile, doppelte i-Schnürung
                                            (Typ A)
   Ngolo, Kamerun   **H = 27; D = 26**

a. Schnüre und Gurt pflanzlich. Gurtknoten.

239   III C 8031   **Bechertrommel, geschlossen**
                                            Keilspannung, doppelte i-Schnürung (Typ A)
   Ngolo, Kamerun   **H = 39,5; D = 17**

a. Schnüre und Gurt pflanzlich. Gurtknoten. Keile fehlen.
b. Schale zylindrisch. Standfuß (Typ B).
d. Ansatz doppelkonusförmig geschnitzt.

240   III C 8033   **Zylindertrommel, einfellig, offen**
                                        Keilspannung, 6 Keile, doppelte i-Schnürung
                                        (Typ A)
   Ngolo, Kamerun   **H = 113,5; D = ca. 30**

a. Schnüre und Gurt pflanzlich. Gurtknoten. Der Gurt befindet sich weit unten am Korpus.

SAMMLER der Kat.-Nrn.236–240: v. Kamptz/1897

241   III C 12703   **Zylindertrommel, einfellig, geschlossen**
                                        Keilspannung, 3 Keile, doppelte i-Schnürung
                                        (Typ A)
   Ngolo, Kamerun   **H = 48,5; D = 19**

a. Schnüre und Gurt pflanzlich. Gurtknoten.
b. Das Instrument hat die Form eines weiblichen Unterkörpers.
d. Das Gesäß ist deutlich herausgearbeitet, Geschlechtsteil mit Schnitten angedeutet.
f. Vgl. S.154f.

SAMMLER: Guse/1901

242   III C 6606 *(i)ngombe*   **Zylindertrommel, einfellig, offen**
                                        Keilspannung, 4 Keile, doppelte i-Schnürung
                                        (Typ A)
   Ngumba, Kamerun   **H = 46; D = 18,5 x 17**

a. Schnüre und Gurt pflanzlich. Gurtschlaufen. 3 Keile fehlen.
b. Standfuß (Typ D) mit Öffnungen.

SAMMLER: Zenker/1897

243   III C 26757 *mbɛ*-**Typ**   **Zylindertrommel, einfellig, offen**
                                        Keilspannung, 5 Keile, doppelte i-Schnürung
                                        (Typ A)
   Ngumba, Kamerun   **H = 120; D = 22**

a. Schnüre und Gurt pflanzlich. Gurtschlaufen.
b. Standfuß (Typ C) mit Öffnungen.
d. Unterhalb der Membran und oberhalb des Standfußes jeweils ein angeschnitzter Ring. Dazwischen rundumverlaufend angeschnitzte Dreiecke mit kleinen eingekerbten Kreisen. Korpus zum Teil weiß angestrichen.
e. Eintrag im Erwerbungsbuch: „Trommel wurde von den Ngumba in Bangsdorf bei Lolodorf
   angefertigt (...) .“
f. Vgl. S.160ff.

SAMMLER: Waldow/1908

244   III C 20870   **Konustrommel, zweifellig**
                                        Schnurspannung, Netz-Schnürung (Typ C)
   Nzimu, Kamerun   **H = 96; D = ca.17 und D = 9**

a. Membrane aus Elefantenohr. Statt eines Fellringes sind Lederstreifen durch die Membranränder geführt, an denen die Schnüre befestigt sind. Schnüre aus Leder (in Streifen). Drei
   Ligaturen rundumverlaufend.
e. Eintrag im Erwerbungsbuch: „Wird zwischen den Beinen gehalten und mit beiden Händen
   geschlagen“.

SAMMLER: Foerster/1906

245   III C 28641 *mbɛ*-**Typ**   **Zylindertrommel, einfellig, offen**
                                        Keilspannung, 5 Keile, doppelte i-Schnürung
                                        (Typ A)
   „Pangwe“, Gabun   **H = 107; D = 29**

a. Schnüre und Gurt pflanzlich. Gurtschlaufen.
b. Standfuß (Typ C) mit Öffnungen.

d. Ein angeschnitzter Ring oberhalb des Standfußes. Kerbschnittornamente.
f. Vgl. S.160ff.
SAMMLER: Larsonneur/1913

246 III C 17438   **Konustrommel, einfellig, offen**
                                         Gurtspannung
       Yaunde, Kamerun   **H = 63; D = 24 x 21**

a. Schnüre und Gurt pflanzlich. Gurtknoten.
SAMMLER: v. Othegraven

247 III C 34421   **Zylindertrommel, einfellig, offen**
                                         Nagelspannung (Typ B)
       Yaunde, Kamerun   **H = 112; D = 19**

a. Die Membran ist weit über das Korpus gezogen. Die Nägel sind durch eine um das Korpus gelegte Schnur getrieben.
b. Korpus zur Membran hin verjüngt. Standfuß (Typ A).
d. In der Mitte des Korpus rundumverlaufend eine zackenförmige Stufe.
SAMMLER: Hermann Göring/1935

248 III C 838   **Bechertrommel, einfellig, geschlossen**
                                         Keilspannung, 4 Keile, doppelte i-Schnürung
                                         (Typ A)
       Gabun   **H = 35; D = 14**

a. Schnüre aus Leder (in Streifen). Gurt pflanzlich. Gurtschlaufen.
b. Standfuß (Typ B). Schale zylindrisch.
d. In der Mitte des Ansatzes ein angeschnitzter Ring.
f. Ankermann 1901, S.55, Abb.134.
SAMMLER: Lenz/1876

249 III C 839   **Bechertrommel, einfellig, geschlossen**
                                         Keilspannung, 3 Keile
       Gabun   **H = 27,5; D= 14,5**

a. Schnüre aus Leder (in Streifen). Gurt pflanzlich. Gurtschlaufen.
b. Standfuß Typ A. Schale zylindrisch.
d. Ein angeschnitzter Ring am Ansatz. Im Standfuß ein Zeichen aus Kerbschnitten.
SAMMLER: Lenz/1876

250 III C 3057 *mbɛ*-**Typ**   **Zylindertrommel, einfellig, offen**
                                         Keilspannung, 6 Keile, doppelte i-Schnürung
                                         (Typ A)
       Kamerun   **H = 108; D = 24,5 x 23**

a. Schnüre und Gurt pflanzlich. Gurtschlaufen. Zwei Keile fehlen.
b. Urspünglich stand das Instrument vermutlich auf 6 Standbeinen (Typ A), nur drei Beine erhalten.
d. Ein angeschnitzter Ring unterhalb der Keile. Angeschnitzte abstrakte Figuren mit Kerbschnittornamenten
f. Vgl. S.160ff.
SAMMLER: Nachtigall/1886

251 III C 4543   **Zylindertrommel, einfellig, offen**
                                         Keilspannung, 6 Keile, doppelte i-Schnürung
                                         (Typ A)
       Kamerun   **H = 42; D = 20**

a. Schnüre und Gurt pflanzlich. Gurtschlaufen. Einer der Keile fehlt.
b. Standfuß (Typ D) mit Öffnungen.
c. An den Schnüren ein Haltegriff (pflanzlich).
SAMMLER: Olshausen/1888

252   III C 7519   Zylindertrommel, einfellig, offen
                                                          Keilspannung, doppelte i-Schnürung (Typ A)
     Kamerun   H = 67,5; D = 20

a.   Schnüre und Gurt pflanzlich. Gurtknoten. Keile fehlen.
b.   Standfuß (Typ B).
d.   Am Standfuß angeschnitte anthropomorphe und zoomorphe Figuren.
SAMMLER: Zintgraff/1898

253   III C 9727   Zylindertrommel, einfellig, offen
                                                          Keilspannung, 6 Keile, doppelte i-Schnürung
                                                          (Typ A)
     Kamerun   H = 108; D = ca. 26

a.   Schnüre aus gedrehtem Leder. Gurt pflanzlich. Gurtknoten.
b.   Standfuß (Typ D) mit Öffnungen.
d.   Angeschnitze Figuren: eine Doppelglocke, eine Spinne, ein Reptil.
SAMMLER: v. Stein/1898

254   III C 12660   Zylindertrommel, einfellig, offen
                                                          Keilspannung, 4 Keile, doppelte i-Schnürung
                                                          (Typ A)
     Kamerun   H = 118; D = 25

a.   Schnüre und Gurt pflanzlich. Gurtschlaufen.
b.   Standfuß (Typ D) mit Öffnungen.
d.   Unterhalb eines angeschnitzten Ringes abstrakte Figuren (an- bzw. ausgeschnitzt).
SAMMLER: Bülow/1900

255   III C 13043   Zylindertrommel, einfellig, offen
                                                          Keilspannung, 3 Keile, doppelte i-Schnürung
                                                          (Typ A)
     Kamerun   H = 39; D = 14,5 x 13,5

a.   Schnüre und Gurt pflanzlich. Gurtknoten. Einer der Keile fehlt.
SAMMLER: Hösemann/1901

256   III C 17152 *mbɛ*-Typ   Zylindertrommel, einfellig, offen
                                                          Keilspannung, 4 Keile, doppelte i-Schnürung
                                                          (Typ A)
     Gabun   H = 111; D = ca. 30

a.   Schnüre und Gurt pflanzlich. Gurtschlaufen.
b.   Standfuß (Typ C) mit Öffnungen.
d.   An- und ausgeschnitte Dreiecke. In der Mitte des Korpus und oberhalb des Standfußes
     angeschnitte Ringe.
SAMMLER: Rensch/1903

257   III C 33121   Konustrommel, einfellig, offen
                                                          Keilspannung, doppelte i-Schnürung (Typ A)
     Kamerun   H = 62,5; D = 26 x 24

a.   Schnüre und Gurt pflanzlich. Gurtknoten. Keile fehlen.
c.   An die Schnüre ist ein geflochtener, mit Gräsern umwickelter Haltegurt gebunden.
SAMMLER: Konietzko/1921

258   III C 36752   Zylindertrommel, einfellig, offen
                                                          Keilspannung, 4 Keile, doppelte i-Schnürung
                                                          (Typ A)
     Kamerun   H = 58; D = 19,5

a.   Schüre und Gurt pflanzlich. Gurtknoten.
b.   Standfuß (Typ D) mit Öffnungen.
SAMMLER: Brückner/1947

259 III C 37145   Zylindertrommel, einfellig, offen
                                               Keilspannung, drei Keile, doppelte i-Schnürung
                                               (Typ A)
     Kamerun   H = 47; D = 11 x 10

a. Schnüre und Gurt pflanzlich. Gurtknoten. Keile fehlen.
SAMMLER: Meyer/1955

260 VII f 20   Zylindertrommel, einfellig, offen
                                               Keilspannung, 6 Keile, doppelte i-Schnürung
                                               (Typ A)
     Kamerun   H = ca. 42; D = 20 x 17

a. Schnüre und Gurt pflanzlich. Gurtschlaufen.
b. Standfuß (Typ B) mit Öffnungen.
c. Am Gurt und an den Schnüren ein geflochtener Haltegurt.
SAMMLER: Maler/1972

261 VII f 234   Zylindertrommel, einfellig, offen
                                               Keilspannung, 4 Keile, doppelte i-Schnürung
                                               (Typ A)
     Kamerun   H = 53; D = 23

a. Schnüre und pflanzlich. Gurtschlaufen.
b. Standfuß (Typ D) mit Öffnungen.
SAMMLER: Bock/1979

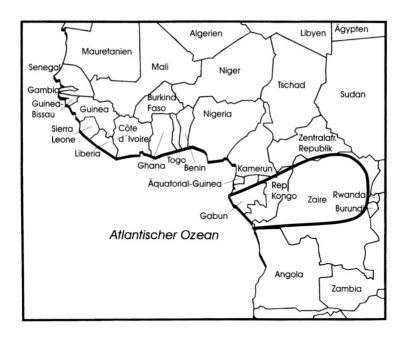

Region 8: Südliche und östliche Teile des zentralafrikanischen Regenwaldes und Nachbargebiete

Die Region 8 umschließt etwas mehr als die nördliche Hälfte von Zaire, sowie weite Teile der Republik Kongo und Süd-Gabun. Hinzu kommt die heutige angolanische Exklave Kabinda. Während im Nordwesten des zentralafrikanischen Regenwaldes überwiegend Trommeln mit Keilspannung verbreitet sind, spielt man hier vor allem zweifellige, konusförmige Trommeln mit Schnurspannung.

Zu den größten und am besten dokumentierten ethnischen Gruppen der Region gehören im Norden die Zande, im Nordosten die Mangbetu, sowie im Nordwesten die Ngombe und im Südwesten die Mongo. Nicht zuletzt umfaßt die Region – wie die Regenwaldgebiete Kameruns und Gabuns – verstreute Siedlungen der Pygmäen, die in hohem Maße ihre überlieferten Musikformen bewahren konnten, wenngleich sie auch hier einige Musikinstrumente von den Bantu-Völkern übernommen haben.

In einigen Teilen der Region sind neben den zweifelligen Instrumenten mit Schnurspannung andere Trommeltypen verbreitet. In der Literatur häufig abgebildet findet man einen Trommeltyp der Mongo, bei dem die Korpusenden treppenförmig beschnitzt sind.[1] Die Membranen dieser Instrumente befestigt man mit Nagelspannung, wobei die Nägel teilweise durch geflochtene Schnüre getrieben werden, die man – wie oftmals bei den Instrumenten im Kameruner Grasland – um die Fellränder legt. Nagelspannung kennzeichnet auch einige repräsentative Trommeln

Abb.140

Vgl. S.133

---

1   Vgl. Boone 1951, Abb. S.61; Dagan 1993, S.136, Abb.68.1.

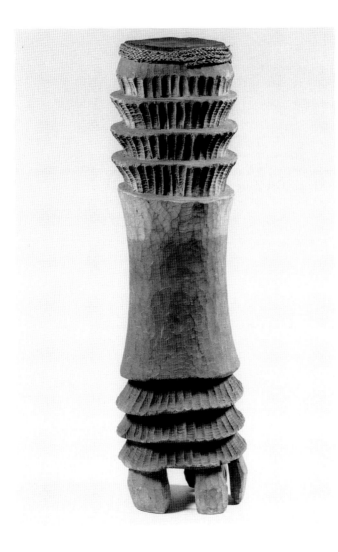

Abb.140 Trommel
der Mongo. Kat.-
Nr.269.

aus dem ehemaligen Königreich Loango (heute: Kabinda und angrenzende Areale).

Konustrommeln

Die in Zentralafrika bekannten zweifelligen Konustrommeln haben
unterschiedliche Formen. Für die eher schlanken Instrumente ist im
Gebiet nördlich der Zaire-Mündung der Name *ndungu* als Überbegriff
verbreitet.[2] Für besonders lange Instrumente, die bei Curt Sachs aufgrund ihres vornehmlichen Verbreitungsgebietes an der Atlantikküste als
„Loangotrommeln" bezeichnet werden[3], kennt man u.a. den Namen
ingomba (vgl. Söderberg 1956, S.135). Mahillon beschreibt eine Trom-

---

2 Vgl. Norborg, S.209 und 215; Söderberg 1956, S.134. Bei den Duma dient dieser
   Ausdruck als allgemeine Bezeichnung für Trommeln (vgl. Norborg 1989, S.215).
3 Nach dem Hauptverbreitungsgebiet, dem ehemaligen Königreich Loango (vgl. Sachs
   1929, S.58).

mel, mit einer Länge von 270 cm (Mahillon 1909, Bd.II, S.141). Die Form dieser Instrumente wird in der Literatur häufig als Imitation europäischer Kanonenrohre interpretiert.[4] Eine der wenigen (oberflächlichen) Schilderungen zur Musik der *ingomba*-Trommeln stammt von Paul Güssfeld. Danach wurden sie bei Tanzfesten mit Händen bzw. einem Schlegel gespielt, wobei man das obere Korpusende zwischen den Beinen festhielt (Güssfeld 1888, S.77). Bisweilen hatte man beschnitzte Ständer mit runden Öffnungen, in denen die Trommeln lagen (Bassani 1977, S.35ff.).

Die Verwendung einer kürzeren *ndungu*-Trommel ist bei Boone auf einer Abbildung aus dem Jahre 1902 dokumentiert. Es zeigt Männer der Songola aus der Provinz Kivu in Ost-Zaire, die paddelnd in einem Boot fahren. Ihnen gegenüber sitzt ein Trommler, der mit dem Spiel auf einer *ndungu*-Trommel die Paddelbewegungen koordiniert (Boone 1951, S.70).

In der Sammlung finden sich zwei Konustrommeln vom Typ der *ingomba* mit den Maßen L = 218 cm, D = 17 und 9 cm (Kat.-Nr.272) und L = 203 cm, D = 21 und 9 cm (Kat.-Nr.273). Ihre genaue Herkunft läßt sich aufgrund der Akten nicht eindeutig bestimmen. Vermutlich stammen sie von den Vili, der ethnischen Hauptgruppe des ehemaligen Königreiches Loango. Die Felle sind jeweils mit Schnüren aus eingedrehtem Leder befestigt (nach Söderberg verwendet man häufig Schnüre aus Rotang und Raphia; vgl. Söderberg 1956, S.136). Die Resonanzkörper beider Instrumente sind schwarz gefärbt, mit hellen, ausgeschnittenen Ringen unterhalb der Membranen und in der Mitte. Beiden sind Handgriffe und gegenständliche Figuren angeschnitzt, der ersteren eine Doppelglocke und ein Leopardenkopf, der zweiten ebenfalls eine Doppelglocke sowie ein Schneckenpaar. Die Doppelglocke – ein häufiges Motiv auf Musikinstrumenten – gilt in West- und Zentralafrika vielfach als Statussymbol. Sie weist auf das hohe Ansehen des ehemaligen Besitzers. Die zoomorphen Figuren sind typisch für die Ornamentierung der *ingomba*. Bei Mahillon und Boone sind beispielsweise Instrumente mit angeschnitzten Reptilien abgebildet.[5]

Abb.141 u. Abb.142

Zwei kürzere *ndungu*-Trommeln in der Sammlung aus dem Gebiet des unteren Zaire (Kat.-Nr.278 und 279) sind wie die oben beschriebenen Instrumente mit zwei bzw. drei ausgeschnitzten, teilweise weiß gefärbten Ringen dekoriert. An das Korpus des einen (Kat.-Nr.278) hat man eine Holzscheibe angebunden, die nach einer Zeichnung bei Ankermann als Standfuß diente (Ankermann 1901, S.53, Abb.124).

Abb.141

Neben den Konustrommeln des *ndungu*-Typs gibt es in der Region Instrumente, deren oberer Membrandurchmesser – wie bei den meisten Uganda-Trommeln – im Verhältnis zur Korpuslänge größer ist. Ein Beispiel bietet die *nkolo*-Trommel der Mangbetu, deren aus Elefantenohren gefertigte Membranen[6] mit „W-Schnürung" befestigt sind. In einem Film von Peter Wolterse und Erik Jan Trip gehören zwei *nkolo* neben Doppelglocken, Gefäßrasseln und Schlitztrommeln zum Begleitensemble folkloristisch aufbereiteter Tänze, die zu Ehren des Diktators Mobuto aufgeführt werden. Als führende Instrumente dienen die Schlitztrommeln. Die Trommler der *nkolo*, die jeweils mit einem Schlegel spielen, markieren mit dumpfen Schlägen den Beat (vgl. Filmverzeichnis, Nr.11). Die

4 Vgl. Sachs 1929, S.58; Söderberg 1956, S.136f.; Norborg 1989, S.217.
5 Vgl. Mahillon 1909, Bd.2, S.140; Boone 1951, Abb.32.
6 Vgl. Demolin o. J., S.11. Eine schlanke Konustrommel der Nzimu in der Sammlung ist ebenfalls mit Elefantenohr bespannt (Kat.-Nr.244).

Abb.141 Konustrommeln. *Ndungu*-Typ. V.o.n.u.: Kat.-Nr.272, Kat.-Nr.273 und Kat.-Nr.278.

Abb.142 *Ndungu*-Typ. Nahaufnahme (Kat.-Nr.272, Kat.-Nr.273).

Abb.143 Trommel-
ensemble der
Mangbetu. Foto:
Staatliche Museen zu
Berlin. Datum unbe-
kannt.

nkolo werden von den sitzenden Musiker zwischen den Beinen festgehalten (schräg, in einem Winkel von unter 25° zum Boden). Auf älteren   *Abb.143 u.*
Abbildungen tragen die Trommler ihre Instrumente hingegen an Schulter-   *Abb.144*
gurten. Bei einem von Demolin dokumentierten Beispiel, das 1984 aufgenommen wurde, besteht das Ensemble aus einer Doppelglocke, einer
Rassel, sechs Schlitztrommeln, zwei *nkolo* und einer mit Händen gespielten Zylindertrommel *nabita*. Die Instrumente begleiten einen „Rund-   *Mbsp.19*
Tanz", der urspünglich am Hofe dargeboten wurde (vgl. Demolin o. J.,
S.5 und S.11).

Die traditionellen Tänze der Mangbetu sind während der Kolonialzeit
von verschiedenen europäischen Reisenden beschrieben worden. Der
Herzog zu Mecklenburg etwa schildert in seinen „Berichten der deutschen Zentralafrika-Expedition 1910/1911" ein ihm zu Ehren veranstal-
tetes Tanzfest:

> Unter Voranritt des Königs und seiner zahlreichen Frauen wurde zunächst
> eine Art Polonäse aufgeführt (...), wobei die Tanzenden, einer hinter dem
> anderen, im Kreise herumschritten. Dabei werden die leicht gebogenen
> Arme im Rhythmus der Musik bewegt, man dreht sich in den Hüften und
> führt ganz bestimmte, aber sich immer wiederholende Schritte aus, einmal
> mit dem linken und einmal mit dem rechten Bein voran. Alt und jung,
> Männlein und Weiblein in buntem Durcheinander nahmen an diesem Tanz
> teil (...). Pauken und Trommeln, Trommeln und Rasselinstrumente voll-

Abb.144 Trommelensemble der Mangbetu. Foto: Staatliche Museen zu Berlin. Datum unbekannt.

führten einen ohrenbetäubenden Lärm, und inmitten des Halbkreises sah man den König in rasendem Tanz umherspringen. Er wirbelte die Arme wie ein Besessener herum und schleuderte die Beine nach Art der Kosaken bald horizontal über den Boden, bald warf er sie hoch in die Luft. Mit kleinen Unterbrechungen tobte und raste er so stundenlang, bis er schließlich ganz erschöpft einer seiner Schönen zu Füßen sank.[7]

Vom Typ der breiteren Konustrommeln besitzt das Museum eine Reihe repräsentativer Instrumente aus Ostafrika. Die Region 8 ist hingegen nur mit wenigen Exemplaren vertreten, die alle aus deren nordöstlichen Teilen stammen – von den Mamvu (Kat.-Nr.268), den Logo (Kat.-Nr.266) und den Basoko (Kat.-Nr.262); ein weiteres, mit Netzschnürung bespanntes Instrument (Kat.-Nr.283) stammt laut Erwerbungsbuch aus einem Ort *Sasna* – vermutlich in der heutigen Republik Kongo gelegen.

Abb.145

Schließlich gibt es in der Region mittelschlanke zweifellige Konustrommeln, deren Proportion zwischen denen des *ndungu-* und *des nkolo-*Typs liegen. Sie sind z.B. bei den Mbuti-Pygmäen im Ituri-Wald in Gebrauch. In einem Film von Wolterse und Trip über die Mbuti ist eine nächtlichen Zeremonie „heiratsfähiger Mädchen" dokumentiert (vgl. Filmverzeichnis, Nr.12). Zur Begleitung ihrer Tänze erklingen zwei mittelschlanke Konustrommeln. Die eine wird beidhändig mit einer schnellen gleichbleibenden Formel bespielt. Auf der anderen erklingen zum Teil improvisiert wirkende Rhythmen. Der Musiker spielt mit einer Hand und einem dünnen Schlegel, wobei er mit dem Schlegel alternierend auf das Fell und auf den Rand des Korpus schlägt. Beide Instrumente werden schräg zwischen den Beinen gehalten.

Bei anderen Tänzen der Mbuti kommt nur eine Konustrommel zum Einsatz. Der Musiker bespielt das Instrument mit einem voluminösen

---

7 Herzog zu Mecklenburg 1912, Bd.2, S.72. Mit „Pauken" meint Mecklenburg Schlitztrommeln.

Abb.145 Konustrommel. Rep.
Kongo (?). Kat.-Nr.283.

Schlegel und einer Hand, bzw. mit beiden Händen. Die Trommel wird
vom Musiker schräg zwischen den Beinen festgehalten oder ist vor ihm
aufgestellt. Bei schräger Lage bespielt bisweilen ein weiterer Musiker die
kleinere Membran am unteren Ende mit ostinaten Figuren, teils nur mit
einem Schlegel, teils mit Schlegel und einer Hand. Ein Beispiel aus dem
Film von Wolterse und Trip dokumentiert zwei Trommler, die einen Kreistanz begleiten. Der führende Musiker schlägt verschiedene Patterns. Er   *Mbsp.20*
bespielt mit einem Schlegel die Membranmitte und den Membranrand
(*rimshots*). Bei einem der Patterns markiert er mit der freien Hand auf
der Membranmitte leise den Beat und dämpft so zugleich die akzentuierten Schläge ab (vgl. Filmverzeichnis Nr.12).   *Notenbsp.11*

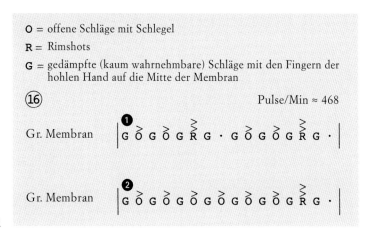

Notenbeispiel 11

Notenbeispiel 12

S = offene Schläge mit den Fingern der hohlen Hand auf die Mitte der
Membran, der Handballen trifft auf den Rand der Membran *(Slap)*

⑯   Pulse/Min ≈ 468

❶

S · · · S · · · S · R̃ · R̃ · · ·

❷

S · S · S · S · S · R̃ · R̃ · · ·

Notenbeispiel 13

Notenbsp. 12   Das Spiel auf der kleinen Membran – mit einem kurzen, dünnen Schlegel – ist mit den akzentuierten Schlägen des führenden Musikers verzahnt, was sich nur darstellen läßt, wenn man das Metrum weiter unterteilt.

Notenbsp. 13   Zum Spiel eines anderen Pattern benutzt der führende Musiker die
freie Hand zur Ausführung akzentuierter Schläge. Die Finger schlagen
wie beim *slap* kurz auf die Membranmitte. Es entsteht ein scharfer,
obertonreicher Klang.

Das Zusammenspiel mehrerer Musiker auf einer zweifelligen Trommel
ist auch für die Aka-Pygmäen in der Zentralafrikanischen Republik belegt. Dabei sind – wie Simha Arom schreibt – drei Trommler beteiligt:

> Wir wollen nebenbei bemerken, daß die Aka-Musiker im allgemeinen auf
> einer einzelnen zweifelligen Trommel, die auf der Erde liegt, drei unter-
> schiedliche rhythmische Figuren spielen: Der *è.ndòmbà* Part wird am
> schmaleren Ende gespielt und der *ngúé* (‚Mutter') Part auf dem breiteren
> Ende. Die beiden Trommler sitzen rittlings mit ihren Rücken zueinander
> auf der Trommel. Der *dì.kpàkpà* Spieler hockt zwischen ihnen mit dem
> Gesicht zur Trommel und schlägt auf die Faßmitte (Arom 1991, S.279;
> Übersetzung aus dem Englischen: A. Meyer)

Zum Typ der mittelschlanken Konustrommeln gehören einige Instrumente, die der Herzog von Mecklenburg für das Museum gesammelt hat.
Hervorzuheben sind zwei Trommeln der Konjo (Kat.-Nr.263 und 264),
die in der Kivu-Provinz westlich des Edward-Sees siedeln. Die Resonanz-
Abb. 146   körper dieser Instrumente sind oben zylindrisch und unten konisch. Die
Membranen sind mit Schnur-Fell-Spannung befestigt. Die Schnüre verlaufen W-förmig und sind – wie bei den meisten Trommeln im benachbarten Uganda und in Tansania – eng geschnürt.

Einfellige Konustrommeln scheinen in der Region seltener. Das Museum besitzt ein Exemplar der Nkundo (Kat.-Nr.270), dessen Resonanz-
Abb. 147   körper wiederum oben zylindrisch und unten konisch verläuft. Das Fell
ist mit einer komplexen Netzspannung befestigt. Die sich aufgrund des

Abb.146 Konustrommel der
Konjo. Zaire. Kat.-Nr.263.

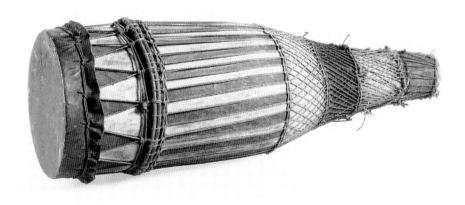

Abb.147 Konustrommel der Nkundo. Zaire. Kat.-Nr.270.

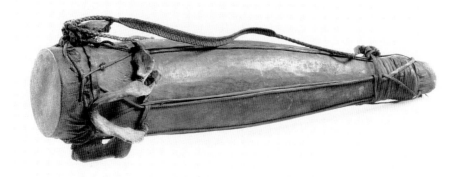

Abb. 148 Konustrommel der Loi. Rep. Kongo. Kat.-Nr.267.

Abb. 148

Schnürungsverlaufes ergebenden Muster sind schwarz bzw. weiß ausge-
malt.[8] Eine andere, mit Schnur-Fellspannung befestigte Trommel stammt
von den Loi am unteren Ubangi (Kat.-Nr.267). An den Schnüren sind
oben vier menschliche Unterkiefer angebunden.

Trommeln mit beschnitzten Gestellen

Aus dem ehemaligen Königreich Loango stammen konusförmige Trommeln mit Nagelspannung, die auf plastisch ornamentierten Ständern stehen. Trommel und Ständer sind dabei gemeinhin aus einem Holzblock
geschnitzt. Söderberg unterscheidet zwei Typen: Beim ersten thront die
Trommel auf einer anthropomorphen Statue (vgl. Maes 1937, S.10,
Abb.13), beim zweiten auf einem mit verschiedenen Figuren beschnitzten
Gestell (Söderberg 1956, S.225). Die Gestelle sind zumeist ähnlich ge-
baut: Auf einem Sockel steht ein Leopard oder ein Elefant, der einen
nach vorne hin offenen Kasten trägt. Die linke und die rechte Seiten-
wand werden jeweils durch eine zweifach gewundene, häufig einen Menschen verschlingende Schlange gebildet.[9] In den Kasten sind Bretter gelegt, sodaß mehrere Etagen entstehen, in die man anthropomorphe Figu-
Abb. 149   ren stellt. Instrumente dieses bereits von Mahillon beschriebenen Typs
werden in verschiedenen europäischen Museen aufbewahrt. Abbildun-
gen finden sich unter anderem bei Boone, Dagan und Söderberg.[10] Zum
Gebrauch der Instrumente gibt es in der Literatur so gut wie keine Angaben. Nach Söderberg gehörten sie zu den Attributen der Oberhäupter
und kamen – mit einem „dünnen Stab“ und bisweilen einer Hand ge-

---

8   Ein ähnliches Dekor findet sich auf einer ebenfalls geschlossenen Konustrommel (Kat.-
    Nr.303) der Songe (Region 9).
9   Bisweilen werden die Seitenwände von anthropomorphen Figuren gebildet (vgl. Dagan
    1993, Abb. S.134).
10 Boone 1951,Tafel 14; Dagan 1993, S.134, Söderberg 1956, Tafel 15 und 16.

Abb.149
Beschnitzte
Trommel. Loango-
Küste. Aus:
Söderberg 1956,
Tafel 15, Abb.9.

spielt – bei Kulthandlungen zum Einsatz (Söderberg 1956, S.127). Bisweilen werden sie in der Literatur als „Fetische" bezeichnet (ebd. S.126f.).

Das Museum besitzt zwei dieser Instrumente, eines mit einem Leoparden (Kat.-Nr.281) und eines mit einem Elefanten (Kat.-Nr.282) als unter-
ste Figur. Beide gelangten in den 1890er Jahren in die Sammlung. Im
Erwerbungsbuch findet sich für das erstgenannten Exemplar die Bezeichnung „Etagenfetisch". Das andere Instrument ist – ebenfalls im Erwerbungsbuch – detailliert beschrieben:

Abb.150
Abb.151 u.
Abb.152

> „Altar" des Maloango, obersten Gottes der Loango.[11] Großes Schnitzwerk
> aus Holz, dasselbe ruht auf dem Rücken eines Leoparden und trägt oben
> eine mit Schlangenhaut bespannte Trommel. Der dazwischen befindliche
> Raum, dessen Decke von zwei Schlangen getragen wird, enthält in zwei
> Etagen übereinander zwei lose aufgestellte weibliche Figuren, eine mit ei-

---

11 Der Ausdruck *Maloango* bezeichnet nach Pechuël-Loesche den „Herrscher und ober-
    sten Zauberer" von Loango (vgl. Pechuël-Loesche 1907, S.184f.).

Abb.150 Beschnitzte Trommel.
Loango-Küste. Kat.-Nr.281.

Abb.151 Kat.-Nr.281. Nahaufnahme

Abb.152 Beschnitzte
Trommel. Loango-Küste.
Kat.-Nr.282.

nem Kinde. Dieser Altar wird in der Wohnung des Königs aufbewahrt
und nur bei festlichen Gelegenheiten gezeigt, wo dann für jede Figur eine
andere Geschichte durch den Priester erzählt wird.

Die hier erwähnten Figuren sind verloren gegangen. Auch bei dem
anderen Instrument fehlen sie. Kleine spitz zulaufende Holzstifte, die
oben neben der Trommel in die Decke gesteckt sind, dienten vermutlich
als Halterungen für die Figuren.

Bei einem weiteren im Museum aufbewahrten Instrument (Kat.-Nr.280)
besteht das Gestell aus einer einzelnen, sich windenden Schlange. Sie
wurde von einem Bediensteten (Name unbekannt) des als Sammler ge-   *Abb.153*
führten Mayors von Brandel auf einer Schiffsreise in Kamerun erworben
und stammt nach einem Brief des Bediensteten an den Mayor aus
„Loanda" (Sao Paulo de Loanda, alter Name für Luanda).[12] Die konus-

---

12 Brief vom 7. Juli 1889. Museum für Völkerkunde Berlin, Aktennummer 1393/89.

Abb.153 Beschnitzte
Trommel. Loango-Küste?
Kat.-Nr.280. Das Instrument
wurde restauriert von
Olaf Helmcke.

förmige Trommel, deren Fell wiederum angenagelt ist und das Motiv der
Menschen verschlingenden Schlange lassen vermuten, daß auch dieses
Instrument aus dem Loango-Gebiet stammt. Nach einer Beschreibung
in dem Brief, wurde die Trommel „mit allen Fingern flach geschlagen,
sodaß die Handfläche nur auf den Rand der Trommel trifft".

Katalog zu Region 8 (Nrn. 262–285)

262 III C 27589
Basoko, Zaire

Konustrommel, zweifellig
Schnurspannung, W-Schnürung (Typ A)
H = 36; D = 21,5 x 20 und D = 14

a. Membran aus Leopardenfell. Anstelle von Fellringen ist eine Lederschnur durch Schlitze im Fellrand geführt, an denen die Schnüre befestigt sind. Schnüre pflanzlich.
b. Korpus ist mit dünner Haut umhüllt.

SAMMLER: Wiese/1908

263 III C 22976
Konjo, Zaire

Konustrommel, zweifellig
Schnur-Fell-Spannung, W-Schnürung (Typ A)
H = 61; D = 29 x 27 und D = 11

a. Ohne Fellringe. Schnüre aus Leder (in Streifen). Enge Schnürung. Unterhalb des praktikablen Fells sind zwei lederne Ligaturen um die Schnüre geflochten. Die nicht praktikable Membran ist mit unregelmäßiger Naht an das um das Korpus gelegte Fell genäht.
b. Korpus verläuft oben zylindrisch und unten konisch.
c. Rasselkörper im Inneren des Instruments.
f. Vgl. S.186 u. 187.

SAMMLER: Mecklenburg/1908

264 III C 22977
Konjo, Zaire

Konustrommel, zweifellig
Schnur-Fell-Spannung, W-Schnürung (Typ A)
H = 92; D = 43 x 41,5

a. Ohne Fellringe. Schnüre aus Leder (in Streifen). Enge Schnürung. Unterhalb der praktikablen Membran ist rundumverlaufend eine lederne Ligatur um die Schnüre geflochten. Die nicht praktikable Membran ist mit unregelmäßiger Naht an das um das Korpus gelegte Fell genäht.
b. Korpus verläuft oben zylindrisch, unten konisch.
c. An der Ligatur ist ein kleiner lederner Haltegriff angebracht. Rasselkörper im Inneren des Instruments.
f. Vgl. S.186.

SAMMLER: Mecklenburg/1908

265 VII f 109
„Lari", Republik Kongo. Kinkaya

Zylindertrommel, einfellig, offen
Nagelspannung (Typ B)
H = 100; D = 21,5

a. Ohne Fellring.
b. Korpus zur Membran hin leicht verjüngt.
c. An einem angeschnittenen Henkel ist ein Haltegriff aus Leder befestigt.
e. Aktenvermerk (o.Nr.): „Die zylindrische Trommel aus Kongo-Brazzaville wurde im Mai 1972 durch Herrn Marc Thuret bei Kinkaya (40 km südwestlich von Brazzaville) gekauft. Ethnische Gruppe: Lari."

SAMMLER: Thuret/1972

266 III C 23641
Logo, Zaire

Konustrommel, zweifellig
Schnurspannung, W-Schnürung (Typ A)
H = 49; D = 16,5

a. Ohne Fellringe. Schnüre aus Leder (in Streifen). Rundumverlaufende Ligatur.
c. An den Schnüren ist ein lederner Haltegurt befestigt.

SAMMLER: Mecklenburg/1909

267 III C 19429
Loi, Republik Kongo

Konustrommel, einfellig, offen
Schnur-Fellspannung, Y-Schnürung
H = 80,5; D = 14

a. Membran aus Reptilienhaut. Anstelle von Fellringen sind Lederschnüre durch die Fellränder geführt, an denen die Schnüre befestigt sind. Schnüre aus Leder (in Streifen). Ligatur rundumverlaufend unterhalb der Membran und mehrfach oberhalb des um das Korpus gelegten Felles.

c. Ein geflochtener Haltegurt ist oben am Fellring und unten an Schnüren befestigt, die mehrfach um das Korpus gelegt sind.
d. An den Schnüren sind oben vier menschliche Unterkiefer angebracht.
f. Vgl. S.188.

SAMMLER: Frobenius/1904

268 III C 23428   **Konustrommel, zweifellig**
                                        Schnurspannung, W-Schnürung (Typ A)
    Mamvu, Zaire   **H = 49; D = 37 x 35 und D = 11,5**

a. Ohne Fellringe. Schnüre durch Schlitze an den Fellrändern geführt. Schnüre aus Leder.
c. Rasselkörper im Inneren des Instruments.

SAMMLER: Mecklenburg/1909

269 VII f 71   **Zylindertrommel, einfellig, offen**
                                        Nagelspannung (Typ B)
    Mongo, Zaire   **H = ca. 120; D = 24 x 21,5**

a. Ohne Fellring. Die Nägel sind durch eine geflochtene Schnur getrieben, die mehrfach um den Fellrand gelegt ist.
b. Fünf Standbeine (Typ A). Der Mitteldurchmesser des Korpus ist kleiner als der Endduchmesser.
d. Unterhalb der Membran und oberhalb der Standbeine sind mehrere Stufen herausgearbeitet. Das obere Drittel des Korpus ist weiß angestrichen.
f. Vgl. S.179f..

SAMMLER: Köhler/1979

270 III C 3087   **Konustrommel, einfellig, geschlossen**
                                        Schnurspannung, Netz-Schnürung (Typ C)
    Nkundo, Zaire   **H = 60; D = 19,5 x 17**

a. Anstelle eines Fellringes ist ein Querband durch Schlitze im Fellrand geführt, an dem die Schnüre befestigt sind. Schnüre pflanzlich.
b. Korpus oben zylindrisch, unten konisch.
c. Im Boden eine runde Öffnung.
d. Die sich aus der Schnürung ergebenenden Muster sind z.T. schwarz und weiß angemalt.
f. Vgl. S.186–188.

SAMMLER: François/1885

271 III C 19418   **Konustrommel, geschlossen**
                                        Nagelspannung (Typ B)
    Ntomba, Zaire   **H = 31,5; D = 29**

a. Ohne Fellring. Die Membran ist mit dünnen Eisenkrampen festgenagelt.
b. Korpus zur Membran hin leicht verjüngt.
d. Rundumverlaufende einfache Kerbschnittornamente. Ein angeschnitzter Henkel.

SAMMLER: Frobenius/1904

272 III C 2708 *ndungu*-Typ (*ingomba*)   Konustrommel, zweifellig
                                        Schnurspannung, W-Schnürung (Typ A)
    Vili (?), Zaire   **H = 218; D = 21 und D = 7**

a. Anstelle von Fellringen sind Querbänder durch herausgeschnittene Schlaufen am Fellrand geführt, über die die Schnüre laufen. Schnüre aus eingedrehtem Leder.
d. Drei angeschnitzte Ringe und angeschnitzte Figuren (ein Leopardenkopf und eine Doppelglocke), ein angeschnitzter Handgriff. Die Wandungen sind schwarz gefärbt.
f. Vgl. S.180ff.

SAMMLER: König v. Belgien/1885

273 III C 3939 *ndungu*-Typ (*ingomba*)   Konustrommel, geschlossen
                                        Schnur-Fellspannung, W-Schnürung (Typ A)
    Vili (?), Zaire   **H = 203; D = 21**

a. Spannung vgl. III C 2708. Über das geschlossene Ende der Trommel ist ein weiteres Fell gelegt, das zur Befestigung der Schnüre dient.

c. Ein angeschnitzter Haltegriff.
d. Drei ausgeschnitzte Ringe. Angeschnitzte Figuren (zwei Schneckengehäuse und eine Doppelglocke). Kerbschnittornamente. Die Wandungen sind schwarz gefärbt.
f. Vgl. S.180ff.

SAMMLER: Claes/1887

274 III C 4449	Zylindertrommel, einfellig, offen
	Nagelspannung (Typ B)
Yansi, Zaire	**H = 35; D = 13,7**

a. Membran aus Reptilienhaut. Ohne Fellring. Die Nägel sind durch eine geflochtene Schnur getrieben, die zweifach um das Korpus gelegt ist.
b. Korpus zur Membran hin leicht verjüngt. 4 Standbeine (Typ C).
d. Ein Ring aus vertikalen Kerbschnitten oberhalb der Standbeine.
f. Ankermann 1901, S.49, Abb.108.

SAMMLER: Mense/1887

275 III C 514	Konustrommel, zweifellig
	Schnurspannung, W-Schnürung (Typ A)
Angola, Kabinda	**H = 52; D = 12 und D = 7,5**

a. Anstelle von Fellringen sind Querbänder durch herausgeschnittene Schlaufen im Fellrand geführt, an denen die Schnüre befestigt sind. Schnüre aus eingedrehtem Leder.
c. Am Korpus ein angeschnitzter Handgriff.

SAMMLER: Klinghöfer/1874

276 III C 515	Konustrommel, einfellig, offen
	Nagelspannung (Typ B)
Angola (?), Kabinda (?)	**H = 70, D = ca. 18,5**

b. Ohne Felllring. Korpus zur Membran hin leicht verjüngt. Standfuß (Typ A).
d. Einfache Kerbschnittornamente; an- und ausgeschnitzte Ringe am Korpus; die Kerbschnitte sind weiß, der untere Teil des Korpus ist schwarz gefärbt.

SAMMLER: Klinghöfer/1874

277 III C 3760	Zylindertrommel, einfellig, offen
	Nagelspannung (Typ B)
Republik Kongo oder Zaire	**H = 35; D = ca. 11**

a. Ohne Fellring.
b. Korpus zur Membran hin verjüngt. Korpus schwarz angestrichen. Standfuß (Typ A).
d. Eine angeschnitzte zoomorphe Figur (Reptil).

SAMMLER: Claes/1887

278 III C 3832 *ndungu*-Typ	Konustrommel, zweifellig
	Schnurspannung, W-Schnürung (Typ A)
Republik Kongo oder Zaire	**H = 130; D = 17 und D = 9**

a. Anstelle von Fellringen sind Querbänder durch Schlitze in den Fellrändern geführt, an denen die Schnüre befestigt sind. Schnüre aus eingedrehtem Leder. Ligatur rundumverlaufend.
d. Drei ausgeschnitzte Ringe, der mittlere weiß gefärbt. Die Wandungen sind schwarz gefärbt.
f. Vgl. S.180ff.

SAMMLER: Joest/1887

279 III C 3833 *ndungu*-Typ	Konustrommel, zweifellig
	Schnurspannung, W-Schnürung (Typ A)
Republik Kongo oder Zaire	**H = 122,5; D = 17und D = 8 x 6,5**

a. Anstelle von Fellringen sind Querbänder durch Schlitze in den Fellrändern geführt, an denen die Schnüre befestigt sind. Schnüre aus gedrehtem Leder.
b. Am Korpus ist eine durchgebrochene Holzscheibe befestigt, die als Standfuß dient.
d. Drei ausgeschnitzte, weiß angestrichene Ringe.
f. Vgl. S. 180ff.; vgl. Ankermann 1901, Abb.124.

SAMMLER: Joest/1887

280 III C 4831

Loango-Küste (?)

Bechertrommel, geschlossen
Nagelspannung (Typ B)
H = 103; Trommel: H = 42; D = 17

a. Ohne Fellring.
b. Schale faßförmig. Trommel mit Standfuß (Typ B).
d. Das Instrument einschließlich des Sockels steht auf einem beschnitzten Gestell. Eine nachge-bildete Schlange ist zu 3 Standbeinen geformt, die auf einem weiteren Sockel stehen. Dekor am Korpus der Trommel: Rundumverlaufend angeschnitzte ovale Ornamente; Kerbschnitte am Ansatz; eine angeschnitzte anthropomorphe Figur, die von der Schlange verschlungen wird.
e. Herkunft laut Erwerbungsbuch: „Loanda".
f. Vgl. S.191f.
SAMMLER: von Brandis/1889

281 III C 6344

Loango-Küste

Bechertrommel
Nagelspannung (Typ B)
H = 105; Trommel: H = 27, D = 18

a. Membran aus Reptilienhaut. Ohne Fellring.
b. Korpus zur Membran hin leicht verjüngt. Schale konisch.
d. Das Instrument steht auf einem beschnitzten Ständer.
e. Laut Erwerbungsbuch ein „Altar".
f. Vgl. S.189f.
SAMMLER: Visser/1896

282 III C 9803

Loango-Küste

Konustrommel, einfellig, geschlossen
Nagelspannung (Typ B)
H = 105; Trommel: H = 16; D = 13

a. Ohne Fellring. Korpus zur Membran hin leicht verjüngt.
d. Am Trommelkorpus ein angeschnitzter Ring. Das Instrument steht auf einem beschnitzten Ständer.
e. Laut Erwerbungsbuch ein „Etagen-Fetisch".
f. Vgl. S.189 u. 191.
SAMMLER: Deppe/1899

283 III C 27969

Zaire oder Zentralafrikanische
Republik, Stadt Sasna

Konustrommel, zweifellig
Schnurspannung, Netz-Schnürung (Typ A)
H = 69; D = 26 x 24,5 und D = ca. 15

a. Ohne Fellring. Schnüre aus Leder (in Streifen). Ligatur rundumverlaufend.
e. Herkunft laut Erwerbungsbuch: „Sasna, zwischen Semio und Kadjema".
f. Vgl. S.184 u. 185.
SAMMLER: Liebrecht/1913

284 III C 29968

Republik Kongo (?)

Konustrommel, zweifellig
Schnurspannung, Netz-Schnürung (Typ A)
H = 111, D = 29 und D = 12

a. Membranen aus Elefantenohren. Ohne Fellringe. Schnüre aus Leder (in Streifen). Schnüre sind durch Schlitze in den Membranen geführt. Durch diese Schlitze verläuft rund um den Fellrand zudem eine pflanzliche Schnur. Ligatur rundumverlaufend.
d. Herkunft lauf Erwerbungsbuch: „Mboko am Sanga" (Sangha).
SAMMLER: v. Ramsay/1913

285 III C 29969

Republik Kongo (?)

Konustrommel, zweifellig
Schnurspannung, Netz-Schnürung (Typ A)
H = 35,5; D = 26 und D = 11

a. Ohne Fellringe. Schnüre aus Leder (in Streifen).
c. An den Schnüren ein Haltegurt aus gedrehtem Leder.
SAMMLER: v. Ramsay/1913

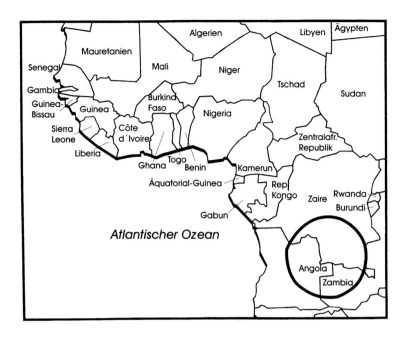

Region 9: Südliches Zaire und angrenzende Gebiete

Die Region 9 umschließt neben Süd-Zaire den Osten Angolas und die Nordwest-Provinz von Zambia. Die Kulturen der Region sind überwiegend durch verschiedene Dynastien einflußreicher Königstümer geprägt. Eines der ältesten und zu seiner Zeit mächtigsten, das ehemalige Reich der Luba, entstand möglicherweise schon im 13. Jahrhundert (Koloß 1987, S.15). Heute bewohnen die Luba, die noch immer zu den einflußreichsten ethnischen Gruppen in Zaire zählen, ein Gebiet zwischen dem Tanganyika-See und dem Luluwa-Fluß. Ähnlich groß war das Lunda-Reich, dessen Dynastie der Legende nach von dem Luba-Prinzen Tshibinda Ilunga begründet wurde. Im 18. Jahrhundert soll das Reich sich über ein weites Gebiet zwischen dem Cuango und dem Mweru-See mit mehr als einer Million Einwohner erstreckt haben (ebd., S.15f.). Ende des 19. Jahrhunderts wurde es von den weiter südlich beheimateten Chokwe okkupiert, die zuvor unter der Oberhoheit der Lunda gestanden hatten. Später konnten die Lunda das Gebiet nach und nach zurückerobern. Allerdings wurde das Reich nun durch die britischen, belgischen und portugiesischen Kolonialisten zersplittert. Die Chokwe sind eng mit den Luba und Lunda verwandt. Ihrer Überlieferung zufolge stammt ihre Herrscherschicht von der Lunda-Dynastie ab. Ein äußeres Zeichen dafür ist die häufige Darstellung des Tshibinda Ilunga in ihren Kunstwerken (ebd., S.16). Heute beträgt die Bevölkerungszahl der Chokwe ca. 600 000. Ihr Verbreitungsgebiet wurde nie zentral von einem König beherrscht. Stets gab es verschiedene, regional allein verantwortliche Oberhäupter (Bastin 1992, S.65).

Auch das berühmte Kuba-Reich – zwischen Kasai und Sankuru gelegen – ist insofern mit den Luba und Lunda verzahnt, als die innerhalb des Reiches lebenden Ethnien der Kete-Gruppe einen Luba-Dialekt sprechen (Quersin o.J., o.Sz.). Das Kuba-Reich entstand der oralen Überlieferung zufolge im 17. Jahrhundert, als eines der Oberhäupter der Bushoong die benachbarten Ethnien unterwarf und die heutige Dynastie begründete (Vansina 1992, S.71). Neben den Bushoong gehören die Pyaang und die Ngeende zu den größten Bevölkerungsgruppen. Die Kuba-Kultur hat bei europäischen Reisenden stets große Bewunderung hervorgebracht. Ihre Schnitzkunst gilt noch immer als eine der bedeutendsten in Afrika. Aber auch ihre Musik, ihre Architektur und ihr ausgefeiltes Rechtssytem zeugen von hoher Entwicklung. Bis heute wird dem König tiefer Respekt entgegengebracht. Er fungiert offiziell in der Provinz West Kasai als „*commissaire du peuple*" (ebd., S.77f.).

Vgl. S.20 u. S.22

Die Trommeln in der Region sind überwiegend durch zwei Spannungstechniken gekennzeichnet. Bei der einen – einer Variante der Schnur-Fellspannung – ist unterhalb der Membran ein Lederstreifen um das Korpus gelegt und angenagelt und die Membran an den Lederstreifen genäht. Für diese Art der Fellbefestigung hat Wieschhoff die Bezeichnung „Kassai-Spannung" eingeführt (Wieschhoff 1933, S.27). Sie ist vor allem bei den Kuba verbreitet. In der Literatur findet man aber auch Beispiele von den Lunda, den Sengele und sogar von den Humbi und Handa in Südwest-Angola.[1] Bei der zweiten, weiter verbreiteten Spannungstechnik sind die Membranen mit kleinen Holz- oder Metallnägeln befestigt. Da bei dieser Technik im Nachhinein nur durch Erhitzen oder durch Auftragen von Stimmpaste die Tonhöhe verändert werden kann, wird – wie der Meistertrommler Timothy Mgala aus Zambia erklärt – eine Grobstimmung häufig schon beim Annageln vorgenommen:

The way we do it is that first of all we take four corners of the drum. We put a nail here, a stick nail here and then we put the other opposite direction. And then again we put another one on the other side and then on the other side again. (...) So that when you put the rest of the sticks around, there it is very easy to tune it. And this kind of tuning is according to the size of the drum – because there are small drums and then medium drums and then big drums. So if you have small drums, you have to make sure that you tune that drum according to the size. (...) After tuning we put them into the sun for drying. It would take maybe four to five days before the drum is ready for being played.[2]

[Wir machen es so, daß wir uns zunächst vier Ecken der Trommel vornehmen. Wir setzen hier einen Nagel, einen Holznagel, dann setzten wir einen auf der gegenüberliegenden Seite. Dann setzen wir wieder einen auf der anderen Seite und wieder auf der anderen Seite. ... Auf diese Weise ist es einfach, die Trommel zu stimmen, wenn man die restlichen Nägel drumherum befestigt. Und diese Art der Stimmung ist abhängig von der Größe der Trommel - denn es gibt kleine, mittlere und große Trommeln. Wenn man also eine kleine Trommel hat, muß man sichergehen, daß man die Trommel entsprechend ihrer Größe stimmt. .... Nach der Stimmung legen wir sie in die Sonne zum trocknen. Es braucht etwa vier bis fünf Tage, bevor die Trommel fertig ist zum Spielen (T. Mgala, O-Ton; Übersetzung aus dem Englischen: A. Meyer)]

---

1 Vgl. Kubik 1973, S.5; Redinha 1984, S.172; Boone 1951, S.42f.
2 Timothy Mgala, persönliche Mitteilung 1995. Das vollständige Interview ist archiviert in der Abteilung Musikethnologie, MV Berlin.

Repräsentationstrommeln der Kuba

Dem König der Kuba wurden einst übernatürliche Kräfte zugesprochen. Es hieß, er könne sich in einen Leoparden verwandeln und Menschen töten (Vansina 1992, S.73). Entsprechend hoch war die ihm entgegengebrachte Achtung. Seine Regalien gehören bis heute zu den am meisten bewunderten Kunstwerken in Zentralafrika. Darunter finden sich verschiedene, becher-, kessel- und faßförmige Trommeln, deren Membranen – wie bei allen Repräsentationstrommeln der Kuba – mit der oben beschriebenen Variante der Schnur-Fellspannung („Kassai-Spannung") *Vgl. S.198*
befestigt sind. Eines dieser Instrumente, die *kweaybol* („Leopard des Dorfes") in Form einer „abgeflachten Kugel" begleitet nach Barbara Schmidt-Wrenger „den König auf seinen feierlichen Ausgängen, um den Rhythmus seiner Schritte zu markieren". Sie erklingt ferner am Tag seines Todes (Gansemans & Schmidt-Wrenger 1986, S.32). Noch seltener spielt man die königlichen Bechertrommeln mit ihren hohen, zylindrischen Schalen. Bei der Inthronisation werden sie neben dem sogenannten „Korb der Weisheit" zum Zeichen der Macht präsentiert (ebd.). Ihre Resonanzkörper sind rundumverlaufend mit Mustern aus Perlen, Schnekkengehäusen und Metallschmuck verziert (vgl. ebd., Abb. S.33).

Bei den bekanntesten Repräsentationstrommeln der Kuba ist als Griff am Korpus eine Hand und darüber häufig ein Gesicht angeschnitzt. Diese Instrumente gehören stets dem König oder einem der regionalen Oberhäupter. Nach Olga Boone lassen sich die Ornamente als Zeichen eines alten Brauches interpretieren, demzufolge einst ein Würdenträger nur dann in die Gemeinschaft der Krieger aufgenommen wurde, wenn er die Hand eines getöteten Feindes vorweisen konnte (Boone 1951, S.44). Die gleichen Motive findet man auch auf Gegenständen des alltäglichen Lebens, z.B. auf Palmweinkrügen.[3] Trommeln dieses Typs haben unterschiedliche Formen, sie sind zylinder-, faß- oder becherförmig, bisweilen mit mehrfach gewölbten Wandungen. Bei einigen Instrumenten fehlt das angeschnitzte Gesicht, bei anderen sind die Symbole nicht als praktikabler Griff, sondern – häufig stilisiert – als leicht erhabenes Relief herausgearbeitet (vgl. Dagan 1993, Abb S.138ff.). Fast immer sind die Resonanzkörper unterhalb der Membranen mit abstrakten Kerbschnittmustern geschmückt.

Über die Spielweise der Repräsentationstrommeln gibt es in der Literatur so gut wie keine Angaben. Auf einer Schallplatte von Benoit Quersin ist ein Musikbeispiel aus dem Ngeende-Dorf Mbelo dokumentiert (vgl. Schallplattenverz. Nr.13, B-5). Das Oberhaupt des Dorfes und einige Würdenträger tanzen zu Ehren von Besuchern. Es erklingen weitgehend einstimmige responsorische Gesänge. Begleitet werden sie mit zwei Zylindertrommeln (oder Bechertrommeln mit zylindrischen Schalen) und einer Eisenglocke. Die Trommler schlagen einen schnellen, auf einem geraden Metrum beruhenden Rhythmus. Auf der Eisenglocke erklingen im Abstand von jeweils vier Beats regelmäßige Schläge, die nicht mit den Akzenten des Gesanges und der Trommelrhythmen übereinstimmen. Die Trommeln werden – wie ein Foto in der Textbeilage zeigt – mit beiden Händen geschlagen. Der Trommler sitzt dabei vor dem Instrument, welches schräg, in einem Winkel von weniger als 40°, mit den Unterschenkeln gehalten wird.

---

3   Vgl. Koloß 1987, S.46; Vansina in Beumers & Koloß 1992, S.319.

Abb.154 Trommel der Kuba (?). Zaire.
Kat.-Nr.295.

In der Sammlung werden zwei Repräsentationstrommeln der Kuba
aufbewahrt. Beide haben zweifach gewölbte Resonanzkörper. Die ältere
(Kat.-Nr.297), die vermutlich aus dem vorigen Jahrhundert stammt[4], ist
im oberen Teil mit verschiedenen fein ziselierten Kerbschnittmustern

Farbt.XX   geschmückt. Der eigentliche Griff zwischen dem plastisch angeschnitzten
Gesicht und der Hand wirkt wie geflochten. An einigen Stellen sind
metallene Ziernägel in das Ornament getrieben. Das zweite Instrument

Farbt.XXI   (Kat.-Nr.296) ist wesentlich schlichter gestaltet. Es fehlt das Gesicht, und
die Kerbschnittornamente im rot gefärbten oberen Abschnitt des Kor-
pus sind vergleichsweise grob herausgeschnitzt. Eine weitere, im Erwerbungsbuch den Kuba zugeordnete Trommel (Kat.-Nr.295) hat einen
becherförmigen Resonanzkörper mit einer zylindrischen Schale und einem extrem schmalen Ansatz, der sich unten zu einem Standfuß verbrei-

Abb.154   tert. Das Fell ist mit einfacher Nagelspannung befestigt. Ähnliche Instrumente sind bei Boone abgebildet (Boone 1951, S.43, Abb.5–10). Sie
stammen von verschiedenen Ethnien am Mai Ndombe See (Region 8).
Die Membranen dieser Trommeln sind – wie die Repräsentationstrommeln
der Kuba – an einen um das Korpus gelegten und angenagelten Fellstreifen genäht.

---

4   Nach Hans-Joachim Koloß, persönliche Mitteilung 1995.

Abb.155 Musiker mit
Bechertrommeln
(*ditumba*-Typ) und
Rasseln. Bena Luluwa.
Zaire. 1976.

Ditumba, mukupiela, vipwali (Trommeln der Luba, Lunda und verwandter Ethnien)

Der Ausdruck *ditumba* ist in der Region zweifach gebräuchlich. Bisweilen dient er – alternativ zu *ngoma* – als allgemeiner Name für Trommeln (Gansemans 1980, S.50). Bei einigen Ethnien bezeichnet er kleine Bechertrommeln mit Ansatz und Standfuß. In abgewandelter Form ist der Ausdruck als Name für becherförmige Trommeln dieses Typs weit verbreitet[5]:

> *ditumba* (Sanga u.a.)
> *ditumb* (Lunda)
> *etumba* (Songye)
> *katumba* (Luba)
> *katumbi* (Bena Luluwa)
> *tumba* (Binja)

Für die Luba beschreibt Gansemans drei als *ditumba* bezeichnete Instrumente. Die *ditumba dya mutumbwe* und die größere *ditumba dya musompola* haben konusförmige, mehrfach gewölbte Resonanzkörper. Die *ditumba dya ndanya* (im folgenden: *ndanya*) ist becherförmig. Laurenty

---

5 Vgl. Merriam 1969, S.75; Gansemans 1974, S.58; vgl. Gansemans und Gourlay in: The New Grove of Musical Instruments 1. Eintrag: „Ditumba".

gibt folgende Maße an: H = 35,5 cm; D = 24,5 cm (Laurenty 1972, S.43). Die Membran ist wie bei den Konustrommeln angenagelt, wobei die Nägel durch einen um den Membranrand gelegten, zusätzlichen Fellstreifen getrieben sind. Der Ansatz ist zum unteren Ende hin stark verbreitert.[6] An der Schale wird zum Anbringen eines Haltegurtes gemeinhin ein schmales mit einem glühenden Eisen durchbohrtes Rechteck angeschnitzt (ebd., S.41). Das auffälligste Merkmal der *ndanya* ist ein als *kikolo* be-
Vgl. Abb.158
zeichneter Kalebassenstiel, über dessen einen Ende man eine dünne Haut aus Spinnenkokons legt. Das *kikolo* wird in eine Öffnung am Korpus in das Instrument eingeführt und mit Gummi oder Bienenwachs befestigt. Da der an sich offene Resonanzkörper unten an der Schale mit Tonerde verschlossen ist, drängt beim Spielen die Luft durch das *kikolo* nach außen und versetzt so die Haut in Schwingungen. Man nennt das Instrument auch *ditumba dya ngenze*, da der auf diese Weise verfremdete Klang an das Zirpen der Grille *ngenze* erninnert (Gansemans 1980, S.52f.). Die gleiche Vorrichtung findet man bei den Bechertrommeln der Lunda (Gansemans 1974, S.58).

Gansemans Ausführungen über die *ditumba*-Trommeln der Luba stammen überwiegend aus den 1970er Jahren. Die von ihm beschriebenen Instrumente scheinen auffällig schlicht (vgl. Gansemans 1978, S.67, Abb.11). Bei Frobenius finden sich hingegen Abbildungen von Bechertrommeln der Luba, die – wie viele becherförmigen Instrumente benachbarter Ethnien – mit Kerbschnittmustern an den Schalen und Ansätzen verziert sind (Frobenius 1990, S.82ff.).

Die Trommeln werden bei den Luba mit Stimmpaste aus Kautschuk (in anderen Gegenden aus Bienenwachs und Öl)[7] versehen. Um eine bestimmte Spannung zu halten, schiebt man bisweilen dünne Holzstäbe zwischen das Korpus und die Fellstreifen, durch den die Nägel getrieben sind (vgl. Gansemans & Schmidt-Wrenger 1986, S.162). Vor dem Spiel erhitzt man die Membranen (Laurenty 1972, S.40). Die *ndanya* wird
Abb.155
mit Händen geschlagen. Der Musiker hält die Trommel stehend bzw. halb hockend oder sitzend zwischen den Oberschenkeln. Bisweilen kniet er vor dem Instrument oder sitzt rittlings auf dem Resonanzkörper (vgl. ebd., Abb. S.40).

Die *ditumba*-Trommeln sind mit bestimmten Tabus belegt. Das Trommelspiel ist den Männern vorbehalten. Ein Verstoß kann zu Krankheit und Tod führen. Verheiratete Frauen, die die Instrumente spielen, werden (oder wurden) – wie Gansemans berichtet – von ihren Ehemännern verstoßen (Gansemans 1980, S.54).

In einem von Gansemans dokumentierten Beispiel erklingt die *ndanya* gemeinsam mit einer Schlitztrommel *kyondo*, über deren formelhaften Rhythmen der *ndanya*-Spieler improvisiert. Ein weiterer Musiker markiert mit Schlegeln ein Orientierungspattern auf dem Korpus eines der Instrumente. Das Ensemble spielt hier anläßlich einer rituellen Geburtenfeier für Zwillinge (vgl. Schallplattenverz. Nr.15, B-2).

Bei den Bena Luluwa erklingen Trommeln vom Typ der becherförmigen *ditumba* zusammen mit Gefäßrasseln und Aufschlagidiophonen. Eine Aufnahme in dieser Besetzung von Barbara Wrenger enstand 1976 – mit
Mbsp.21
Abb.155
Gesängen und Tänzen, die gemeinhin beim unerwarteten Tod eines regionalen Oberhauptes aufgeführt werden.[8]

---

6   Im Katalog: Standfuß (Typ A).
7   Timothy Mgala, persönliche Mitteilung 1995.
8   Barbara Wrenger, persönliche Mitteilung 1996.

Abb.156 Zwei Bechertrommeln. *Ditumba*-Typ. Urua. Zaire. Kat.-Nr.304 und Kat.-Nr.305.

Das Museum besitzt zwei Bechertrommeln aus der Region von den Urua (Kat.-Nr.304 und 305), die in den 1890er Jahren in die Sammlung kamen. Die Membranen sind mit Holz- und Kupfernägeln befestigt. Zur zusätzlichen Spannung hat man durch Schlitze in den Fellrändern, die bei beiden Instrumenten weit über die Resonanzkörper reichen, kleine, 6 bis 8 cm lange Holzstäbe geführt. Die eine Trommel ist unten am Ansatz mit einer Holzscheibe verschlossen.[9] Beide Instrumente sind mit Kerbschnittornamenten an den Schalen und Ansätzen sowie mit angeschnitzten Vorspüngen zur Befestigung von Haltegurten versehen. Die Gurte hat man an den Ansätzen durch Bohrlöcher geführt. Es fehlen Vibrations-Vorrichtungen in der Art des *kikolo*. Die Größe der Trommeln ist nahezu gleich: H = 40,5 cm; D = 23 cm (Kat.-Nr.304) und H = 39, 5 cm; D = 21 cm (Kat.-Nr.305).

Abb.156

Neben den becherförmigen Instrumenten sind in der Region zweifellige Sanduhrtrommeln verbreitet, die man bei den Chokwe als *mukupiela* und bei den Lunda als *mukupel* bzw. *mukupele* bezeichnet. Verwandte Trommeln – allerdings mit weniger bauchigen Schalen und daher eher mit zylindrischer Form – kennt man bei den Luba unter dem Namen *tunshinkidi* oder *munkubidi*[10], bei den Warua als *rintingiri*. Der Trommel-Typ ist auch außerhalb der Region in Angola, Zambia und nach Gansemans sogar in Tansania verbreitet (Gansemans 1980, S.55).

Die stets angenagelten Membranen der *mukupiela* bestehen aus Waran- oder Antilopenleder.[11] Während bei der *tunshinkidi* der Luba der

---

9   Bei der von Laurenty beschriebenen *ndanya* ist hingegen die Schale verschlossen, während der Ansatz offen bleibt (Laurenty 1972, S.41).
10 *Mu-n-kùbidi*, Luba = „die mit den zwei Seiten" (vgl. Gansemans 1980, S.55).
11 Vgl. Baumann 1935, S.212; Gansemans & Schmidt-Wrenger 1986, S.38.

Abb.157 *Mukupiela*-Typ. Kat.-Nr.308.

Abb.158 Kat.-Nr.308.
Nahaufnahme, Vibrations-
vorrichtung.

Mittelkörper massiv bleibt (Gansemans & Schmidt-Wrenger 1986, S.38), ist er bei der *mukupiela* ausgehöhlt. In einer Öffnung am Mittelkörper wird – wie bei der *ndanya* der Luba – eine Vibrationsvorrichtung einge-führt. Sie besteht traditionell aus dem Hals einer Kalebasse und der *Abb.157–158* Schutzhülle eines Spinnengeleges. Gleiche Vorrichtungen wurden bereits von Livingstone bei Sanduhrtrommeln der Lunda beschrieben (Living-stone 1857, S.293). Die *mukupiela* wird mit verschiedenen abstrakten Kerbschnittmustern an den Schalen verziert. An einer der Schalen ist zudem häufig ein menschliches Gesicht ausgeschnitzt, welches bisweilen als Nachbildung der Masken und Gesichtsbemalungen bei den Chokwe *Abb.159–161* interpretiert wird (Gansemans & Schmidt-Wrenger 1986, S.38). Ähnli-che Gesichter sind auch auf anderen Holzgegenständen der Chokwe zu finden, u.a. auf Xylophonplatten (ebd., S140f.). Am Mittelkörper der *mukupiela* sind vier Henkel angeschnitzt.

204

Abb.159 *Mukupiela*. Chokwe. Angola. Kat.-Nr.294.

Abb.160 Kat.-Nr.294. Nahaufnahme.

Beim Spielen liegt das Instrument häufig horizontal auf den Oberschenkeln des sitzenden Musikers. Eine Schnur ist an einem der Henkel befestigt und um den Hals des Trommlers gelegt. Die beiden Membranen sind etwa im Abstand einer großen Sekunde gestimmt. Die Feinabstimmung erfolgt durch Auftragen von Stimmpaste und durch Erhitzen. Die höher klingende Membran, die zumeist mit der rechten Hand geschlagen wird, bezeichnet man als *songo*, ihren Klang als *liji likepe* („kleine Stimme"); die tiefere Membran heißt *shina*, ihr Klang *liji linene* („große Stimme") (ebd., S.38).

Abb.162

Die *mukupiela* gehörte zu den Regalien des Mwananganas, eines der mit der Lunda-Herrscherschicht verwandten Chokwe-Oberhäuptern. Sie erklang am Hofe, wo sie stets paarweise gespielt wurde; und sie begleitete das Oberhaupt auf Reisen, um gegebenenfalls sein Erscheinen anzu-

Abb.161 Maske. Chokwe. 1935. Die rechte Seite des Fotos wurde zeichnerisch ergänzt.

kündigen (ebd.). Beim Tod eines Herrschers wurde – wie Baumann berichtet – eine der Trommeln mit zerschnittenen Membranen am Zaun seiner Hütte aufgehängt, „weil es Sitte ist, beim Tode des Herrschers das Fell seiner Trommel zu zerstören und der Trommel das ‚mwono‘ (Leben) zu nehmen" (Baumann 1935, S.212).

Mbsp.22
    Heute erklingt die *mukupiela* vereinzelt noch bei dörflichen Tanzfesten. Bei den Lunda gehörte die *mukupel* noch in den 1970er Jahren zu den höfischen Instrumenten. Nach Gansemans bestand das Orchester des Mwant Yaav (König der Lunda) aus einer Schlitztrommel, zwei Xylophonen, einer Bechertrommel und zwei *mukupel*-Trommeln. Es wurde ausschließlich zu Ehren des Mwant Yaav gespielt. Es begleitete ihn zur Repräsentation auf Reisen und erklang u.a., wenn er zum Zeichen seiner Kraft den „Tanz des Löwen" vorführte (Gansemans 1974, S.63).
    In der Sammlung finden sich neun Instrumente diese Typs, darunter drei *mukupiela*-Trommeln der Chokwe. Im Detail unterscheiden sich die Instrumente, was der Vergleich dreier Beispiele verdeutlicht:

Kat.-Nr.294 (Chokwe)
H = 52,5 cm; D = 31 cm; Höhe des Mittelkörpers = 15 cm.

Abb.162 Trommler mit *mukupiela* und Begleitmusiker. Rechts eine Schlitztrommel (an Astgabeln aufgehängt). Chokwe. Zaire. 1976.

Kat.-Nr.300 (Mbundu)[12]
H = 66 cm; D = ca. 31 x 30 cm; Höhe des Mittelkörpers = 22 cm.

Kat.-Nr.308 (Herkunft unbestimmt)
H = 55 cm; D = 27 cm; Höhe des Mittelkörpers = 16 cm.

Neben Größe und Proportion unterscheiden sich die Instrumente auch in den Schnitzereien. So hat die Trommel der Mbundu anstelle der Henkel lediglich an den beiden Schalen jeweils einen angeschnitzten Vorsprung, der als Vorrichtung zum Befestigen eines Ledergurtes – ähnlich wie bei den oben besprochenen Bechertrommeln – durchbohrt ist. Diese Vorrichtungen werden bisweilen in der Literatur in Anlehnung an lokale Ausdrücke als „Ohren" bezeichnet.[13] Auch die Kerbschnittornamente sind verschiedenartig ausgeführt. Nur bei der Trommel der Chokwe findet sich ein angeschnitztes Gesicht, alle anderen Ornamente sind abstrakt. Die Membranen der Chokwe-Trommel, die vermutlich aus der Objektsammlung von Hermann Baumann stammt, sind zerschnitten. Der gerade Schnitt deutet daraufhin, daß sie mit Absicht, zu Ehren eines verstorbenen Oberhauptes zerstört wurden. Die beiden anderen Instrumente und auch die übrigen Chokwe-Trommeln in der Sammlung sind beidseitig mit Resten von Stimmpaste versehen. Demgegenüber berichtet Ganse-

Abb.163

Abb.159

---

12 Das Siedlungsgebiet der Mbundu liegt im Nordwesten Angolas und gehört daher eigentlich nicht zu dem unter Region 9 erfaßten Areal. Ihre Instrumente sind aber eng mit denen der Chokwe und benachbarter Ethnien verwandt.

13 Vgl. Baumann 1935, S. 212; Kubik 1971, S.461. Bei einer anthropomorphen Trommeln der Bena Luluwa (Kat.-Nr.286) sind die Halterungen tatsächlich als Ohren eines angeschnitzen Gesichtes erkennbar.

Abb.163 *Mukupiela*-Typ. Mbundu. Zaire. Kat.-Nr.300.

mans, daß bei den *mukupel*-Trommeln der Lunda lediglich auf eine der Membranen Stimmpaste aufgetragen wird (Gansemans 1974, S.58).

Ein weiterer Trommeltyp ist eng mit der Institution Mukanda, der Beschneidungsschule für Jungen und den dazu gehörenden Maskenfesten *(makisi)*, verbunden. Die Institution ist in der Region weit verbreitet. Für die Trommeln kennt man bei verschiedenen Ethnien der Ngangela-Gruppe in Ost-Angola und Nordwest-Zambia den Ausdruck *chipwali* (pl. *vipwali*) (vgl. Kubik 1971, S.187ff. und S.459ff.). Bei den Chokwe

Vgl. S.155

und Luvale werden die Instrumente als *ngoma* (pl. *vingoma*) bezeichnet.[14] Sie sind faß- oder konusförmig mit flachen Standfüßen.[15] Ihre Größe variiert etwa zwischen 60 und 120 cm. Unterhalb der Nägel ist zumeist rundumverlaufend ein breiter Streifen mit abstrakten Ornamenten beschnitzt. Ferner finden sich hier zwei oder mehr der bereits beschriebenen sogenannten „Ohren", angeschnitzte Halterungen zum Befestigen von Trageschnüren. Unterhalb dieses Streifens ist bisweilen ein Ge-

Abb.167

sicht ausgeschnitzt, das den Figuren der *mukupiela*-Trommeln bei den Chokwe ähnelt. Bei einer von Kubik beschriebenen *chipwali* aus einem Nkhangala-Dorf stellt das Gesicht einen prominenten Ahnen dar, der bei verschiedenen Festen vielfach auch als Maske erscheint (Kubik 1971, S.461).

Die *chipwali*-Trommeln werden mit Händen gespielt, zumeist im Dreier- oder Vierer-Satz, wobei man die Instrumente mit Stimmpaste aufeinander abstimmt. In einem filmisch dokumentierten Beispiel von Kubik, das 1987 während eines Masken-Festes in Nordwest-Zambia entstand, werden drei an einem Gestell lehnende Trommeln von jeweils einem Musiker gespielt (vgl. Filmverzeichnis, Nr.13). Ein weiterer Spieler schlägt mit einem langen Stock eine Orientierungsformel am Korpus einer der Trommeln. Auf den beiden kleineren *vipwali* erklingen ostinate Schlag-

---

14 Gerhard Kubik, persönliche Mitteilung 1996.
15 Im Katalog: Standfuß (Typ C)

Abb.164 Musiker mit einem Set aus vier Trommeln vom *chipwali*-Typ und einem Xylophon mit zwei Platten. Ost-Angola. 1965.

folgen. Der Spieler der größten Trommel markiert mit einzelnen Schlägen den Beat oder spielt Varianten der Patterns seiner Mitspieler. Stark akzentuierte Schläge führt er mit flacher Hand aus, wobei der Handballen auf den Membranrand und die Fingerspitzen auf die Membranmitte treffen. Weniger akzentuierte (tiefere) Schläge erfolgen mit der gekrümmten Hand auf die Membranmitte. Versierte *chipwali*-Trommler kennen wahrscheinlich auch andere Schlagtechniken, wie sie z.B. bei professionellen Trommlern in Lusaka üblich sind. Dort spielt man überwiegend einen mit den *chipwali*-Trommeln verwandten Satz der Lusi. Neben den oben beschriebenen Techniken verwendet man abgedämpfte Schläge und eine Art *slap*, der auf der Fellmitte mit einem „Nachklappen" von Zeige- und Mittelfinger nach dem Daumen ausgeführt wird.[16]

Der *chipwali*-Trommelsatz erklingt überwiegend zur Begleitung von Tänzen. Bei einem von Kubik 1971 in Nordwest-Zambia dokumentierten Tanz mit Namen *kawali* kommen wiederum drei Trommeln zum Einsatz. In Kubiks Notizen zur Aufnahme findet sich dazu folgende Beschreibung:

Mbsp.23

> Der *Kawali*-Tanz der Beschnittenen ist ein Kreistanz. (...) Während der Gesangsstellen gehen sie in Gegenuhrzeiger-Bewegung mit seitlichen Schritten und schwingenden Bewegungen weiter. Im Augenblick aber, wo die Trommeln allein spielen, wo sie zu singen aufhören, beginnen sie den typischen *Kawali*-Schritt, (...) mit dem Vorstellen des linken und rechten Fuß abwechselnd und gleichzeitigem Schulterrollen.[17]

Bisweilen wird der *chipwali*-Satz von einem Musiker gespielt. Ein Beispiel wurde von Kubik – ebenfalls während seiner Zambia-Reise 1971 in

---

16 Reinald Döbel und Timothy Mgala, persönliche Mitteilung 1995/96.
17 Gerhard Kubik, o. Sz. Dokumentation zur Sammlung Zambia 1971, archiviert im Museum für Völkerkunde, Berlin, Abteilung Musikethnologie unter den Nummern M 23455–M 23955. Weiterführende Informationen zur Bedeutung des Ausdrucks *Kawali* finden sich bei Kubik 1971, S.296.

Abb.165 Trommel *chipwali*-
Typ. Zaire. Kat.-Nr.311.

Mbsp.24

der Nordwest-Provinz – in einem Dorf namens Chikenge (mit Luvale-
und Luchazi-Sprechern) aufgenommen. Die Trommeln erklingen zum
Tanz der Chileya-Maske, die als humoristische Figur zu den „redenden
Masken" gehört (Kubik 1981, o.Sz.). Sie übernimmt hier auch die Funktion des Vorsängers. Ein zweiter Trommler schlägt mit einem Stäbchen
die in der Region weit verbreitete sogenannte *kachacha*-Formel
(x x · x · x · x x · x · x · x ·). Die Bezeichnung leitet sich von einem
gleichnamigen Tanz her, der unter anderem bei den Chokwe und den
Luvale bekannt ist (Kubik 1991, S.247).

Abb,164

Häufig spielt man die *vipwali* zusammen mit anderen Instrumenten,
z.B. mit Xylophonen. Bei verschiedenen Bevölkerungsgruppen in Ost-
Angola erklingt eine einzelne Trommel vom Typ der *chipwali* mit einer
Schlitztrommel (Kubik 1971, S.467). Der *chipwali*-Spieler hält dann bisweilen das Instrument stehend mit gekrümmtem Rücken zwischen den
Beinen (vgl. Kubik 1981, Abb.5). oder sitzt rittlings auf dem Resonanzkörper. Das *chipwali*-Spiel dient in vielen Fällen als Sprechersatz. Bei
den Mbwela etwa kommt den Trommeln eine besondere Bedeutung während der Schulung der beschnittenen Jungen zu. In der Zeit, die sie in
der Mukanda-Schule verbringen, müssen sie zahlreiche rezitativ-artige
Gesänge erlernen. Schwierigkeiten bereiten dabei symbolisch verschlüs-
selte Textzeilen, da deren Bedeutung vielfach nicht mehr bekannt ist.
Der Lehrer unterstützt daher die Lernenden, indem er die Anfänge einzelner Textzeilen auf der am tiefsten gestimmten Trommel des *chipwali*-

Abb.166 Trommel *chipwali*-
Typ. Chokwe. Kat.-Nr.291.

Abb.167 Kat.-Nr.291.
Nahaufnahme.

Satzes imitiert. Während der Übungsstunden ergeben sich responsorische
Formen, bei denen der Chorgesang der Schüler und die Trommelschläge
des Lehrers abwechseln (ebd., o.Sz.). Ein Beispiel hierfür findet sich auf
einer Schallplatte von Kubik (vgl. Schallplattenverz. Nr.18, A-5).

Das Museum besitzt drei verschieden große Instrumente vom Typ der
chipwali:

Abb.168 Trommel der Luba.
Kat.-Nr.298.

H = 127 cm, D = 26 x 24 cm (ohne Nummer)
H = 102 cm , D = 33 cm (Kat.-Nr.311)
H = 61 cm; D = 21 x 19 cm (Kat.-Nr.291)

Abb.165–167 Die Resonanzkörper sind jeweils mit Kerbschnittmustern verziert. Ein ausgeschnitztes Gesicht, wie es bei Kubik beschrieben ist, findet sich nur auf der kleinsten Trommel, die von den Chokwe stammt.

Anthropomorph beschnitzt sind auch einige weitere Exemplare aus der Region, deren Resonanzkörper eine Besonderheit aufweisen, da der obere Rand verbreitert ist und übersteht. Die Membranen (aus Reptilienhaut) sind über diesen Rand geführt und angenagelt. Zwei repräsentative Instrumente stammen laut Erwerbungbuch von den Bena Luluwa. Dem *Farbt.XXII* Resonanzkörper des einen (Kat.-Nr.286) sind zwei menschliche Gesich-*Farbt.XXIII* ter angeschnitzt. Das zweite (Kat.-Nr.287) ist ganz als anthropomorphe, männliche Figur gearbeitet. Die im Erwerbungsbuch angegebene Herkunft ist von Albert Maesen angezweifelt worden, mit der Begründung, daß diese Trommelform für die Bena Luluwa untypisch sei. Maesen ordnet sie den Luba zu (vgl. Brincard 1989, S.104). Auch im Museum findet sich ein ähnliches, jedoch vergleichsweise schlicht gearbeitetes Instru-*Abb.168* ment von den Luba (Kat.-Nr.298). In den „Ethnographischen Notizen" von Frobenius sind hingegen Trommeln dieses Typs aus verschiedenen Regionen abgebildet, u.a. auch von den Bena Luluwa (vgl. Frobenius 1988, S.133ff.).

212

Abb.169 *Mukupiela* als Reibetrommel. Anbindung des Stabes. Chokwe. Zaire. 1976.

Fesselstab-Reibtrommeln

Die Reibtrommeln in der Region unterscheiden sich von denen in Westafrika vor allem dadurch, daß sich der Stab im Inneren des Korpus befindet. Instrumente dieses Typs sind auch außerhalb der Region in verschiedenen Gebieten Zambias und Angolas verbreitet; verwandte Instrumente kennt man in Namibia und Botswana (vgl. Norborg 1987, S.165ff.). Vielfach ist für diese Reibtrommel der Name *mpwita (mpwit, kwita, kipwita, puita, ebuita)* bekannt. Nach Gansemans bezieht sich der Ausdruck auf den Klang der Instrumente, er bezeichnet onomatopoetisch das Geräusch, das beim Schlucken im Mund entsteht (Gansemans 1980, S.60).

Das Korpus ist gemeinhin zylindrisch oder faßförmig. Seine Größe variiert zwischen 35 und 60 cm. Die Länge des Stabes entspricht annähernd der des Korpus. Der Stab ist stets aus Schilfrohr. Sein oberes Ende wird von innen durch einen Schlitz der Membran gesteckt, außerhalb der Membran ist er an eine kleine Lederscheibe (D = ca. 3–4 cm) gebunden. Bisweilen wird der Stab zum Schutz des Fells auch im Korpus durch eine Lederscheibe geführt. Bei neueren Instrumenten – u.a. bei den Luba, den Chokwe und in der Nordwest-Provinz Zambias – dienen die Zargen von Benzinfässern als Resonanzkörper. Im Chokwe-Gebiet werden alte Instrumente des *mukupiela*-Typs zu Reibtrommeln umgebaut (Gansemans & Schmidt-Wrenger 1986, S.38).

Abb.169
Mbsp.25

Beim Musizieren ist die offene Seite des Instruments zum Spieler gerichtet, oder es liegt horizontal auf dem Schoß des Musikers. Er umfaßt mit der rechten, angefeuchteten Hand den Stab. Bei Instrumenten mit Holzresonatoren ist meistens am unteren Ende des Korpus ein größeres Rechteck herausgeschnitten, sodaß der Spieler mehr Bewegungsfreiheit

Abb.170

Abb.170 Junge Musiker in Tobi mit Reibtrommel *kwita*. Chokwe. Zaire. 1976.

Abb.171 Reib-
trommel *ebuita*.
Mbundu. Angola.
Kat.-Nr.299.

hat. Mit der linken Hand preßt er bisweilen die Membran, wodurch sich die Tonhöhe ändert. Bei einem von Kubik dokumentierten Beispiel aus Südwest-Angola erklingt durch gleichmäßiges Reiben des Stabs ein Brummton. Er wird durch rhythmische Figuren unterbrochen, die allein aufgrund von Tonhöhenveränderungen entstehen.[18] Bei den Chokwe und benachbarten Ethnien bespielt man bisweilen zusätzlich das Korpus der Trommmel mit Schlegeln.[19]

---

18 Kubik 1973, S.19; vgl. Schallplattenverz. Nr.19, B-7.
19 Vgl. Schmidt-Wrenger 1975, S.8; Kubik 1991, S.248f.

Abb.172 Reibtrommel *nyamalwa*.
Zambia. Ohne Katalognummer.

Abb.173 Reibtrommel *nyamalwa*.
Innenansicht. Zambia. Ohne Katalognummer.

Die Reibtrommeln der Region erklingen – anders als etwa im Kameruner Grasland – überwiegend innerhalb musikalischer Genres, die sich
vielfach erst im zwanzigsten Jahrhundert entwickelt haben. Bei den Lunda
z.B. begleiten die Instrumente einen Tanz, dessen Name *moy* sich nach
Gansemans direkt auf die Reibtrommeln bezieht, da er eigentlich für die
kleinen Lederscheiben verwendet wird, an denen der Stab der Trommel

befestigt ist. Der Tanz wird zu propagandistischen Zwecken aufgeführt. Die dazugehörigen Gesänge preisen die Politik des Diktators Mobuto (Gansemans 1974, S.62). Bei den Luvale und anderen Bevölkerungsgruppen Zambias erklingt die Reibtrommel überwiegend zur Begleitung profaner Gesänge während unterhaltsamer Zusammenkünfte, der sogenannten *„Beer Parties"*.[20] In verschiedenen Gebieten Zaires kommt sie ferner anläßlich christlicher Zeremonien zum Einsatz (ebd.). Unter dem Namen *puita* bzw. *cuica* sind Reibtrommeln mit Innenstab auch innerhalb der afroamerikanischen Bevölkerung Brasiliens verbreitet (Kubik 1979, S.22ff.).

Im Museum werden drei Reibtrommeln dieses Typs aufbewahrt. Ein Instrument *ebuita* (Kat.-Nr.299) stammt vermutlich von den Mbundu in

Abb.171

Angola. Es wurde vom Sammler Alfred Schachtzabel in einem Ort Cabule auf dem Weg von Benguella ins Landesinnere erworben.[21] Das Korpus ist auffällig rudimentär gearbeitet. Die Wandungen sind nicht begradigt und die rechteckige Öffnung am unteren Ende des Korpus ist ohne jede Sorgfalt herausgeschnitten. Es fehlt die Lederscheibe zur Befestigung des Stabes. Lediglich der Knoten einer an den Stab gebundenen Schnur verhindert, daß der Stab durch den Schlitz der Membran fällt. Die beiden anderen Instrumente sind wesentlich jünger. Eines (Kat.-Nr.312) – *puita* genannt – stammt aus der Nordwest-Provinz in Zambia. Als Korpus dient

Farbt.XXIV

die Zarge eines Benzinfasses der Marke Shell. Die Membran besteht aus dem Fell eines Stachelschweins. Das Korpus der dritten, faßförmigen Reibtrommel (ohne Katalognummer) ist wiederum aus Holz. Sie wurde von Timothy Mgala – nach dem Vorbild der Instrumente der Tonga in Süd-

Abb.172–173

Zambia angefertigt. Ihr Name *nyamalwa* (Tonga = „Bier")[22] weist auf den Kontext der *„Beer Parties"*.

---

20 Timothy Mgala, persönliche Mitteilung 1995.
21 Nach Schachtzabel stammt das Instrument von den „Tschimbundu". Museum für Völkerkunde Berlin, Aktennr. 1686/13.
22 Timothy Mgala, persönliche Mitteilung 1995.

Katalog zu Region 9 (Nrn. 286–312)

286 III C 1962 **Bechertrommel, einfellig, offen**
Nagelspannung (Typ B)
Bena Luluwa, Zaire **H = 101; D = 30 x 28**

a. Ohne Fellring. Die Membran ist größtenteils mit Stimmpaste bedeckt.
b. Schale zylindrisch. Standfuß (Typ B).
c. An zwei x-förmig angeschnitzten Halterungen ist ein Tragegurt befestigt.
d. An der Schale des Korpus sind zwei große menschliche Gesichter angeschnitzt (eines mit Bart).
f. Vgl. S.212 u. Farbtafel XXII(1) u. XXII(2).

SAMMLER: Pogge/1883

287 III C 2672 **Zylindertrommel, einfellig, geschlossen**
Nagelspannung (Typ B)
Bena Luluwa, Zaire **H = 116; D = 30**

a. Ohne Fellring. Um den Membranrand ist eine lederne Schnur gelegt, durch die die Nägel getrieben sind.
b. Korpus anthropomorph (in Form einer männlichen Figur).
d. Der mit einem langen Bart geschmückte Kopf ist am Korpus angeschnitzt. Eine Hand der Figur führt zum Geschlechtsorgan. Das Korpus ist mit Kerbschnittornamenten verziert.
f. Vgl. S.212 u. Farbtafel XXIII.

SAMMLER: Wissmann/1885

288 III C 21397 *mukupiela*-Typ **Sanduhrtrommel, zweifellig**
Nagelspannung (Typ B)
Bihe, Angola **H = 53; D = 23**

a. Ohne Fellringe. Nägel sind durch herausgeschnittene Schlaufen am Fellrand getrieben.
b. Korpus zu den Membranen hin verjüngt. Mittelkörper (Typ B).
c. Am Mittelkörper eine runde Öffnung und zwei angeschnitzte Henkel. Rasselkörper im Inneren des Instruments.
d. Kerbschnittornamente an den Schalen.
f. Vgl. S.203ff.

SAMMLER: Strümpell/1907

289 III C 34053 *kangoma* **Zylindertrommel, einfellig**
Topfspannung
Chokwe, Angola **H = 30.5; D = 6**

a. Ohne Fellring. Schnüre pflanzlich. Stimmpaste auf der Membran.
e. Kinderspielzeug (laut Erwerbungsbuch).

SAMMLER der Kat.-Nrn.289–293: Baumann/1938

290 III C 35437 **Bechertrommel, offen**
Nagelspannung (Typ B)
Chokwe, Angola **H = 75; D = 22**

a. Ohne Fellring. Nägel sind durch herausgeschnittene Schlaufen am Fellrand getrieben.
b. Schale konisch.
d. Kerbschnittornamente zwischen zwei angeschnitzten Ringen unterhalb des Felles.

291 III C 35439 *chipwali*-Typ **Faßtrommel, offen**
Nagelspannung (Typ A), 15 Nägel
Chokwe, Angola **H = 67; D = 21 x 19**

a. Ohne Fellring. Nägel durch herausgeschnittene Schlaufen am Fellrand getrieben. Stimmpaste.
b. Korpus nicht zur Membran hin verjüngt. Standfuß (Typ C) mit angeschnitzten Ringen oberhalb des Sockels.
c. Drei angeschnitzte Henkel unterhalb der Membran.

d. Mehrere angeschnitzte Ringe. Kerbschnittornamente und ein ausgeschnitztes Gesicht unterhalb der Membran.
f. Vgl. S.208ff.

292 III C 35444 *mukupiela* **Sanduhrtrommel, zweifellig**
Nagelspannung (Typ B)
Chokwe, Angola **H = 55; D = ca. 25**

a. Ohne Fellringe. Nägel sind durch herausgeschnittene Schlaufen an den Fellrändern getrieben, außerdem durch Lederstreifen geführt, die um die Membrane gelegt sind. Stimmpaste auf beiden Membranen.
b. Korpus zu den Membranen hin verjüngt. Mittelkörper (Typ B).
c. Am Mittelkörper eine runde Öffnung und vier angeschnitzte Henkel.
d. Kerbschnittornamente an den Schalen.
f. Vgl. S.203ff.

293 III C 35445 *mukupiela* **Sanduhrtrommel, zweifellig**
Nagelspanung (Typ B)
Chokwe, Angola **H = 52,5; D=24 x 23 und D=25 x 24**

a. Ohne Fellringe. Nägel sind durch herausgeschnittene Schlaufen an den Fellrändern getrieben. Stimmpaste auf beiden Membranen.
b. Korpus zu den Membranen hin verjüngt. Mittelkörper (Typ A).
c. Am Mittelkörper eine runde Öffnung und vier angeschnitzte Henkel (einer mit geflochtenem Tragegurt).
d. Kerbschnittornamente und ein ausgeschnitztes Gesicht auf den Schalen.
f. Vgl. S.203ff.

SAMMLER der Kat.-Nrn.289–293: Baumann/1938

294 III C 44036 *mukupiela* **Sanduhrtrommel, zweifellig**
Nagelspannung (Typ B)
Chokwe, Angola **H = 52,5; D = 31**

a. Ohne Fellringe. Schnüre sind durch herausgeschnittene Schlaufen am Fellring geführt.
b. Mittelkörper (Typ A). Schalen zu den Membranen hin verjüngt.
c. Am Mittelkörper eine runde Öffnung und vier angeschnitzte Henkel.
d. Kerbschnittornamente an den Schalen (abstrakte Figuren, ein Gesicht).
f. Vgl. S.203ff.

SAMMLER: unbekannt. Laut Erwerbungsbuch „alter Bestand". Vermutlich: Baumann/1938

295 III C 3644 **Bechertrommel, einfellig, offen**
Nagelspannung (Typ B)
Kuba, Zaire **H = 135; D = 27**

a. Ohne Fellring. Nägel sind durch einen um den Fellrand gelegten Lederstreifen getrieben.
b. Standfuß (Typ A). Schale zylindrisch.
d. Einfache Kerbschnittornamente im oberen Drittel des Korpus. Drei angeschnitzte Henkel.
f. Vgl. S.200.

SAMMLER: Wolf/1886

296 III C 37514 **Faßtrommel, einfellig, offen**
Schnur-Fell-Spannung („Kassai-Spannung")
Kuba, Zaire **H = 74; D = 26**

a. Ohne Fellring. Direkt unter der Membran ist ein Fellstreifen angenagelt. Die Membran ist mit feiner Schnur angenäht.
b. Standfuß (Typ C) mit einem angeschnitzten Ring oberhalb des Sockels.
d. Kerbschnittornamente im oberen Drittel des Korpus. Ein angeschnitzter Henkel in Form eines Armes mit Hand. Das Korpus ist zweifach gewölbt (8-förmig).
f. Vgl. S.200 u. Farbtafel XXI.

SAMMLER: Lemaire/1959

297 III C 45197 **Faßtrommel, einfellig, offen**
Schnur-Fell-Spannung („Kassai-Spannung")
Kuba, Zaire **H = 62; D = 22**

a. Ohne Fellring. Direkt unter der Membran ist ein Fellstreifen angenagelt. Die Membran ist mit feiner Schnur angenäht.
b. Standfuß (Typ C) mit einem angeschnitzten Ring oberhalb des Sockels.
d. Kerbschnittornamente im oberen Drittel des Korpus. Ein angeschnitzter Henkel in Form eines Armes, darüber ein angeschnitztes Gesicht (oder Maske). Das Korpus ist zweifach gewölbt (8-förmig).
f. Vgl. S.200 u. Farbtafel XX.

SAMMLER: Massar/1994

298 III C 1963	**Bechertrommel, einfellig, offen**
	Nagelspannung (Typ B)
Luba, Zaire	**H = 60; D = ca. 20**

a. Ohne Fellring. Membran aus Reptilienhaut. Stimmpaste.
b. Schale faßförmig. Standfuß (Typ B).
c. An zwei angeschnitzten Vorsprüngen ist durch Löcher ein Tragegurt aus Stoff angebunden.
f. Vgl. S.212.

SAMMLER: Pogge/1883

299 III C 31658 *ebuita*	**Zylindertrommel, einfellig, offen**
	Nagelspannung (Typ B)
Mbundu, Angola	**H = 40; D = 16 x 21**

Fesselstab-Reibtrommel.
a. Ohne Fellring.
b. Unten ist aus der Wandung eine rechteckige Öffnung herausgeschnitten.
d. Ein flüchtig eingeritztes Quadrat.
f. Vgl. S.213ff.

SAMMLER der Kat.-Nrn.299–302: Schachtzabel/1913

300 III C 31659 *mukupiela*-**Typ**	**Sanduhrtrommel, zweifellig**
	Nagelspannung (Typ B)
Mbundu, Angola	**H = 66; D = 31 x 30**

a. Ohne Fellringe. Reste von Stimmpaste auf beiden Membranen.
b. Korpus zu den Membranen hin verjüngt. Mittelkörper (Typ A).
c. Am Mittelkörper eine runde Öffnung. Jeweils an den Schalen befindet sich ein angeschnitzter, durchbohrter Vorsprung zur Befestigung eines Gurtes.
d. Kerbschnittornamente an den Schalen.
e. Name laut Erwerbungsbuch: „o londingo".
f. Vgl. S.203ff.

301 III C 31660 *mukupiela*-**Typ**	**Sanduhrtrommel, zweifellig**
	Nagelspannung (Typ B)
Mbundu, Angola	**H = 62,5; D = 26 x 24**

a. Ohne Fellringe. Die Nägel sind teilweise durch eine Schnur getrieben, die halbrundumverlaufend um die Membranränder gelegt ist.
b. Korpus zu den Membranen hin verjüngt. Mittelkörper: Typ A.
c. Am Mittelkörper eine runde Öffnung und zwei angeschnitzte Henkel als Halterung für einen Gurt.
d. Kerbschnittornamente an den Schalen.
f. Vgl. S.203ff.

302 III C 31783	**Zylindertrommel, einfellig, offen**
	Nagelspannung (Typ B)
Ngangela, Angola	**H = 122; D = 21 x 18,5**

a. Ohne Fellring. Nägel sind durch herausgeschnittene Schlaufen am Fellrand getrieben.
b. Standfuß (Typ B).
d. Angeschnitzte Ringe unterhalb der Nägel.

SAMMLER der Kat.-Nrn.299–302: Schachtzabel/1913

303 III C 3645	**Konustrommel, einfellig, geschlossen**
	Gurtspannung, Netz-Schnürung (Typ B)
Songe, Zaire	**H = 65; D = ca. 25**

a. Ohne Fellring. Schnüre und Gurt aus Leder (in Streifen). Schnüre sind oben an einem Querband befestigt, das durch herausgeschnittene Schlaufen am Fellrand geführt ist. Unten sind die Schnüre an einen angenagelten Ledergurt gebunden.
b. Unteres Korpusende spitz zulaufend.
c. Rasselkörper im Inneren des Instruments. An den Schnüren ein Haltegriff aus geflochtenem Leder.
d. Die sich aufgrund der Netzspannung ergebenen Muster sind weiß bzw. rot gefärbt.
f. Ankermann 1901, S.53, Abb.127.

SAMMLER: Wolf/1886

304 III E 5202 *ditumba*-Typ　　　　**Bechertrommel, einfellig, geschlossen**
　　　　　　　　　　　　　　　　　　　　Nagelspannung (Typ B)
　　Urua, Zaire　　　　　　　　　　　**H = 40,5; D = 23**

a. Ohne Fellring. Um den Rand der Membran ist ein Fellstreifen gelegt, durch den die Nägel getrieben sind. Stimmpaste. Nägel aus Holz und Kupfer. Zur Spannung sind 6 bis 8 cm lange Holzstäbe durch Schlitze am Rand der Membran geführt.
b. Standfuß (Typ A). Schale faßförmig. Das eigentlich offene Instrument ist mit einem runden Holzstück verschlossen.
c. Ein lederner Haltegurt ist an Bohrlöchern befestigt, oben an zwei angeschnitzten Henkeln und unten am Standfuß.
d. Kerbschnittornamente an der Schale und am Ansatz.
f. Vgl. S.201ff.

SAMMLER: Ramsay/1897

305 III E 6710 *ditumba*-Typ　　　　**Bechertrommel, einfellig, offen**
　　　　　　　　　　　　　　　　　　　　Nagelspannung (Typ B)
　　Urua, Zaire　　　　　　　　　　　**H = 39,5; D = 21**

a. Ohne Fellring. Um den Rand der Membran ist ein Fellstreifen gelegt, durch den die Nägel getrieben sind. Stimmpaste. Nägel aus Holz und Kupfer. Zur Spannung sind 6 bis 8 cm lange Holzstäbe durch Schlitze am Rand der Membran geführt.
b. Standfuß (Typ A). Schale faßförmig.
f. Vgl. S.201ff.

SAMMLER: Ramsay/1898

306 III E 1924 *rintingiri*　　　　　**Zylindertrommel, zweifellig**
　　　　　　　　　　　　　　　　　　　　Nagelspannung (Typ B)
　　Warua, Zaire　　　　　　　　　　**H = 44,5; D =25,5 x 23**

a. Membran aus Reptilienhaut. Ohne Fellring. Um die Membranränder sind Fellstreifen gelegt, durch die die Nägel getrieben sind. Reste von Stimmpaste auf einer der Membranen.
c. Zwei angeschnitzte Henkel mit Bohrlöchern für Haltegriffe. Ein pflanzlicher Haltegriff vorhanden.
d. Zwei angeschnitzte Ringe in der Mitte des Korpus.
f. Ankermann 1901, S.52, Abb.122.

SAMMLER: Reichardt/1886

307 III C 3514　　　　　　　　　　　**Bechertrommel, einfellig, offen**
　　　　　　　　　　　　　　　　　　　　Nagelspannung (Typ B)
　　Yaka (Majakalla), Zaire　　　　　**H = 58; D = 14**

a. Ohne Fellring.
b. Standfuß (Typ A). Schale faßförmig.
d. Zwischen Ansatz und Korpus ein angeschnitzter Ring. Kerbschnittornamente.

SAMMLER: Büttner/1886

308 III C 4253 *mukupiela*-Typ　　　　**Sanduhrtrommel, zweifellig**
　　　　　　　　　　　　　　　　　　　　Nagelspannung (Typ B)
　　Angola oder Zaire　　　　　　　　**H = 55; D = 27**

a. Ohne Fellring.
b. Korpus zu den Membranen hin leicht verjüngt. Mittelkörper (Typ A).
c. Vier angeschnitzte Henkel.

d. Kerbschnittornamente an den Schalen. Unterhalb der Schalen jeweils zwei angeschnittte Doppelringe.
f. Vgl. S.203ff.
SAMMLER: Wissmann/1887

309 III C 31782   **Zylindertrommel, einfellig, offen**
                                        Nagelspannung (Typ B)
     Angola   **H = ca. 116; D = 22**

a. Ohne Fellring. Nägel durch herausgeschnittene Schlaufen am Fellrand getrieben.
b. Standfuß Typ B.
c. Zwei angeschnitzte Ringe unterhalb des Felles.
SAMMLER: Schachtzabel/1913

310 III C 33670 *mukupiela*-Typ   **Sanduhrtrommel, zweifellig**
                                        Nagelspannung (Typ B)
     Angola, Oberer Sambesi   **H = 58,5; D = ca. 27 und D = 29 x 26**

a. Ohne Fellring. Nägel durch herausgeschnittene Schlaufen am Fellrand getrieben.
b. Korpus zur Membran hin verjüngt. Mittelkörper: Typ A.
c. Am Mittelkörper eine runde Öffnung und fünf angeschnitzte Henkel.
d. Kerbschnittornamente auf einer der Schalen.
SAMMLER: Speyer/1927

311 III C 37513 *chipwali*-Typ   **Faßtrommel, einfellig, offen**
                                        Nagelspannung (Typ B)
     Zaire   **H = 102; D = 33**

a. Ohne Fellring.
b. Standfuß (Typ C) mit angeschnitzten Ringen oberhalb des Sockels.
f. Vgl. S.208ff.
SAMMLER: Lemaire/1959

312 III C 44898 *puita*   **Zylindertrommel, einfellig, offen**
                                        Nagelspannung (Typ B)
     Zambia, Nordwest-Provinz   **H = 57,5; D = 37**

Fesselstab-Reibtrommel
a. Membran aus dem Fell eines Stachelschweins. Ohne Fellring.
b. Als Korpus dient die Zarge eines Benzinfasses. Korpus nicht zur Membran hin verjüngt.
c. Eine Schnur ist durch eine gebohrte Öffnung am Stabende und durch ein Loch in der Membran geführt. Auf der Membranoberfläche ist sie an einem talergroßen Stück Leder befestigt. Innerhalb des Korpus ist auf die Membran ein ähnliches Stück Leder gelegt, durch das die Schnur gleichfalls geführt ist.
f. Vgl. S.213ff.
SAMMLER: Yotamu/1988

Abb.174 Musiker an der Universität in Lagos. 1984.

Überregionale Entwicklungen im 19. und 20. Jahrhundert

Infolge des europäischen Kolonialismus und der damit verbundenen Tätigkeit christlicher Missionare kam es innerhalb der afrikanischen Musikkulturen zu einschneidenden Veränderungen. Die Missionare waren vielfach bestrebt, eine auf westlichen Vorbildern beruhende Kirchenmusik zu etablieren. Die traditionellen, ritual gebundenen Formen unterlagen hingegen zahlreichen Restriktionen. Die Afrikaner rezipierten die europäischen Genres auf ihre Weise. Es entstanden neue, sowohl kirchliche als auch säkulare Musikstile, in denen sich westliche und afrikanische Elemente in unterschiedlichen Proportionen verbanden. Seit Mitte des 19. Jahrhunderts kamen auch afroamerikanische Einflüsse hinzu, zunächst durch die Ansiedlung ehemaliger Sklaven und deren Nachkommen in den Küstengebieten und später im 20. Jahrhundert durch die zunehmende Bedeutung der elektronischen Medien.

Nach der Unabhängigkeit entstanden in den Metropolen vieler afrikanischer Länder Institutionen zur Pflege des kulturellen Erbes, mit hauptamtlichen Musikern, Tänzern und anderen Kunstschaffenden. Außerdem wurden an den Universitäten – etwa in Legon (bei Accra), Lagos oder Lusaka – Musik- und Tanzgruppen gegründet. Viele dieser Ensembles fungieren heute als Repräsentanten der Nationen und ihr Repertoire erstreckt sich zumeist auf Musikformen der verschiedenen Ethnien im Lande. Häufig identifizieren sich die Musiker mit den modernen Staaten, obwohl die Grenzen einst willkürlich durch kulturell einheitliche Areale gezogen wurden. Ein Beispiel bietet der zambische Meistertrommler Timothy Mgala. Er stammt aus dem Osten seines Heimatlandes, spielt aber die Trommeln der Lusi, die in der Westprovinz leben:

The reason is that when Zambia became first independent (...) there was this symbol of humanism within Zambia. So (people) were trying by all means to come together though they come from different provinces. And since this is artistic work everyone is entitled to learn someone's culture within Zambia and that's how I came to be drumming this kind of drums though they are not from my own province.[1]

[Der Grund ist: als Zambia erstmals unabhängig wurde ... da gab es dieses Symbol des Humanismus innerhalb Zambias. Also waren die Menschen bemüht, zusammenzukommen, obwohl sie aus unterschiedlichen Provinzen stammten. Und da es sich hier um künstlerische Arbeit handelt, ist jeder bestrebt, die Kultur der anderen innerhalb Zambias zu lernen und so begann ich, diese Trommeln zu spielen, obwohl sie nicht aus meiner Provinz stammen.]

Unter anderem durch den Einfluß der panafrikanischen Bewegung ergibt sich in manchen Institutionen eine gewisse Internationalisierung des Repertoires. Äußeres Zeichen dafür ist die Verwendung fremder Musikinstrumente. So kommen etwa an der Universität in Lagos auch traditionelle Trommeln der Anlo Ewe zum Einsatz, und am *Centre for National Culture* in Kumasi spielt man neben den Trommeln der Akan und Ewe bisweilen die aus der Mande-Region stammende *jembe*. Die Darbietungen wirken sehr perfekt, aber es fehlt weitgehend die improvisatorische Kommunikation zwischen den Interpreten, die die Musikausübung in ländlichen Gebieten häufig kennzeichnet. Viele der professionellen Musiker und Tänzer sind außerdem bestrebt, Erneuerungen nach europäischen Vorbildern einzuführen. Am *Centre for National Culture* in Kumasi entstehen zum Beispiel moderne Choreographien mit synchronen Bewegungsabläufen, die zu den überlieferten Musikformen der Akan und Ewe getanzt werden. Ähnliche Bestrebungen lassen die Darbietungen des African Ballet erkennen, des Staatsballets von Guinea, das in den siebziger und achtziger Jahren weltweite Tourneen durchführte.

Mit den Innovationen im 19. und 20. Jahrhundert ging die Einführung neuer Musikinstrumente einher, die auf verschiedene Vorbilder zurückgingen und sich innerhalb der afrikanischen Kulturen zu individuellen Instrumententypen entwickelten. Unter den Membranophonen sind hier vor allem die viereckigen Rahmentrommeln zu nennen, die in West- und Zentralafrika bekannt sind und bei neueren Musikstilen Verwendung finden. Vornehmlich in Westafrika sind ferner Instrumente mit Klemmspannung – nach dem Vorbild europäischer Militärtrommeln – von Bedeutung. In gewisser Weise gehören auch die im vorigen Kapitel beschriebenen Reibtrommeln mit Innenstab in die Reihe dieser Musikinstrumente. Sie bilden jedoch einen Sonderfall, da sie zwar bei neotraditionellen Musikformen zum Einsatz kommen, aber ursprünglich im Kontext afrikanischer Überlieferungen Verwendung fanden und u.a. in Angola (vermutlich) noch heute bei rituellen Anlässen gespielt werden (vgl. Kubik 1973, S.5 und 1979, Abb.7). Ferner beschränkt sich ihre Verbreitung innerhalb Zentralafrikas weitgehend auf die südlichen Areale.

Rahmentrommeln

Nach Heide Nixdorf waren in verschiedenen west- und zentralafrikanischen Kulturen einst runde Rahmentrommeln mit Schellen verbreitet (Nixdorf 1971, S.149). Heute sind sie weitgehend in Vergessenheit geraten. Bei den Yoruba in Nigeria kennt man die sogenannten *juju*-Trom-

Abb.174

Vgl. S.33

---

1 Timothy Mgala, persönliche Mitteilungen 1995. Das vollständige Interview ist archiviert in der Abteilung Musikethnologie, MV Berlin.

Abb.175 *Gumbé*-Trommel. Jamaika.
Zeichnung aus Ortiz 1952, S.416.

meln, sechseckige Instrumente mit Schellen aus Flaschendeckeln. Wie
der Name vermuten läßt, kommen sie überwiegend bei der populären
juju-Music[2] zum Einsatz. Allerdings wurden die Instrumente schon in
den 1960er Jahren von professionellen Bands kaum mehr gespielt (vgl.
Thieme 1969, S.269).

Weit verbreitet in West- und Zentralafrika sind hingegen die rechteck-
kigen Rahmentrommeln, für die man in der Literatur verschiedene, teilweise verwandte Namen findet:

gombe (Sierra Leone)
goumbe (Niger)
gumbe (Benin)
malinga (Vili)
maringa (Mpongwe)
samba (Yoruba)
tamale (Akan, Baule)
tamboli (Ewe)
tambour (Chokwe, Luba)

Tamale und *tamboli* sind vermutlich Varianten der europäischen Bezeichnung *tambour* bzw. *tambourine*. Die anderen Namen weisen auf
Beziehungen zu afroamerikanischen Kulturen. Unter der Bezeichnung
gumbá bzw. gumbé beschreibt Ortiz eine Trommel aus der Karibik, bei
der das Fell auf einen rechteckigen Rahmen genagelt ist, der auf vier
Beinen steht (Ortiz 1952, S.414ff.). Bereits Ende des 18. Jahrhunderts   *Abb.175*
erwähnte der Reisende Poryan Edwards ein Instrument auf den britischen Westindischen Inseln mit Namen *goombay* bzw. *gumbé*, eine
einfellige, als rechteckiger Kasten gefertigte Trommel (ebd., S.416). Ähnliche Instrumente kennt man heute in Ghana u.a. bei den Ga unter der
Bezeichnung *gomme*. Diese verwandten Ausdrücke ähneln dem Wort   *Abb.176*
goomboy der Dogon in Mali, welches dort für bestimmte Sanduhrtrommeln gebräuchlich ist und von Schaeffner mit „Trommel (boy) des
Griot (gogone, gogom)" übersetzt wird.[3]

---

2   Die nigerianische Genrebezeichnung *jùjú* ist den Informanten von Waterman zufolge
    nicht mit dem in Westafrika verbreiteten Wort *juju* für *Zauberei* verwandt (Waterman
    1986, S.153).
3   Vgl. Schaeffner 1964, S.243. Nach Collins bezeichnete der Ausdruck *gombe* zudem in
    den 1930er Jahren in Nigeria einen neotraditionellen Musikstil (vgl. Collins 1991, S.16).

Abb. 176 Der ghanaische Musiker Mark Asamoa mit kastenförmiger Trommel *gomme*. 1996.

Die Namen *samba* und *maringa (malinga)* beziehen sich auf afroamerikanische Musikformen, deren Varianten während des 19. Jahrhunderts mit der „Heimkehr" ehemaliger Sklaven und deren Nachkommen in vielen afrikanischen Kulturen aufkamen. *Maringa* ist eine Umformung des Wortes *merengue* (bzw. *meringue*), welches verschiedene Tanzmusikformen in lateinamerikanischen Ländern bezeichnet, die traditionell überwiegend mit einem Akkordeon als führendes Instrument gespielt werden. Sowohl beim brasilianischen *Samba* als auch beim *Merengue* in der Dominikanischen Republik verwendet man häufig Rahmentrommeln zur Begleitung, heute allerdings runde Instrumente, in der Art des europäischen *tambourine*. Früher wurden zumindest in Brasilien auch viereckige Rahmentrommeln u.a. beim ländlichen *Samba* gespielt. Dabei handelte es sich um zweifellige Instrumente vom Typ der portugiesischen *adufe*, deren Name wiederum auf arabische Vorbilder weist.[4] Möglicherweise

---

4 Vgl. Enciclopédia da música Brasileira, Eintrag „Adufe".

Abb.177 Rahmentrommel *tamale*. Asante. Ghana. Kat.-Nr.313.

Abb.178 Rahmentrommel *tamale*. Rückansicht. Asante. Ghana. Kat.-Nr.313.

lassen sich die Rahmentrommeln in West- und Zentralafrika auf den afroamerikanischen Typ zurückführen. In traditionellen afrikanischen Musikformen finden sie kaum Verwendung. Denkbar wäre auch, daß die Trommeln – wie viele andere Instrumente – von Nordafrika in den Süden gelangten und später durch den Einfluß der afroamerikanischen Musik an Popularität gewannen. In der älteren Literatur gibt es jedoch so gut wie keine Hinweise. Luschan interpretiert einige Abbildungen rechteckiger, von Personen gehaltener Gegenstände auf alten Benin-Plastiken als Rahmentrommel, was jedoch – wie er selber erkennt – fragwürdig scheint (Luschan 1919, S.186ff.).

Die viereckigen Rahmentrommeln – wie sie heute in West- und Zentralafrika vorkommen – unterscheiden sich je nach Region in der Bauart, Größe und Spielweise. Im Museum finden sich zwei *tamale*-Trommeln der Asante, die im *Centre for National Culture* in Kumasi hergestellt wurden und den Einfluß des auf europäische Vorbilder zurückgehenden Zimmerhandwerks erkennen lassen (Kat.-Nr.313 und 314). Als Innengriff dienen zwei sich mit Überblattung kreuzende, in den Rahmen eingelassene Holzlatten. Das Fell (aus Ziegenleder) ist angenagelt, wobei die Nägel

Abb.177

Abb.178

durch schmale, auf den Fellrändern liegende Leisten getrieben sind. Im Inneren des „Resonanzkörpers" sind Leisten an den Rahmen gelehnt, über die die Felle gespannt sind. Zwischen diese Leisten und dem Innengriff werden Keile getrieben, die den Rahmen und damit indirekt das Fell spannen. Die beiden Instrumente haben unterschiedliche Maße:

D = 47 cm x 38cm; Rahmenhöhe = 7,5 cm (Kat.-Nr.313)
D = 55 cm x 44,5 cm; Rahmenhöhe = 11 cm (Kat.-Nr.314)

Mbsp.8

Farbt.VIII(1)

Vgl. S.68ff.

Die *tamale* erklingt unter anderem beim *sikyi*, einer säkularen Musikform mit Wechsel-Gesängen, deren Texte gemeinhin auf traditionellen Sprichwörtern beruhen. Neben einer *tamale* verwenden die Musiker aus dem *Centre for National Culture* in Kumasi verschiedene traditionelle Trommeln der Asante. Der *tamale*-Trommler bespielt meistens in gleichmäßiger Folge den Beat oder Off-Beat, wobei er sein Spiel durch Schläge unterschiedlicher Intensität gestaltet. Als führendes Instrument dient die *apentemma*. Sie ersetzt die traditionelle Meistertrommel, deren Resonanzkörper – wie bei den *ntan*-Trommeln – mit angeschnitzten weiblichen Brüsten versehen war.[5] Außerhalb des *Centre for National Culture* wird *sikyi* heute kaum mehr gespielt.

Ein verwandtes Genre kennt man in den nördlichen Ewe-Gebieten unter der Bezeichnung *siti*. Dabei werden zwei Rahmentrommeln verwendet, die in der Bauweise der *tamale* gleichen und dort als *tamboli* bezeichnet werden. Die *siti*-Musik hat man von den Asante übernommen, was sich daran zeigt, daß bis in die 1970er Jahre hinein die Texte in der Asante-Sprache gesungen wurden.[6] Ferner ist die *siti*-Musik durch eine auf drei Schlägen basierende Begleitformel gekennzeichnet, die man bei den Asante häufig verwendet. Im Ewe-Gebiet wird sie u.a. mit hölzernen Gegenschlagstäben gespielt, die bei der traditionellen Ewe-Musik unbekannt sind und für die daher möglicherweise die afrokaribischen *clave*-Hölzer als Vorbild dienten. Die *tamboli* kommt bei den Ewe auch innerhalb anderer Genres zum Einsatz. Hervorzuheben ist *asiko*,[7] eine Musikform, die ursprünglich aus den Hafengebieten der Ga und Fante stammt. Sie wurde dort unter anderem mit einem Akkordeon und einer Holzsäge als Schraper gespielt (Collins 1992, S.36). Bei den Ewe erklingt sie ohne diese Instrumente. Es kommen verschiedene traditionelle Trommeln zum Einsatz, ferner ein großes hölzernes, würfelförmiges Instrument, das mit Fäusten auf einer der Wandungen gespielt wird – sowie

Farbt.VIII(2)

eine größere *tamboli* (Bareis 1991, S.59f.). Auf ihr erklingen wiederum einfache, den Beat oder Off-Beat markierende Schlagfolgen. Bei einem weiteren Stil der Ewe, *gabaḍa*, schlägt man auf zwei Rahmentrommeln auch komplexere Rhythmen.[8] Gespielt wird die *tamboli* – wie die *tamale* der Asante – stets mit einer Hand, während die andere das Innenkreuz umfaßt.

Der Ausdruck *tamale* wird auch bei den Baule in der Côte d'Ivoire als Bezeichnung für Rahmentrommeln verwendet. Dort kennt man Tanzmusikgruppen mit 5–7 viereckigen Rahmentrommeln unterschiedlicher Größe. Ein Ensemble in dieser Besetzung wurde im Frühjahr 1990 von Artur Simon in dem Baule-Dorf Ahounan (Bezirk Mbatto) auf Video do-

---

5 Kwaku Marfo, persönliche Mitteilung 1997. Der Resonanzkörper einer mit Brüsten geschmückten *sikyi*-Trommel befindet sich im Centre for National Culture, Kumasi.
6 Urban Bareis, persönliche Mitteilung 1995. Vgl. Nketia 1986, S.48f.
7 Bei Collins: *Ashiko*.
8 Urban Bareis, persönliche Mitteilung 1995.

kumentiert.[9] Die Musiker begleiten einen Tanz *Kléba*, der Parallelen zu verschiedenen Tänzen in Asante aufweist. 2–4 kleinere Rahmentrommeln werden mit einem Schlegel oder einer Hand gespielt. Mit der freien Hand hält der Spieler das Instrument nicht am Innenkreuz sondern am Rahmen fest, sodaß er die Schläge abdämpfen kann. Das Spiel dieser Trommeln besteht aus einfachen Formeln. Zwei weitere Musiker spielen variantenreichere Schlagfolgen. Ihre Rahmentrommeln ruhen horizontal auf dem Schoß bzw. zwischen den Beinen. Bisweilen werden sie von einem Helfer festgehalten. Der eine Musiker spielt mit zwei Schlegeln, der andere mit einem Schlegel, während die freie Hand die Schläge abdämpft.

Mbsp. 5

Die *gumbe* in Benin unterscheidet sich im Detail von der *tamale* bzw. *tamboli*. Ein bei Schaeffner beschriebenes Instrument aus dem Musée de l'Homme (Obj. 31.74.2477) hat die Maße 36,5 x 32 cm (Rahmenhöhe = 6,5 cm). Als Innengriff dient ein einzelner Stab, der oben und unten durch Öffnungen zwischen dem Rahmen und auf dem Rahmen ruhende Leisten geführt ist. Durch die Öffnungen ist auf beiden Seiten je ein Keil getrieben, wodurch der Stab befestigt wird. Zugleich dienen die Keile wiederum zum Stimmen der angenagelten Membran, da der Rahmen sich durch das Eintreiben der Keile leicht spannt (Vgl. Schaeffner 1964, S.240f.).

Die gleiche Keilvorrichtung findet sich bei den *samba*-Trommeln der Yoruba. Allerdings sind hier wiederum zwei sich mit Überblattung kreuzende Holzstäbe als Innengriff eingearbeitet. Man kennt unterschiedliche Größen. Thieme gibt für ein „mittelgroßes" Instrument die Maße 34 x 29 cm (Rahmenhöhe = 9 cm) an (Thieme 1969, S.277). Beim Spielen hält der Musiker die Trommel häufig mit der linken Hand am Kreuz des Innengriffs fest und drückt es an die linke Schulter. Mit dem Zeigefinger der linken Hand preßt er die Membran und verändert so die Tonhöhe, während er mit den Fingern der rechten Hand die Trommel schlägt. Bisweilen liegt das Instrument auf dem Schoß des Musikers und wird mit den Fingern beider Hände gespielt.[10] Die *samba*-Trommel kam in der ersten Hälfte des 20. Jahrhunderts bei verschiedenen Tanzmusikgenres u.a. beim *aṣiko* und bei der frühen *juju*-Music zum Einsatz. *Aṣiko* in Nigeria unterschied sich stilistisch von der gleichnamigen Musik in Ghana, obwohl auch hier eine Holzsäge als Schraper verwendet wurde. Die Gesänge – teils in Pidgin-English, teils in Yoruba – enthielten Merkmale christlicher Yoruba-Hymnen. Sie wurden neben dem Schraper mit mehreren Rahmentrommeln begleitet. Die Rhythmen waren von der Musik afrobrasilianischer Immigranten beeinflußt, die seit Mitte des 19. Jahrhunderts in Lagos siedelten (vgl. Waterman 1991, S.133). Älteren Berichten zufolge wurde für diese Musik alternativ der Ausdruck *samba* verwendet (Waterman 1986, S.112). Die Rahmentrommeln kamen darüber hinaus als Begleitinstrumente reisender Theater-Gruppen zum Einsatz (vgl. Jeyifo 1984, Abb. S.119). Ferner spielte man sie in kirchlichen Ensembles. Nach Waterman wurden sie sogar zu einem wichtigen Symbol christlicher Identität. Eine andere Rahmentrommel, die runde, tönerne *sakara*, war im Yoruba-Gebiet hingegen ausschließlich unter Moslems verbreitet (Waterman 1986, S.90).

---

9   Archiviert im Museum für Völkerkunde, Berlin, Abteilung Musikethnologie, Archivnr.: 013.01.

10 Thieme 1969, S.275. Die gleiche Spielweise – allerdings mit Schlegeln ist bei Schaeffner für Rahmentrommeln der Baga aus Guinea dokumentiert (vgl. Schaeffner 1964, S.247 und Abb.III 7 und Abb.III 8).

Abb.179 *Malinga-*
Tanzmusiker.
Rahmentrommel
tambour und
boutelle. Chokwe.
Zaire.

In verschiedenen Gegenden Zentralafrikas ist für die viereckige Rahmentrommel der Name *maringa* bzw. *malinga* gebräuchlich. Über die Bauart dieser Instrumente gibt es in der Literatur nur wenige Angaben. Norborg beschreibt eine Trommel der Mpongwe in Gabun mit Innenkreuz und Keilvorrichtungen wie bei den Instrumenten aus Benin und Nigeria. Die Maße der Wandungen varrieren zwischen 20 und 25 cm (Rahmenhöhe = 5 cm). Das Instrument wird zur Begleitung gleichnamiger Tänze verwendet. Bei einer Aufnahme von Pepper aus Libreville erklingt es gemeinsam mit einem Akkordeon und einigen weiteren Rhythmusinstrumenten (vgl. Schallplattenverz. Nr.11, C 127, A-14) Das Spiel der Rahmentrommel wirkt ähnlich einfach wie bei den meisten Beispielen aus Ghana. Eine andere bei den Vili entstandene Aufnahme von Pepper läßt eine komplexere Spielweise erkennen (vgl. Schallplat-tenverz. Nr.11, C 127, A-13). Der Musiker hält das Instrument senkrecht zwischen den Beinen, spielt mit beiden Händen und verändert die Tonhöhe, indem er teilweise die Ferse des rechten Fußes gegen die Membran preßt (Pepper o.J., S.48). Er spielt solistisch einen auf 24 Pulse sich verteilenden Rhythmus und dessen Varianten – mit gedämpften, hochklingenden Schlägen und offenen Baßschlägen. Bei den höheren variert die Tonhöhe. Es ergeben sich mit dem „Baßton" Intervalle, die zwischen einer kleinen Sekunde und einer kleinen Terz liegen.

Notenbsp.14

Die Spielweise mit Hilfe der Ferse ist weit verbreitet. Man findet sie u.a. in Westafrika bei den Ga (Hood 1971, Abb. S.134), in Zentralafrika bei den Mpongwe (Pepper o.J., Abb. S.50) und den Chokwe, bei denen

G = gedämpfte Schläge

O = offene Schläge

(24)   Pulse/Min ≈ 640

| Ó · · · Ġ · G · Ġ · G · Ġ · G · Ġ · G · Ġ · G · |

| Ó O O O Ó · G · Ġ · G · Ġ · G · Ġ · G · Ġ · G · |

| Ó O O O Ó · G · Ó · G · Ġ · G · Ġ · G · Ġ · G · |

| Ó O O O Ó O O · Ó O O O Ó · O · Ó · G O · · · G · |

| Ó · G O · · G · Ó · G O · · G · Ó · G O · · · G · |

Notenbeispiel 14

das Instrument mit einem Akkordeon oder einer Flasche (als Auf-
schlaginstrument) gespielt wird (Gansemans & Schmidt-Wrenger 1986,   *Abb.179*
S.184).

Trommeln mit Klemmspannung

Seit dem 19. Jahrhundert entwickelte sich in Westafrika eine europä-
isch beeinflußte Blasmusik-Kultur. Ein Vorbild gaben die Militärkapel-
len der Regimenter in den Festungen, die die Kolonisten entlang der westafrikanischen Küste errichtet hatten. Die Orchester verwendeten europäische Instrumente – vorwiegend Trompeten sowie Becken und zweifellige Militärtrommeln verschiedener Größen. Es entstanden neue Mu-   *Abb.180*
sikformen, in denen verschiedene, auf afrikanische Traditionen beruhende Stilmerkmale integriert wurden. Ein Beispiel bietet die Calabar Brass
Band aus Lagos, deren Musik in den 30er Jahren auf Schallplattenauf-
nahmen dokumentiert wurde (Waterman 1986, S.115ff.). Die *brass bands*
haben bis heute ihre Bedeutung nicht eingebüßt. In Freetown/Sierra
Leone etwa unterhalten – ganz nach europäischem Vorbild – das Militär
und die Polizei ihre eigenen Blasorchester (Wolfgang Bender in Kubik
1989, S.178). Darüberhinaus fand die Blasmusik Eingang in das traditionelle Leben. So dokumentierte Moses Yotamu in den siebziger Jahren
eine *brass band* bei den Anyi im Osten der Côte d'Ivoire, die u.a. bei
Begräbnisfeiern auftrat (Yotamu 1979, S.164ff.). Das Instrumentarium
dieser Band glich weitgehend der Besetzung der Blaskapellen in Sierra
Leone und Nigeria. Neben den Blasinstrumenten kamen zwei Trommeln
zum Einsatz: eine kleinere, die der Spieler an einem Gurt um den Hals
trug und mit zwei Schlegeln spielte sowie eine größere mit einem Schlegel geschlagene Baßtrommel, die um die Schulter gehängt wurde oder
auf einem Klappgestell ruhte.

Abb.180 Blaskapelle in Duala. Kamerun. 1904.

Die bei den Blaskapellen verwendeten Trommeln sind stets mit Klemmspannung befestigt. Die Resonanzkörper bestehen aus Blech. Die kleineren Instrumente werden manchmal mit Schnarrsaiten bespannt. Teilweise spielt man Trommeln dieses Typs auch bei jenen „neotraditionellen" Musikformen, deren Instrumentarium überwiegend aus Perkussionsinstrumenten besteht. Bei den nördlichen Ewe etwa kennt man eine kleine Trommel *patenge*, die zu den Tanzmusikgenres *bɔbɔbɔ* und *akpese* gespielt wird.[11] Der Spieler hält sie normalerweise in der linken Hand und trommelt mit einem Schlegel. Mit den Fingern preßt er zeitweise das nicht bespielte Fell, wodurch sich die Tonhöhe beim Spielen ändert (Bareis 1991, S.67). Während die Trommel beim *bɔbɔbɔ* zusammen mit traditionellen Instrumenten zum Einsatz kommt, u.a. mit der *sogo* der Anlo Ewe, erklingt sie beim *akpese* mit einer „europäischen", auf einem Gestell ruhenden Baßtrommel. In beiden Stilen findet zudem häufig ein Signalhorn Verwendung. Die einzigen Instrumente afrikanischer Herkunft sind beim *akpese* eine Sanduhrtrommel und ein Gegenschlaginstrument *kretsiwoe*, welches aus einer Glocke und einem Eisenring besteht (ebd., S.71). Die Glocke hat der Spieler über den Mittelfinger gestülpt, während er den Eisenring am Daumen trägt, sodaß er das Instrument wie ein Kastagnettenpaar spielen kann.

Farbt.IX(1)

Farbt.IX(2)

Bei den Asante und benachbarten Ethnien sind derzeit die Instrumente des sogenannten „*Modern Drum Set*" besonders populär. Es besteht aus vier bzw. fünf Trommeln, die zu verschiedenen Ensembles zusam-

---

11 Ausführliche musikalische Analysen zum *bɔbɔbɔ* finden sich bei Bareis (1991, S.73ff.), Musikaufnahmen zu *bɔbɔbɔ* und *akpese* auf der CD (vgl. Schallplattenverz. Nr.20, 5–9).

Abb.181 Zylindertrommel.
Side drum (medium).
Asante. Ghana. Kat.-
Nr.316.

mengestellt werden. Sie lassen sich auf europäische und afrokaribische
Vorbilder zurückführen. Drei Instrumente unterschiedlicher Größe entsprechen in der Bauweise den europäischen Militärtrommeln, eine Baßtrommel sowie eine mittelgroße Zylindertrommel *side drum* bzw. *medium*
mit Schnarrsaiten (H = ca. 17 cm, D = ca. 32 cm) und eine kleinere   *Abb.181*
Zylindertrommel *pati* (H = ca. 17 cm, D = ca. 24 cm).

Das vierte Instrument *conka* oder *bingo* besteht aus zwei in einem me-   *Abb.182*
tallenen Ständer ruhenden Konustrommeln. *Conka* und *bingo* sind offensichtlich Umformungen der afrokaribischen Bezeichnungen *conga* und
bongo. Als Vorbild diente möglicherweise die ostkubanische Konustrommel *bokú*, die eng mit der zumeist faßförmigen *conga* verwandt ist
(Ortiz 1952, S.378ff.). Ein ähnlicher Typ findet sich in Nigeria unter der
Bezeichnung *akuba* (Thieme 1969, S.270). Die dort ebenfalls paarweise
gespielten Instrumente kommen u.a. bei der *juju*-Music zum Einsatz. Bei
anderen neueren Musikformen in Westafrika spielt man Trommelpaare,
die aus zwei in einem Ständer ruhenden traditionellen Instrumenten bestehen. So verwendet man etwa beim Asante-Highlife in Ghana Bechertrommeln vom Typ der *apentemma*, während bei den Ewe in neotraditionellen Musikformen zwei Faßtrommeln *kaga* der Anlo Ewe paarweise gespielt und als *bangos* bezeichnet werden. Faßförmig sind auch
die Instrumente der modernen Trommelpaare der Mvɔlɔ in Südkamerun,   *Farbt.XIX(1)*
die mit Keilspannung befestigt sind.   *Vgl. S.165*

Das *Modern Drum Set* in der Asante-Region kommt – bisweilen zusammen mit einer Sanduhrtrommel *donno* – überwiegend zur Begleitung
christlicher Hymnen zum Einsatz. Ferner wird es in Schulen zur Mor-
gen-Parade gespielt. Die beiden größeren Zylindertrommeln tragen die
Musiker häufig an Gurten. Bisweilen liegen sie in provisorisch gefertigten Ständern, oder sie werden für die Musiker von nicht mitspielenden
Anwesenden getragen. Die *pati*, die wie die Baßtrommel mit einem Schlegel geschlagen wird, hält der Musiker gemeinhin in der linken Hand. Die
side drum spielt man mit zwei Schlegeln, die *conka* mit beiden Händen.

Während des oben erwähnten Ghana-Projektes 1993 wurde für das
Museum in der Asante-Region ein *Modern Drum Set* (Kat.-Nr.315–318)

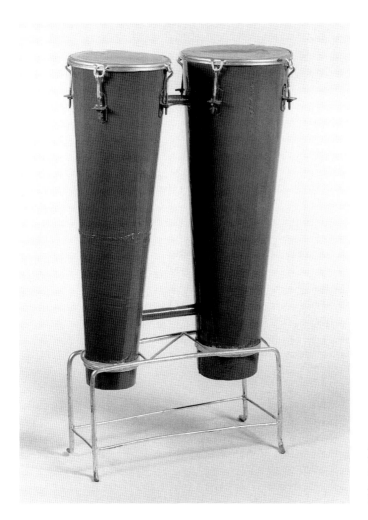

Abb.182 Konus-
trommel-Paar.
Conka (bingo).
Asante. Ghana.
Kat.-Nr.318.

erworben. Der Trommelbauer Osei Agyemang-Duah hatte seine Werk-
statt im Freien an einer Ausfallstraße bei Kumasi. Die Resonanzkörper
der Instrumente fertigte er aus Altblech; für die Schnarrsaiten der *side
drum* und für die Membranen verwendete er Ziegenleder.

Katalog überregional (Nrn. 313–318)

313 VII f 206 *tamale* — Rahmentrommel, einfellig
Nagelspannung (Typ B)
Asante, Ghana — H = 7,5 = D = 47 x 38

a. Das Korpus ist aus Brettern zusammengefügt. Im Korpus ein Haltekreuz. Zwischen Rahmen und Haltekreuz sind Keile getrieben, mit denen die Membran gespannt wird.
f. Vgl. S.225ff.

SAMMLER der Kat.-Nrn.313–318: Bareis, Meyer/1993

314 VII f 207 *tamale* — Rahmentrommel, einfellig
Nagelspannung (Typ B)
Asante, Ghana — H = 11; D = 55 x 44,5

Vgl. VII f 206.

315 VII f 208 a+b *pati* — Zylindertrommel, zweifellig
Klemmspannung
Asante, Ghana — H = 17; D = 24,5

a. Die Membranen sind zwischen dem Korpus und Ringen aus Blech festgeklemmt. An einem dieser Ringe sind rundumverlaufend Muttern angeschweißt, an denen Schrauben befestigt sind. Diese Schrauben haben Haken, welche den Blechring umfassen.
b. Korpus aus Blech.
c. b = Schlegel.
f. Vgl. S.231ff.

316 VII f 209 a-c *side drum (medium)* — Zylindertrommel, zweifellig
Klemmspannung
Asante, Ghana — H = 17; D = 32,5

a. Fellbefestigung vgl. VII f 208. Sieben Schnarrsaiten aus eingedrehtem Leder auf einer der Membranen.
b. Korpus aus Blech.
c. b + c = Schlegel.
f. Vgl. S.231ff.

317 VII f 210 a+b *bass drum* — Zylindertrommel, zweifellig
Klemmspannung
Asante, Ghana — H = 29; D = 59,5 x 55,5

a. Vgl. VII f 208.
b. Korpus aus Blech.
c. b = Schlegel.
f. Vgl. S.231ff.

318 VII f 211 *conka (bingo)* — 2 Konustrommeln, einfellig, offen
Klemmspannung
Asante, Ghana — H = 79; D = 26 und D = 23

a. Die Membranen sind jeweils zwischen dem Korpus und zwei aufeinanderliegenden Ringen aus Blech eingeklemmt. Am oberen Ring sind vier Krampen angeschweißt. Am Korpus hat man mit Muttern hakenförmige Schrauben an angenagelten und durchlöcherten Eisenscheiben befestigt. Die Schrauben fassen in die Krampen.
b. Resonanzkörper aus Blech.
c. Die Instrumente stehen in einem Gestell aus Eisen und sind mit einer Querverstrebung aneinandergeschweißt.
f. Vgl. S.231ff.

SAMMLER der Kat.-Nrn.313–318: Bareis, Meyer/1993

Katalog: Instrumente unbestimmter Provenienz (Nrn. 319–340)

Für eine Reihe von Trommeln der Sammlung finden sich in den Erwerbungsbüchern nur uneindeutige Informationen über ihre Herkunft. Einige lassen sich aufgrund ihrer Morphologie regional zuordnen, bzw. aufgrund der bekannten Reiserouten der Sammler. Bei anderen, deren Beschreibungen an dieser Stelle angefügt sind, scheint die Zuordnung problematisch.

319 III C 6293 **Kesseltrommel**
Topfspannung

Benin H = 33,5; D = ca. 15

a. Ohne Fellring. Um die Membran sind dünne Zweige gelegt, die mit Grasblättern umwickelt sind. Die Grasblätter sind zum Teil durch Schlitze im Fellrand geführt.
b. Korpus aus Ton. Kreisrunder Standfuß aus Grasblättern.
c. Oben an den Schnüren ein pflanzlicher Handgriff.
d. Korpus umflochten. In der Mitte des Korpus sind die sich aus dem Flechtwerk ergebenden rechteckigen Muster zum Teil weiß angemalt.
f. Ankermann 1901, S.58, Abb.142.

SAMMLER: Umlauff/1895

320 III C 7028 **Zylindertrommel, einfellig, offen**
Gurtspannung, Netz-Schnürung (Typ C)

Liberia, Monrovia H = 36; D = 19

a. Schnüre und Gurt pflanzlich. Ligatur rundumverlaufend. Gurtschlaufen.
b. Drei Standbeine (Typ C).
c. An einer überstehenden Fellzunge ist ein Haltegurt aus Stoff angeschnürt.

SAMMLER: v.Stein/1897

321 III C 13516 *bembé-tru* **Zylindertrommel, zweifellig**
Schnurspannung, X-Schnürung (teilweise)

Togo H = ca. 54; D = ca. 46 x 52

a. Schnüre aus eingedrehtem Leder. Die Nähte der Fellringe bilden Schlaufen, an denen die Schnüre befestigt sind. Ligatur rundumverlaufend.
e. Eintrag im Erwerbungsbuch: „Trommel beim Tanzspiel bembé mit einer Hand und einem Stock geschlagen".
f. Vgl. S.111f.

SAMMLER: Graf Zech/1901

322 III C 17946 **Konustrommel, zweifellig**
Schnurspannung, doppelte i-Schnürung (Typ B)

Westafrika H = 48; D = ca. 22 x 18

a. Schnüre pflanzlich, Ligatur aus Leder (in Streifen) rundumverlaufend. Reste von Stimmpaste auf beiden Membranen.
d. Oben ist am Fellrand ein kleiner Knochen angebunden.

SAMMLER: Dominik/1903

323 III C 21016 **Sanduhrtrommel, einfellig, offen**
Schnurspannung, Stimmschnüre (Typ C)

Kamerun H = 36; D = 17

a. Membran aus Reptilienhaut. Schnarrsaite (pflanzlich). Schnüre aus eingedrehtem Leder. Die Schnüre sind unten an einem Holzring befestigt.
b. Die untere Schale ist größer (D = 21,5). Mittelkörper (Typ C).
c. An den Schnüren ist ein Haltegurt aus Stoff angebunden.

SAMMLER: Zimmermann/1906

324 III C 29666 *aebab*

Nigeria

Bechertrommel, einfellig, offen
Nagelspannung (Typ A), 5 Nägel
H = 53; D = 19

a. Ohne Fellring. Eine Lederschnur ist durch Schlitze im Fellrand geführt und um die Nägel gelegt.
b. Schale konisch. Standfuß (Typ A).
d. Ein angeschnitzter Ring unterhalb der Schale.

SAMMLER: Frobenius/1912

325 III C 29741

Kamerun

Zylindertrommel, zweifellig
Schnurspannung, doppelte i-Schnürung (Typ B)
H = ca. 30; D = 43 x 35

a. Schnüre aus eingedrehtem Leder. Ligatur rundumverlaufend.
c. Rasselkörper im Inneren des Instrumentes.

SAMMLER: Adametz/1913

326 III C 29773 a+b

Kamerun

Korpus einer Sanduhrtrommel, einfellig
H = 45; D = ca. 13

b. Mittelkörper (Typ A). Die untere Schale ist wesentlich größer (H = 26 cm).
c. b = Schlegel (fehlt).

SAMMLER: Adametz/1913

327 III C 33758

Nigeria

Zylindertrommel, geschlossen
Nagelspannung (Typ A), 4 Nägel
H = 43; D = 19

a. Ohne Fellring. Nägel durch Fellzungen getrieben. Um die Membran und die Nägel ist eine geflochtene, pflanzliche Schnur gelegt.
b. Korpus zur Membran hin leicht verjüngt. Standfuß (Typ C) mit Öffnungen.
d. Angeschnitzte Zacken über dem Standfuß.

SAMMLER: Pfeffer/1928

328 III C 33746

Nigeria

Konustrommel, zweifellig
Schnurspannung, W-Schnürung (Typ A)
H = 58; D = 24 x 23

a. Schnüre aus Leder (in Streifen). Ligatur mehrfach um das Korpus gelegt.
c. Ein lederner Haltegurt an überstehenden Fellzungen. Rasselkörper im Inneren des Instruments.

SAMMLER: Pfeffer/1928

329 III C 33777

Nigeria

Sanduhrtrommel, einfellig, offen
Schnurspannung, Stimmschnüre (Typ C)
H = 24; D = 9,5

a. Fell aus Reptilienhaut. Schnüre pflanzlich. Schnüre sind unten an einen geflochtenen Gurt gebunden.
b. Mittelkörper (Typ C).
c. Am Mittelkörper ist ein geflochtener Haltegurt befestigt.

SAMMLER: Pfeffer, 1928

330 III C 36847

Kamerun

Zylindertrommel, zweifellig
Schnurspannung, W-Schnürung (Typ A)
H = 23, D = 21

a. Ohne Fellringe. Schnüre sind durch herausgeschnittene Schlaufen am Fellrand geführt. Schnüre aus Leder (in Streifen).
c. Rasselkörper im Inneren des Instrumentes.

SAMMLER: Widenmann/1949

331 III C 36906

Kamerun

2 Kesseltrommeln
H = ca. 5; D = jew. 10

a. Felle sind am Korpus über kleine Vorsprünge gespannt.
b. Korpus aus Ton.
d. Eine zoomorphe Figur (beschädigt, vermutlich ein Krokodil) auf einer Brücke, die beide Trommeln verbindet. Kerbschnittornamente auf beiden Schalen.

SAMMLER: Kuhnert/1950

332 III C 37100 a+b

Kamerun

Sanduhrtrommel, zweifellig
Schnurspannung, Stimmschnüre (Typ A)
H = 43,5; D = 18

a. Schnüre aus eingedrehtem Leder.
b. Mittelkörper: Typ A.
c. An den Fellringen ist ein Haltegurt aus Lederstreifen angebracht. b = krummer Schlegel zum Teil mit Leder umhüllt (nicht an der Schlagstelle).

SAMMLER: Schlief/1954

333 III C 37144 *ganga*-Typ

Kamerun

Zylindertrommel, zweifellig
Schnurspannung, doppelte i-Schnürung (Typ B)
H = 21; D = 37 X 32

a. Schnüre aus Leder (in Streifen). Einzelne Ligaturen. Beide Membranen mit je einer Schnarrsaite aus eingedrehtem Leder.

SAMMLER: Meyer/1955

334 III C 43998

Kamerun

Zylindertrommel, zweifellig
Schnurspannung, Y-Schnürung (Typ A)
H = ca. 35,5; D = 27 x 41

a. Schnüre aus Leder (in Streifen). Ligatur rundumverlaufend.
e. Laut Erwerbungsbuch „alter Bestand".

SAMMLER: unbekannt

335 VII f 27

Liberia

Zylindertrommel, zweifellig
Schnurspannung, W-Schnürung (Typ A)
H = 34; D = ca. 30

a. Schnüre pflanzlich. Die Nähte der Fellringe bilden Schlaufen, in denen dünne Holzringe liegen. An diesen Ringen sind die Schnüre befestigt.
c. An überstehenden Fellzungen ist ein lederner Haltegurt angebracht.

SAMMLER: Thiele/1973

336 VII f 46

Zentralafrikanische Republik

Zylindertrommel, zweifellig
Schnurspannung, Netz-Schnürung (Typ A)
H = 29; D = 26

a. Ohne Fellringe. Schnüre aus Leder (in Streifen). Ligatur rundumverlaufend.
c. Ein lederner Haltegriff an den Schnüren.
d. Die sich aufgrund der Schnürung ergebenden Muster sind braun gefärbt.

SAMMLER: Campbell/1974

337 VII f 47

Zentralafrikanische Republik

Zylindertrommel, zweifellig
Schnurspannung, Netz-Schnürung (Typ A)
H = 23; D = 28

a. Ohne Fellringe. Schnüre aus Leder (in Streifen). Ligatur rundumverlaufend.
c. Ein lederner Haltegriff ist an der Ligatur befestigt.

SAMMLER: Campbell/1974

338 VII f 101

Nigeria

Bechertrommel, einfellig, offen
Gurtspannung, W-Schnürung
H = 60,5; D = 25

a. Schnüre und Gurt aus eingedrehtem Leder. Die Naht des Fellrings bildet Schlaufen, an denen die Schnüre befestigt sind. Unterhalb und oberhalb des Gurtes Ligaturen rundumverlaufend.
b. Schale konisch.
c. Ein Haltegurt aus Stoff ist oben an den Ligaturen und unten an einem Bohrloch im Ansatz befestigt.

SAMMLER: Bock/1979

339 VII f 103   **Zylindertrommel, zweifellig**
                                                       Schnurspannung, W-Schnürung (Typ A)
      Westafrika   **H = 26; D = 24,5 X 23**

a. Schnüre aus eingedrehtem Leder. Schnüre sind wie bei den Sanduhrtrommeln mit Stimmschnüren (Typ A) befestigt.
c. An den Schnüren ein Haltegurt aus eingedrehtem Leder.
d. Ein ausgeschnitzer Ring in der Mitte des Korpus.

SAMMLER: Bock/1979

340 VII f 104   **Zylindertrommel, einfellig, offen**
                                                       Nagelspannung (Typ B)
      Kamerun?   **H = 95; D = 22**

a. Ohne Fellring. Um den Fellrand ist ein Lederstreifen gelegt, durch den die Nägel (aus Eisen) getrieben sind.
d. Rundumverlaufend Kerbschnittornamente (anthropomorphe und zoomorphe Figuren).

SAMMLER: Bock/1979

Abstract[1]

African Drums: West and Central Africa

The aim of the present catalogue is to provide a survey, based on the holdings in the Berlin *Museum für Völkerkunde*, of the drums found in west and central Africa. The Museum's collections rank among the world's most significant, almost all the known body-shell shapes and methods of skin attachment being represented. The instruments come from many widely scattered regions, nine areas in all being distinguished here. An additional chapter is devoted to those instruments distributed over several regions as a result of diverse influences and parallel developments in the 19th and 20th centuries.

Region 1: Wolof and Mande peoples (Western Sudan)

Region 1 covers south-west Mali, Gambia and Guinea, as well as bordering territories. The societies of the peoples living here are influenced in many ways by Islam. The most familiar drum from this region is the *jembe (djembe, jenbe)*. It originates from the territory of the Mande peoples Bambara and Malinka, as well as neighbouring ethnic groups. From here it spread across the whole region and, later, into many parts of west Africa. The *jembe* has a goblet-shaped body to which its skin is secured with a cord girdle (concerning this method, known as 'necklacing', see Fig.20–21). The popularity of the drum can be accounted for by the varied timbral possibilities it offers. It is played with the hands. The *jembe* is mainly heard together with other drums. It is played in the region above all at the recurring feasts of the years, as well as at weddings and burial ceremonies.

The most popular drums of the Wolof are the *sabar* and *gɔrɔng*. Their skins are secured to their shells mostly by means of wooden pegs (concerning 'pegging', see Fig. 28–30). In the case of the *sabar* the body-shell is generally goblet-shaped; with the *gɔrɔng* it is conical or barrel-shaped. The drums are always played with one beater and one hand. In concert they produce a similarly rich range of timbres as in the case of the *jembe* ensembles of the Mande peoples. The *gɔrɔng* is used chiefly for playing ostinato rhythms. The playing of the *sabar* is less rigidly circumscribed, used for performing what is occasionally described as the 'melody'. The drums of the Wolof are often used in accompanying the songs and recitations of the griots, singers who traditionally perform songs of praise in honour of their rulers and their ancestors at ritual occasions.

Region 2: Volta basin (Gur peoples)

The Gur-speaking peoples, whose culture is again strongly influenced by Islam, occupy a territory that stretches from south-east Mali to Benin. Here, too, drum ensembles often accompany the recitations of the griots. Among the Mossi and neighbouring peoples the bowl-shaped *bendre* is used as the principal leading instrument. Its body consists of a dried, hollowed-out gourd. The skin of this instrument is likewise secured to the shell by means of 'necklacing'. The *bendre* is played together with the hourglass-shaped *lunga*, whose name in modified forms (*longa, lung, kalangu*, among others) is employed in various parts of the Sudan region for hourglass drums with laced heads. A third, similarly laced, drum used by the Mossi is the *gangaogo*. It has two skins and a

---

1   Translation: John Arthur

cylindrical body. While the *bendre* is played with the hands and the *lunga* with a curved beater, the *gangaogo* is played with two curved beaters. The pitch of the *lunga* can be altered in performance—as frequently is the case with west African hourglass drums—by squeezing the cords (Fig.14–17). The instruments are mostly played in honour of important individuals. *Lunga* drums are also found among the Dagomba and neighbouring peoples. They are played here together with snared double-skin cylindrical drums.

Among the most skilfully crafted drums of the region is the cone-shaped *tobinge* of the Senufo, whose skin is secured by means of pegs. Its body stands on four supporting legs and its exterior is decorated with zoomorphic relief carvings. The drum is played (with the hands) at the ceremonies of the mask-societies.

Region 3: Territories of the Akan, Ewe and neighbouring peoples

Region 3 comprises the southern halves of Togo and Ghana as well as parts of Benin and the Ivory Coast. The peoples living here are classified linguistically as belonging to the western subgroup of the Kwa languages. The majority of drums from this region are pegged drums. Some other drum types found in the region probably owe their presence to the influence of the northern Gur peoples: these include kettledrums similar to the *bendre* and hourglass drums with tuning cords.

Among the most striking pegged drums are those of the *fontomfrom* ensembles of the Asante, played on solemn occasions. Pre-eminent in the ensemble are the *atumpan* drums—two goblet-shaped instruments played by <u>one</u> player. Two very large cylindrical or barrel-shaped drums also make up the ensemble. The latter instruments are known as *bommaa* or *fontomfrom*, *fontomfrom* being also the name given to the whole ensemble. *Atumpan* and *bommaa* are played with two hook-shaped beaters. Often the ensemble is expanded to include some smaller drums with an accompanying function. Pairs of *atumpan* are employed soloistically as talking drums. Both instruments are tuned to different pitches. Their sound represents the lexical pitches of the Akan language. Instruments of the *atumpan* and *bommaa* type are found extensively in the region.

Another form of drum construction is practised by the Anlo-Ewe in south-east Ghana. Here the drum bodies are commonly made of single wooden staves, like Western barrels. The largest instrument of this sort—the *atsimevu*—can be up to 190cm in height.

Region 4: Yoruba

Among the Yoruba the most popular ensemble drums are the *dundan, bata, igbin* and *ipese*. The *dundun* ensemble consists of several hourglass drums with tuning cords and a small kettledrum, the *gudugudu*. The largest of the hourglass drums is the *iya ilu* (mother drum). It is used chiefly as a talking drum. In performance, the drummer can alter the pitch of the instrument to correspond with the high, middle or low sounds of the Yoruba language. In the case of the accompanying hourglass drums a cross-strap is tied around the cords, thereby fixing the pitch. The *gudugudu* is tuned by applying paste to the drumhead. It can produce two different pitches, a higher one when the drum is struck nearer the edge of the skin and a lower one when the drum is struck near the patch of paste. The hourglass drums are played with a single curved beater, the *gudugudu* with two flexible beaters. *Dundun* ensembles are often used to perform poems of praise in honour of the Yoruba deities. While the *igbin* and *ipese* are drums whose skins are secured mainly by means of pegs, the conical, double-skin *bata* are laced drums (see Fig. 10). An ensemble generally consists of four instruments, the two smallest being played by one musician with two flexible beaters. In the case of the two other drums, the larger skin (the one with the patch of tuning paste) is played with the hand and the smaller skin with a flexible beater. The leading drum is also named *iya ilu*. It, too, is frequently employed as a talking drum. The ensemble is mainly used to honour the Yoruba deity Shango.

Region 5: Central Sudan

The central Sudan region embraces the northern part of Nigeria as well as some bordering territories in the Republic of Niger, Cameroon and Chad. On account of the strong Islamic influence in the region many musical instruments can be traced back to oriental models. In the case of the drums this is apparent in the various particular body forms and methods used in securing the skins, as well as in the widespread, characteristic use of snared instruments. Most frequently encountered are laced kettledrums as well as cylindrical, and hourglass, drums. The hourglass drum with tuning cords probably spread out into the whole of west Africa from central Sudan. It, too, shows evidence of oriental origins. The hourglass-shaped *kūba* is documented in old Islamic civilizations from the 9th century onwards. The hourglass drum, as well as the cylindrical and bowl-shaped instruments, may have reached central Sudan via north Africa. The various drum types are combined in the region to form diverse ensembles. They have various uses. They may be heard in courtly contexts as well as on less ceremonious occasions. They are also not infrequently played by iterinerant professional musicians.

Region 6: The Cameroon grasslands

In German colonial times the highland area of western Cameroon held a particular fascination for explorers, something from which the Berlin *Museum für Völkerkunde* has profited greatly. The majority of the collection's outstanding hand-crafted drums come from this area. They are significantly different from the instruments found in neighbouring territories in Nigeria and the Cameroon rainforest. For this reason, this comparatively small area is given its own chapter here, an enclave, so to speak, within the following 7th region.

The ornamented ceremonial drums of the grasslands area have bodies in the shape of goblets, barrels or cylinders. The skins are secured to the shells with nails (see Fig. 25–27). The nails are driven through a twisted cord. The carved drums are always played with the hands. They are used at ritual ceremonies, chiefly at burials and memorial celebrations. Drums carved with anthropomorphic or zoomorphic figures always belong to the whole community; they are never the property of individuals.

Among the most striking musical instruments from the grasslands are the fixed-stick friction drums. Their body-shells are bowl-shaped and their skins are secured with a cord girdle. The friction sticks are passed through an opening in the skin. The player holds the drum by its body between his upper arm and waist, rubbing the stick with his free hand. Friction drums are normally played within ceremonial contexts together with other instruments.

Region 7: Igbo and Crossriver civilizations, north-west Bantu

The region covers a linguistically heterogeneous transitional zone between the Sudan and Bantu civilizations. It corresponds to the distribution area of those drums whose skins are fastened with wedges (see Fig.18–19). Among the Igbo, such instruments are combined together to form drum chimes, capable of playing melodies. Three recognized ensembles are the *mgwa* (9 drums), the *ukom* (10 drums) and the *ese* (5 drums).

While the drums in south-east Nigeria tend to be undecorated, the instruments of the Fañ and their neighbours in Cameroon, Gabon and Equatorial Guinea are noted for their artistic, hand-crafted decorations. Commonly found on the sides of the instruments are carved, tapering triangles, these, too, being variously decorated. Instruments of this sort, known among the Fañ as *mbɛ* are traditionally played often in combination with slit-drums. They are played with the hands. Smaller cylindrical drums are usually played with one hand and a beater. In the case of the Bibayak pygmies of north Gabon, who took over the *mbɛ* from the Fañ, the player sits astride the body-shell. The Bibayak name for the drum is *ndumu.*

Region 8: South and east of the central African rainforest and neighbouring territories

The region is characterized by the presence of laced double-skin conical drums, which exist in various forms. In the territory of the former kingdom of Loango particularly long instruments of this type are known as *ingomba*. Some of these drums are up to 270 cm in height. In the literature they are often regarded as being imitations of European gun barrels. The drums are commonly decorated with relief carvings of objects or anthropomorphic and zoomorphic figures. According to older sources these instruments were played with the hands or with a beater, the upper part of the drum body being held between the player's legs. Sometimes the drums were supported on carved stands with round openings.

Also to be found in the region are conical drums with skins whose diameter exceed body length. One such example is the *nkolo* of the Mangbetu, which is played together with slit-drums, cylindrical drums, rattles and bells. The leading instruments in this group are the slit-drums. The *nkolo*, which is played with a beater, marks the beat with dull blows. The ensemble was originally heard in a court context.

Also originating from the territory of the former kingdom of Loango are nailed cone-shaped drums which rest on decorated sculptured frames.

Region 9: Southern Zaire and bordering territories

The cultures of south Zaire, east Angola and the north-west province of Zambia are mostly characterized by various influential royal dynasties. The best-known drums of the region come from the Kuba kingdom, situated between Kasai and Sankuru. Their skins are attached using a characteristic technique. A strip of leather is placed around the top of the body and nailed to it; the skin is then stitched to the leather strip. Particularly elaborate instruments have a handle on the body carved in the shape of a hand, above which is often a face. According to Olga Boone, the ornaments can be interpreted as signs of an old custom, whereby a distinguished individual could formerly only be accepted into the company of warriors on producing the hand of his slaughtered enemy (Boone 1951, p.44). Such instruments only ever belong to the king or to one of the regional chieftains.

Instruments with nailed skins can also be found in the region. Particularly worthy of mention are the double-skin hourglass drums known among the Chokwe as *mukupiela*. These often contain a vibrating device inserted through an opening in the middle of the shell and which is made traditionally from the stem of a gourd and the cocoon spun by spiders to protect their eggs. The *mukupiela,* which is played with the hands, belongs to the regalia of the Chokwe chieftains. In addition to hourglass drums, goblet-shaped instruments with nailed skins can also be found; these, too, often contain a vibrating device.

Supraregional developments in the 19th and 20th centuries.

As a result of innovations in the 19th and 20th centuries, new musical instruments were introduced which, based on various models, developed within an African context into individual instruments in their own right. Among the membranophones, one should mention, above all, the square frame drums of west and central Africa, which are associated with newer musical styles. Instruments of this type are sometimes known as *maringa* or *samba*, names which point to African-American influence. Such drums were possibly brought to Africa by 'repatriated' former slaves.

Particularly in west Africa drums can be found with screw-tensioned heads after the manner of European instruments. A model for this were the instruments of the military bands in the fortresses built along the west African coast by the colonists during the time of the slave trade. Instruments of this kind, frequently made from scrap metal, are above all used for music-making in churches and in schools.

Erwähnte Quellen

Literatur

Ames, David W.
1955   *Wolof Music of Senegal and the Gambia.* Beiheft zur gleichnamigen LP. Ethnic Folkways Library P 462.
1965   „Hausa Drums of Zaria." In: *Ibadan.* Nr.21, S.62–80.
o.J.   *Nigeria-Hausa Music I.* Kommentar zur gleichnamigen LP. Bärenreiter Musicaphon. BM 30 L 2306.

Aning, Ben
1977   „Atumpan Drums. An Object of Historical and Anthropological Study." In: *Essays for an Humanist. An Offering to Klaus Wachsmann.* New York, S.58–72.

Ankermann, Bernhard
1901   *Die Afrikanischen Musikinstrumente.* In: Ethnologisches Notizblatt (Berlin), Bd.3, 1. S.I–X, 1–132 u. Karte I–III.

Arom, Simha
1991   *African Polyphony and Polyrhythm. Musical Structure and Methodology.* Cambridge, N.Y., Melbourne, Sydney.

Arozarena, Pierre
1981   „Notes on Some Mossi Drums of Upper Volta." In: *The World of Music,* Bd. 23, Nr.1, S.26–34.

Aubert, Laurent
1990   „Senegal. Traditionelle Trommelmusik der Wolof." In: *Festival traditioneller Musik '90. dhin dha tum tak. Trommler der Welt.* Internationales Institut für vergleichende Musikstudien, Berlin, S.34–37.

Bareis, Urban
1991   „Formen neo-traditioneller Musik in Kpando, Ghana." In: Veit Erlmann (Hrsg.): *Populäre Musik in Afrika.* Berlin, S.17 und 59–108.

Bassani, Ezio
1977   „A Kongo Drum Stand." In: *African Arts.* Bd.11, Nr.1, S.35–37.

Bastin, Marie-Loise
1992   „The Mwanangana Chokwe Chief and Art." In: Erna Beumers & H.-J. Koloß (Hrsg.): *Kings of Africa.* Maastricht, S.71–78.

Baumann, Herrmann
1935   *Lunda. Bei Bauern und Jägern in Inner-Angola.* Berlin.
1975   „Die Kulturprovinzen Afrikas." In: Ders. (Hrsg.): *Die Völker Afrikas und ihre traditionellen Kulturen.* Wiesbaden, S.375–382.

Baumann H. & L. Vajda (Hrsg.)
1959   „Bernhard Ankermanns völkerkundliche Aufzeichnungen im Grasland von Kamerun 1907–1909." In: *Baessler-Archiv.* Neue Folge. Bd.7, S.217–317.

Beer, Johannes
1991   *Trommelrhythmen der Malinke-Hamana/Guinea.* Beiheft zur CD: Rhythmen der Malinke. Museum Collection Berlin. CD 18.

Beier, Ulli
1956/57 „Obatala Festival." In: *Nigeria.* Bd.52, S.10–28.

Besmer, Fremont E.
1971   *Hausa Court Music in Kano, Nigeria.* Diss. Columbia University.

Beumers, Erna & H.J. Koloß (Hrsg.)
1992   *Kings of Africa.* Maastricht.

Boone, Olga
1951   *Les Tambours du Congo Belge et du Ruanda-Urundi.* Tervuren.

Branda-Lacerda, Marcos
1988   *Kultische Trommelmusik der Yoruba in der Volksrepublik Benin. Bata Șango und Bata-Egungun in den Städten Pobè und Sakéte.* Diss. Hamburg.

244

Brincard, Marie-Therese (Hrsg.)
1989   *Sounding Forms – African Musical Instruments.* New York.
Born, K.
1975   „Nordkongo und Gabun. Der Westen." In: Hermann Baumann (Hrsg.): *Die Völker Afrikas und ihre traditionellen Kulturen.* Bd.1. Wiesbaden, S.685–721.
Chernoff, John Miller
1979   *African Rhythm and African Sensibility. Aesthetics and Social Action in African Musical Idioms.* Chicago, London.
1986   „Die Trommeln von Dagbon." In: Geoffrey Haydon & Dennis Marks (Hrsg.): *Schwarze Rhythmen. Von den Ursprüngen der afro-amerikanischen Musik zu Jazz und Pop.* München.
Ciompi, Phillipe
1989   *Die Xylophonmusik des Kpoye bei den Senufo der Elfenbeinküste.* Magisterarbeit. Freie Universität Berlin.
McClelland, Elisabeth
1982   *The Cult of Ifá among the Yoruba. Vol.1: Folk Practice and the Art.* London.
John, Collins
1991   „Die populäre Musik in Westafrika nach dem Zweiten Weltkrieg." In: Veit Erlmann (Hrsg.): *Populäre Musik in Afrika.* Berlin.
1992   *West African Pop Roots.* Philadelphia.
Courlander, Harold
1960   *The Drum and the Hoe.* Berkely, Los Angeles.
Dagan., Esther A. (Hrsg.)
1993   *Drums. The Heartbeat of Africa.* Montréal.
Dauer, Alfons M.
1983   „Stil und Technik im afrikanischen Tanz." In: Artur Simon (Hrsg.): *Musik in Afrika.* Berlin, S.217–233.
1985   *Tradition afrikanischer Blasorchester und die Enstehung des Jazz.* Graz.
Demolin, Didier
o. J.   *Mangbetu. Zaire: Haut-Uele.* Beiheft zur gleichnamigen CD. fonti musicali fmd 193.
Diallo, Yaya & Mitchel Hall
1989   *The Healing Drum. African Wisdom Teachings.* Rochester, Vermont.
Duvelle, Charles
o.J.   *Haute Volta.* Kommentar zur gleichnamigen LP. Collection Radiofussion Outre-Mer.
Echezona, W.W.Ch.
1963   *Ibo Musical Instruments in Ibo Culture.* Diss. Michigan.
Erlmann, Veit
1973/74 „Some Sources of Music in Western Sudan from 1300–1700." In: *African Music.* Bd.5, Nr.3, S.34–39.
Euba, Akin
1971   „Islamic Musical Culture among the Yoruba: A Preliminary Survey." In: Klaus Peter Wachsmann (Hrsg.): *Essays on Music and History in Africa.* Evanston. S.171–181.
1990   *Yoruba Drumming. The Dùndún Tradition.* Altendorf.
Farmer, Henry G.
1966   *Musikgeschichte in Bildern. Islam.* Leipzig.
al Faruqi, Lois Ibsen
1981   *An Annotated Glossary of Arabic Musical Terms.* Westport, London.
Fiagbedzi, Nissio
1971   „Notes on Membranophones of the Anlo-Ewe." In: *Research Review.* Bd.8, Nr.1, S.90–97.
1977   *The Music of the Anlo: Its Historical Background, Cultural Matrix, and Style.* Diss. Los Angeles.
Förster, Till
1987   *Gesänge und Xylophonmusik der Senufo.* Beiheft zur LP: Musik der Senufo. Museum Collection Berlin. LP 4.
1988   *Die Kunst der Senufo.* Museum Rietberg. Zürich 1988.
1992   „Der Poro aus ethnologischer Sicht." In: Ders. (Hrsg.): *Tuma Be. Alltagskultur der westafrikanischen Savanne.* Tübingen, S.80–82.
Frobenius, Leo
1898   *Der Ursprung der Kultur. Bd.1. Der Urspung der afrikanischen Kulturen.* Berlin.
1912   *Und Afrika sprach. Erster Band. Auf den Trümmern des klassischen Atlantis.* Berlin.

1988   *Ethnographische Notizen aus den Jahren 1905 und 1906.* Bd.3. Hrsg. v. Hildegard Klein. Wiesbaden.

1990   *Ethnographische Notizen aus den Jahren 1905 und 1906.* Bd.4. Hrsg. v. Hildegard Klein. Wiesbaden.

Gansemans, Jos

1974   *Musziek van de Lunda uit Zaire.* Beiheft zur gleichnamigen LP. Opnamen van Afrikaanse muziek uitgegeven door het koninklijk museums voor Midden-Afrika - Tervuren. Nr.10.

1978   *La musique et son role dans la vie sociale et rituelle Luba.* Tervuren.

1980   *Les Instruments de musique Luba.* Tervuren.

Gansemans, Jos & Barbara Schmidt-Wrenger

1986   *Musikgeschichte in Bildern. Zentralafrika.* Leipzig.

Geary, Christraud

1983   *Things of the Palace. A Catalogue of the Bamun Palace Museum in Foumban (Cameroon).* Wiesbaden.

Güssfeld, Paul

1888   *Die Loango-Expedition. 1.Abteilung.* Leipzig.

Harris, P.G.

1932   „Notes on Drums and Musical Instruments Seen in Sokoto Province, Nigeria." In: *Journal of the Royal Anthropological Institute.* Nr.62, S.105–125.

Hause, Helen E.

1948   *Terms for Musical Instruments in Sudanic Languages.* Journal of the American Oriental Society. Supplement No. 7.

Helfrich, Klaus

1992   „Museum für Völkerkunde. Jahresbericht." In: *Jahrbuch der Berliner Museen.* Bd.34, S.246–250.

Hill, Errol

1972   *The Trinidad Carnival. Mandate for a National Theatre.* Austin, London.

Hood, Mantle

1971   *The Ethnomusicologist.* New York.

Hornbostel, Erich Moritz von & Curt Sachs

1914   „Systematik der Musikinstrumente. Ein Versuch." In: *Zeitschrift für Ethnologie.* Bd.46, Nr.4–5, S.553–590.

Janata, Alfred

1975   *Musikinstrumente der Völker. Außereuropäische Musikinstrumente und Schallgeräte. Systematik und Themenbeispiele.* Wien.

Jeyifo, 'Biodun

1984   *The Yoruba Popular Travelling Theater of Nigeria.* Lagos.

Jones, Arthur M.

1959   *Studies in African Music.* 2 Bände. London.

Jungraithmayr, Herrmann & Wilhelm J.G. Möhlig (Hrsg.)

1983   *Lexikon der Afrikanistik. Afrikanische Sprachen und ihre Erforschung.* Berlin.

King, Anthony

1961   *Yoruba Sacred Music from Ekiti.* Ibadan.

Kinney, Sylvia

1970   „Drummers in Dagbon. The Role of the Drummer in the Damba Festival." In: *Ethnomusicology,* Bd.14, Nr.2, S.258–265.

Knight, Roderic Copley

1973   *Mandinka Jaliya: Professional Music of the Gambia.* Diss. University of California, Los Angeles.

Koetting, James

1970   „Analysis and Notation of West African Drum Ensemble Music." In: *Selected Reports in Ethnomusicology.* Bd.1, Nr.3, S.115–146.

Koloß, Hans Joachim

1977   *Kamerun, Könige, Masken, Feste. Ethnologische Forschungen im Grasland der Nordwest-Provinz von Kamerun.* Stuttgart.

1980   „Götter und Ahnen, Hexen und Medizin. Zum Weltbild in Oku (Kameruner Grasland)." In: Walter Raunig (Hrsg.): *Schwarz-Afrikaner. Lebensraum und Weltbild.* Frankfurt a. M., S.69–82.

1982   *Kamerun. Könige, Masken, Feste.* Foto-Kalender mit Kommentar (für das Jahr 1983). Düsseldorf.

1987   *Zaire. Meisterwerke afrikanischer Kunst.* Bilderhefte der Staatlichen Museen Preußischer Kulturbesitz. Heft 53/54. Berlin.

1992   „Kwifon and Fon in Oku. On Kingship in the Cameroon Grasslands." In: Erna Beumers & H. J. Koloß (Hrsg.): *Kings of Africa.* Maastricht, S.33–42.

Krieger, Kurt

1968   „Musikinstrumente der Hausa." In: *Baessler-Archiv.* Neue Folge, Bd.16, S.373–425.

1973   „Hundert Jahre Museum für Völkerkunde Berlin. Abteilung Afrika." In: *Baessler-Archiv.* Neue Folge. Bd.21, S.101–140.

Kubik, Gerhard

1971   *Die Institution Mukanda und assoziierte Einrichtungen bei den Vambwela/Vankangela und verwandten Ethnien in Südostangola.* Diss. Universität Wien.

1973   *Musik der Humbi, Handa und regionaler Splittergruppen in Südwest-Angola.* Kommentar zur LP: Humbi en handa - Angola. Opnamen van Afrikaanse muziek uitgegeven door het koninklijk museums voor Midden-Afrika - Tervuren. Nr.9.

1979   *Angolan Traits in Black Music, Games and Dances of Brasil. A Study of African Cultural Extensions Overseas.* Estudos de Antropologia Cultural Nr.10. Lissabon.

1981   *Mukanda na makisi/Angola. Beschneidungsschulen und Masken.* Beiheft zur gleichnamigen LP. Museum Collection Berlin. LP 11.

1983   „Musikgestaltung in Afrika." In: Artur Simon (Hrsg.): *Musik in Afrika.* Berlin, S.27–40.

1984   „Einige Grundbegriffe und -konzepte der afrikanischen Musikforschung." In: *Jahrbuch für musikalische Volks- und Völkerkunde.* Bd.11. S.57–102.

1989   *Musikgeschichte in Bildern. Westafrika.* Leipzig.

1991   „Muxima Ngola – Veränderungen und Strömungen in den Musikkulturen Angolas im 20. Jahrhundert." In: Veit Erlmann (Hrsg.): *Populäre Musik in Afrika.* Berlin, S.201–271.

de Lannoy, Michel

1994   *Côte d'Ivoire, Sénoufo. Musique des funérailles fodonon.* Beiheft zur gleichnamigen CD. Le chant du mont. CNR 274 838.

Laoye I., Timi von Ede

1959   „Yoruba Drums." In: *Odù. A Journal of Yoruba and Related Studies.* Nr.7, S.5–14.

Laurenty, Jean Sébastian

1972   „Les membranophones des Luba-Shankadi." In: *African Music.* Band 5, Nr.2, S.40–45.

Leroux, L.-C.

1925   „Étude sur le Ngil." In: *Bulletin de la Société des Recherches Congolaises.* Nr.6, S.3–10.

Livingstone, David

1857   *Missionary Travels and Researches in South Africa.* London.

Locke, David

1982   „Principles of Offbeat Timing and Cross-Rhythm in Southern Ewe Dance Drumming." In: *Ethnomusicology.* Bd.14, Nr.2, S.217–246.

Locke, David & Godwin Kwasi Agbeli

1980   „A Study of the Drum Language in Adzogbo." In: *African Music.* Bd.6, Nr.1, S.32–51.

Lomax, Alan

1968   *Folksong Style and Culture.* Washington.

Luschan, Felix v.

1919   *Die Altertümer von Benin.* Berlin, Leipzig.

Maes, Joseph

1937   *Sculpture décorative ou symbolique des instruments de musique du Congo Belge.* Artes Africanae, Bd.17, Nr.7. Brüssel.

Mahillon, Victor Charles

1909   *Catalogue descriptif et analytique du Musée Instrumental du Conservatoire Royal de Musique de Bruxelles.* Bd.2. Gent.

Mansfeld, Alfred

1924   *Westafrika. Urwald- und Steppenbilder.* Berlin.

Marcondes, Marcos António (Hrsg.)

1977   *Enciclopédia da Música Brasileira. Erudita folcórica popular.* São Paulo.

Mecklenburg, Adolf Friedrich Herzog zu

1912   *Vom Kongo zum Niger und Nil. Bericht der deutschen Zentralafrika-Expedition 1910/1911.* 2 Bände. Leipzig.

Meyer, Andreas

1993a   „Drums and Music of the Djembefola Famoudou Konaté Upper Guinea." In: Dagan,

Esther A. (Hrsg.): *Drums. The Hearbeat of Africa.* Montréal, S.87–88.

1993b „African Drums in the Berliner Museum für Völkerkunde." In: Dagan, Esther A. (Hrsg.): *Drums. The Heartbeat of Africa.* Montréal, S.193–195.

Merriam, Alan P.
1959 „The Concept of Culture Clusters Applied to the Belgian Congo." In: *Southwestern Journal of Anthropology.* Bd.15, Nr.4, S.373–395.
1969 „The Ethnographic Experience: Drum-Making among the Bala (Basongye)." In: *Ethnomusicology.* Bd.13, Nr.1, S.74–100.

Moore, Kenneth
1993 „Checklist of Sub-Saharan Drums in The Metropolitan Museum of Art, New York." In: Esther A. Dagan (Hrsg.): *Drums. The Heartbeat of Africa.* Montréal, S.186–188.

Nekes, P. Hermann
1912 „Trommelsprache und Fernruf bei den Jaunde und Duala in Südkamerun." In: *Mitteilungen des Seminars für orientalische Sprachen.* Nr.15, 69–83. Wiederveröffentlicht in: Sebeok, Thomas A. (Hrsg.): Speech Surrogates. Approaches to Semiotics. Bd.1. Den Haag, Paris 1976, S.289–306.

Ngumu, Pie-Claude
1976 *Les Mendzan. Des Chanteurs de Yaoundé. Histoire – Organologie – Fabrication – Système de Transcription.* Acta Ethnologica et Linguistica. Nr.14. Wien.

Nikiprowetzky, Tolia
o.J. *Trois aspects de la musique africaine. Mauritanie, Senegal, Niger.* Paris.

Nixdorf, Heide
1971 *Zur Typologie und Geschichte der Rahmentrommeln.* Diss. Berlin.

Njoku, J. Akuma-Kalu
1993 „Drums as Instruments of Rural Administration and Command in Igboland, Nigeria." In: Esther A. Dagan (Hrsg.): *Drums. The Heartbeat of Africa.* Montréal, S.48–49.

Nketia, Joseph H. Kwabena
1954 „The Role of the Drummer in Akan Society." In: *African Music.* Bd.1, Nr.1, S.34–43.
1963 *Drumming in Akan Communities of Ghana.* London.
1979 *Die Musik Afrikas.* Wilhelmshaven.
1986 „Processes of Differentiation and Interdependency in African Music: The Case of Asante and her Neighbours." In: *The World of Music.* Bd.28, Nr.2, S.41–55.

Norborg, Åke
1987 *A Handbook of Musical and Other Sound-Producing Instruments from Namibia and Botswana.* Musikmuseets skrifter 13. Stockholm.
1989 *A Handbook of Musical and Other Sound-Producing Instruments from Equatorial Guinea and Gabon.* Musikmuseets skrifter 16. Stockholm.

Nyabongo, Ada Naomi
1989 *Traditional Musical Instruments of the Baganda and Akan in Their Social Contexts.* Diss. New York University.

Nzewi, M.E.
1977 *Master Musicians and the Music of Ese, Ukom and Mgba. Ensembles in Ngwa, Igbo Society.* Diss. Belfast.

Ortiz, Fernando
1952 *Los instrumentos de la música afrocubana.* Bd.3. Habana.
1954 *Los instrumentos de la música afrocubana.* Bd.4. Habana.

Oyelami, Muraina
1989 *Yoruba Dundun Music. A New Notation with Basic Exercises and Five Yoruba Drum Repertoires.* Universität Bayreuth, IWALEWA.
1991 *Yorùbá Bàtá Music. A New Notation with Basic Exercises and Ensemble Pieces.* Universität Bayreuth, IWALEWA.

Pantaleoni, Hewitt
1984 „Three Principles of Timing in *Anlo* Dance Music." In: *Music in Africa.* Bd.5, Nr.1, S.50–84.

Pepper, Herbert
o.J. *Anthologie de la vie Africaine. Congo-Gabon.* Begleitheft zur gleichnamigen LP. Ducret-Thomson. 320 C 126-128.

Peschuël-Loesche, E.
1907 *Volkskunde von Loango.* Stuttgart.

Polak, Rainer
1996a „Bewegung, Zeit und Pulsation – Theorierelevante Aspekte der Jenbemusik in Bamako." In: *Jahrbuch für musikalische Volks- und Völkerkunde.* Bd.16. In Vorb.

1996b   *Das Spiel der jenbe-Trommel. Musik- und Festkultur in Bamako (Mali).* Magisterarbeit. Universität Bayreuth.

Quersin, Benoit
o.J.   *Musiques de l'ancien royaume Kuba.* Kommentar zur gleichnamigen LP. Ocora OCR 61.

Rattray, R. S.
1955   *Ashanti.* Kumasi und London. Erstveröffentlicht: 1923.

Redinha, José
1984   *Instrumentos musicais de Angola.* Coimbra.

Rouget, Gilbert
1965   „Notes et documents pour servir a l'étude de la musique Yoruba." In: *Journal de la Soc. des Africanistes.* Bd.35, Nr.1, S. 67–86.

Sachs, Curt
1929   *Geist und Werden der Musikinstrumente.* Berlin.

Sadie, Stanley (Hrsg.)
1984   *The New Grove Dictionary of Musical Instruments.* 3 Bände. London, New York.

Sallée, Pierre
1989   *Gabon. Musique des Pygmées Bibayak. Chantres de l'épopée.* Beiheft zur gleichnamigen CD. Ocora C 559053.

Schaeffner, André
1964   „Le tambour-sur-cadre quadrangulaire chez les Noirs d'Afrique et d'Amerique." In: *Les Colloques de Wégimont.* Bd.4. Paris, S.229–248.

Schlottner, Michael
1996   *Sehen – Hören – Verstehen. Musikinstrumente und Schallgeräte bei den Kusasi umd Mamprusi in Nordost-Ghana.* Diss. Pfaffenweiler.

Schmidt-Wrenger, Barbara
1975   *Muziek van de Tshokwe uit Zaire.* Beiheft zur gleichnamigen LP. Opnamen van Afrikaanse muziek uitgegeven door het koninklijk museums voor Midden-Afrika - Tervuren. Nr.11.

Segato, Rita Laura & José Jorge de Carvalho
1986   „Musik der Xangô-Kulte von Recife." In: Tiago de Oliveira Pinto (Hrsg.): *Brasilien. Einführung in die Musiktraditionen Brasiliens.* Mainz, London, New York, Tokyo, S.176–192.

Simon, Artur
1983   „Islam und Musik in Afrika." In: Ders.(Hrsg.): *Musik in Afrika.* Berlin, S.297–309.
1991a   „Sammeln, bewahren, forschen und vermitteln. Die musikalischen Traditionen der Menschheit in der Arbeit der Abteilung Musikethnologie des Museums für Völkerkunde." In: *Jahrbuch Preußischer Kulturbesitz.* Band 27, S.215–229.
1991b   „The Borno Music Documentation Project. Applied Ethnomusicology and Cultural Cooperation in Northern Nigeria." In: Max Peter Baumann (Hrsg.): *Music in the Dialogue of Cultures: Traditional Music and Cultural Policy.* Intercultural Music Studies 2. Wilhelmshaven, S.199–204.

Söderberg, Bertil
1956   *Les instrumentes de musique au Bas-Congo et dans les regions avoisinantes.* Stockholm.

Stevens, Philips
1966   „Orisha-Nla Festival." In: *Nigeria Magazine.* Nr.90, S.184–200.

Stumpf, Carl
1911   *Die Anfänge der Musik.* Leipzig.

Talbot, Percy A.
1926   *The Peoples of Southern Nigeria.* 4 Bände. London.

Tessmann, Günter
1913   *Die Pangwe. Völkerkundliche Monographie eines westafrikanischen Negerstammes.* 2 Bände. 1913.

Thieme, Darius L.
1969   *A Descriptive Catalogue of Yoruba Musical Instruments.* Diss. Washington, D.C.

Uzoigwe, Joshua
1981   *The Compositional Techniques of Ukom Music of South-Eastern Nigeria.* Diss. Belfast.

Vansina, Jan
1992   „The Kuba Kingdom (Zaire)." In: Erna Beumers & H.J. Koloß (Hrsg.): *Kings of Africa.* Maastricht. S.71–78.

Vogels, Raimund
    1989   „Tzinza Xylophonmusik und Bansuwe Trommeln der Bura aus Borno/Nordost-nigeria." In: Programmheft zum Festival *Perkussionale '89.* Haus der Kulturen der Welt/Staatliche Museen Preußischer Kulturbesitz Berlin. o. Sz.

Waterman, Christopher A.
    1986   *Juju: The Historical Developement, Socioeconomic Organisation, and Communicative Functions of a West African Popular Music.* Diss. University of Illinois.
    1991   „Frühe Jùjú-Musik und afrikanische soziale Identität im kolonialen Lagos, Nigeria." In: Veit Erlmann (Hrsg.): *Populäre Musik in Afrika.* Berlin, S.109–134.

Westermann, Dietrich
    1907   „Zeichensprache des Ewevolkes in Deutsch-Togo." In: *Mitteilungen des Seminars für Orientalische Sprachen zu Berlin.* Jg.10, S.1–14. Wiederveröffentlicht in: Sebeok, Thomas A. (Hrsg.): Speech Surrogates. Approaches to Semiotics. Bd. 1. Den Haag, Paris 1976, S.259–275.

Wieschhoff, Heinz
    1933   *Die afrikanischen Trommeln und ihre außerafrikanischen Beziehungen.* Stuttgart.

Willet, Frank
    1977   „A Contribution to the History of Musical Instruments among the Yoruba." In: *Essays for a Humanist. An Offering to Klaus Wachsmann.* New York, S.350–389.

Woodson, Craig
    1983   *The Atumpan Drum in Asante: A Study of their Art and Technology.* Diss. University of California. Los Angeles.
    1984   „Appropriate Technology in the Construction of Traditional African Musical Instruments in Ghana." In: *Selected Reports in Ethnomusicology.* Bd.5. Los Angeles.

Yotamu, Moses
    1979   „My Two Weeks Fieldwork in Ivory Coast. A Preliminary Report." In: *Review of Ethnology* Bd.6, Nr.21–24, S.161–192.

Zemp, Hugo
    1970   „Tambour de femme en Côte d'Ivoire." In: *Objets et Mondes*, Bd.10, 2, S.99–118.

Schallplatten und CDs

1   Rhythmen der Malinke. Museum Collection Berlin. CD 18. (Region 1)

2   Wolof Music of Senegal and the Gambia. LP Ethnic Folkways Library P 462. (Region 1)

3   Haute Volta. Collection Radiofussion Outre-Mer. (Region 2)

4   Dahomey. Bariba and Somba Music. LP EMI/Odeon 3c 064-18217. (Region 2)

5   Musiques Dahoméennes. LP Ocora OCR 17. (Region 2)

6   Musik der Senufo. Museum Collection Berlin. LP 4. (Region 2)

7   Côte d'Ivoire, Sénoufo. Musique des funérailles fodonon. CD Le chant du mont CNR 274 838. (Region 2)

8   Drums of Westafrica. Ritual Music of Ghana. LP Lyrichord LLST 7307. (Region 3

9   Nigeria-Hausa Music I. Bärenreiter Musicaphon BM 30 L 2306. (Region 5)

10   Gabon. Musique des Pygmées Bibayak. Chantres de l'épopée. CD Ocora C 559053. (Region 7)

11   Anthologie de la vie Africaine. Congo-Gabon. LP Ducretet-Thomson 320 C 126-128. (Region 7 + 8)

12   Mangbetu. Zaire: Haut-Uele. fonti musicali fmd 193. (Region 8)

13   Musiques de l'ancien royaume Kuba. LP Ocora OCR 61. (Region 9)

14   Musziek van de Lunda uit Zaire. Tervuren. (Region 9)

15   Luba-Shaba-Zaire. Traditionele muziek. Ethnomusikologisch Centrum ECPC 02, Tervuren. (Region 9)

16   Musziek van de Lunda uit Zaire. Opnamen van Afrikaanse muziek uitgegeven door het koninklijk museums voor Midden-Afrika - Tervuren. Nr.10. (Region 9)

17   Muziek van de Tshokwe uit Zaire. Opnamen van Afrikaanse muziek uitgegeven door het koninklijk museums voor Midden-Afrika - Tervuren. Nr.11. (Region 9)

18   Mukanda na makisi/Angola. Beschneidungsschulen und Masken. Museum Collection Berlin. LP 11. (Region 9)

19   Humbi en handa - Angola. Opnamen van Afrikaanse muziek uitgegeven door het koninklijk museums voor Midden-Afrika - Tervuren. LP 9.

20   Populäre Musik in Afrika. Staatliche Museen Preußischer Kulturbesitz. CD PMA 1–2.
      Musikbeispiele zur Buchpublikation: Veit Erlmann (Hrsg.): Populäre Musik in Afrika. Berlin
      1991.

Filme und Videos

1   Musik der Seidenstraße und Trommler. Musiktraditionen der Welt 2. Hrsg. vom Interna-
      tionalen Institut für traditionelle Musik Berlin. (Region 1)
2   Moro Naba – Mossi. Buch: Jean Rouch. CNRS, Sciences de l'homme et de la societé.
      Prod.: 1957. (Region 2)
3   Schwarze Rhythmen. Die Trommler aus den Regenwäldern. Regie: Dennis Marks. Buch:
      Alhaji Ibrahim Abdubai & John Miller Chernoff. Third Eye Production RM Arts. 1985.
      (Region 2)
4   Fɔntɔmfrɔm. Trommelbau bei den Ashanti in Ghana. Buch und Regie: Urban Bareis &
      Andreas Meyer. Museum Collection Berlin. AV 2. Prod.: 1993, Publ.: 1994. (Region 3)
5   *Bata*-Trommelmusik. Lamidi Ayankunle. Studioaufnahmen. Museum für Völkerkunde,
      Berlin, Abteilung Musikethnologie. Originalbänder archiviert unter Nr. 005.001–002. 1987.
      (Region 4)
6   Zentralsudan, Süd-Wadai – Stadt-Orchester von Mongo. Buch und Regie: P. Fuchs. IWF
      E 953. 1965. (Region 5)
7   Borno Music Documentation Projekt. Museum für Völkerkunde, Berlin, Abteilung Musik-
      ethnologie. Aufnahmen: Eckehard Royl, Artur Simon, Raimund Vogels. Originalbänder
      archiviert unter Nr. 012-001-026. Tonbandaufnahmen archiviert unter Nr. M 25520–25522.
      1987–1989. (Region 5)
8   Tikar. Die Musik von Kwifon. Buch und Regie: Hans-Joachim Koloß. IWF E 3092. Prod.:
      1977. Publ.: 1995. (Region 6)
9   Tikar. Begräbnis eines alten Mannes. Buch und Regie: Hans-Joachim Koloß. IWF E 2647.
      Prod.: 1977. Publ.: 1995. (Region 6)
10   Tikar. Chong und Fimbien. Buch und Regie: Hans-Joachim Koloß. IWF E 3095. Prod.:
      1977. Publ.: 1995. (Region 6)
11   Die Mangbettu. Buch und Regie: Erik Jan Trip & Peter Wolterse. The African Traditional
      Music Serie 8. o.J. (Region 8)
12   Die Pygmäen. Buch und Regie: Erik Jan Trip & Peter Wolterse. The African Traditional
      Music Serie 12. o.J. (Region 8)
13   Makisi (Masken)-Tanzfest in Sangombe, Kabompo District. Aufnahmen: Gerhard Kubik.
      1987. Archiviert im Museum für Völkerkunde, Berlin, Abteilung Musikethnologie unter
      Nr. 029. (Region 9)
14   Ghana-Projekt 1993. Museum für Völkerkunde Berlin. Aufnahmen: Urban Bareis & An-
      dreas Meyer. Originalbänder archiviert unter Nr. 021.01–021.03. (Region 3)
15   Baule. Elfenbeinküste 1990. Museum für Völkerkunde Berlin, Abteilung Musikethnologie.
      Aufnahmen: Artur Simon. Originalband archiviert unter Nr. 013.01.

Liste der Musikbeispiele auf beiliegender CD:

1 *Balakulaniā.* Famoudou Konaté mit Ensemble. Hamana-Malinke. Guinea.
   Aufnahme: Paul Bernhard Engel 1990. Vgl. Schallplattenverzeichnis Nr.1.
   Vgl. S.34.   [2:11]
2 Musik für *sabar* und *gɔrɔŋ*. Singsing Faye mit Ensemble. Wolof. Senegal.
   Aufnahme: ASCO und IITM 1990. Vgl. Filmverzeichnis Nr.1. Vgl. S.38. [1:43]
3 *Trakaya*-Tanz. Mossi. Burkina Faso. Aufnahme: Dietrich Schüller 1975.
   Phonogrammarchiv. Österreichische Akademie der Wissenschaften. Archiv
   Nr. 19051, Band 2897. Vgl. S.44.   [4:37]
4 *Téke*-Ensemble. Bariba. Benin. Aufnahme: Albrecht Wiedmann 1993. Vgl.
   S.47.   [2:42]
5 *Kléba*-Tanz. Ensemble mit 6 Rahmentrommeln. Baule. Côte d'Ivoire. Auf-
   nahme: Artur Simon 1990. MV Berlin, ME. Vgl. Filmverzeichnis Nr.15.
   Vgl. S.229.   [4:13]
6 *Akantam. Fɔntɔmfrɔm*-Ensemble. Musiker am *Centre for National Culture,
   Kumasi*. Asante. Ghana. Aufnahme: Asco und MV Berlin, ME 1993. Vgl.
   S.63.   [4:10]
7 Trommelgedicht auf *ntumpan*. Gesprochen und getrommelt. Musiker am
   Centre for National Culture, Kumasi. Asante. Ghana. Aufnahme: Urban
   Bareis und Andreas Meyer 1993. Vgl. Filmverzeichnis Nr. 4. Vgl. S.64.   [0:49]
8 *Sikyi.* Musiker am *Centre for National Culture, Kumasi*. Asante. Ghana.
   Aufnahme: Urban Bareis und Andreas Meyer 1993. MV Berlin, ME. Vgl.
   Filmverzeichnis Nr. 14. Vgl. S.228.   [2:32]
9 Oriki für Ogun. *Dundun*-Ensemble in Ife. Yoruba. Nigeria. Aufnahme:
   Artur Simon 1984. MV Berlin, ME, Archiv Nr. M 25415. [Cass.1, S.2,
   Nr.14,4]. Vgl. S.91.   [1:12]
10 Oriki für Obatala. *Dundun*-Ensemble in Ife. Yoruba. Nigeria. Aufnahme:
   Artur Simon 1984. MV Berlin, ME, Archiv Nr. M 25415. [Cass.1, S.2,
   Nr.14,4]. Vgl. S.91.   [2:43]
11 Oriki für Ogun. *Bata*-Trommeln. Lamidi Ayankunle mit Ensemble. Yoruba.
   Nigeria. Aufnahme: MV Berlin, ME 1987. Vgl. Filmverzeichnis Nr.5. Vgl.
   S.95.   [2:41]
12 Oriki für Shango. *Bata*-Trommeln. Lamidi Ayankunle mit Ensemble.
   Yoruba. Nigeria. Aufnahme: MV Berlin, ME 1987. Vgl. Filmverzeichnis
   Nr.5. Vgl. S.95.   [2:17]
13 *Billi billi*-Tanz. Milda Sakam *(kanga)*. Marghi. Nigeria. Aufnahme: Artur
   Simon 1988. MV Berlin, ME. Archiv Nr. Video 012.09. Vgl. Filmverzeichnis
   Nr.7. Vgl. S.107.   [1:14]
14 *Bansuwe.* Bukar Bishi mit Ensemble. Bura. Nigeria. Aufnahme: Artur Si-
   mon und Raimund Vogels 1989. MV Berlin, ME, Archiv Nr. M 25661.
   [Bd.99, Nr.248]. Vgl. S.109.   [5:04]
15 Gesang und Trommelspiel zur Feldarbeit. Hausa. Nigeria. Aufnahme: Kurt
   Krieger 1961. MV Berlin, ME, Archiv Nr. M 2017. [Bd.1 bzw. 539, Nr.17].
   Vgl. S.118.   [4:06]

16 Trommelspiel und Tanz einer Militär-Gesellschaft in Oku. Tikar. Kamerun. Aufnahme: IWF 1977. Vgl. Filmverzeichnis Nr.8. Vgl. S.138. [1:51]

17 Gesang und Trommelspiel der Chong-Gesellschaft in Oku. Tikar. Kamerun. Aufnahme: IWF 1977. Vgl. Filmverzeichnis Nr.10. [4:38]

18 *Danse mebutu*. 1 Schlitztrommel, 4 einfellige Trommeln, 1 Pfeife. Bulu. Kamerun. Aufnahme: Artur Simon 1984. MV Berlin, ME, Archiv Nr. M 25231. [Kass.9, S.2 Nr.89]. Vgl. S.165–166. [2:10]

19 *Nembembo*. „Rund-Tanz" in Nangazizi. Mangbetu. Zaire. Aufnahme: Didier Demolin 1984. Vgl. Schallplattenverzeichnis Nr.12. Vgl. S.183. [4:36]

20 Trommelspiel. Mbuti-Pygmäen. Zaire. Aufnahme: Peter Wolterse und Erik Jan Trip. Copyright Stiftung Woltripski Vidiodsjni Produksjni. Vgl. Filmverzeichnis Nr.12. Vgl. S.185. [1:54]

21 Gesang und Trommelspiel. Bena Luluwa. Zaire. Aufnahme: Barbara Wrenger 1976. Vgl. S.202. [2:44]

22 *Chisela*-Tanz in Kandundu. Chokwe. Zaire. Aufnahme: Barbara Wrenger 1976. Vgl. S.206. [2:29]

23 *Mwaso wa Kawali* (Lied von Kawali, Ausschnitt). Luchazi. Zambia. Aufnahme: Gerhard Kubik 1971. MV Berlin, ME, Archiv Nr. M 23602. [B1 10, S.1, Teil 5, Nr.3b]. Vgl. S.210. [2:02]

24 Musik zum Tanz einer Chileya-Maske. Luvale bzw. Luchazi. Zambia. Aufnahme: Gerhard Kubik 1971. MV Berlin, ME, Archiv Nr. M 23472. [B1 2, S.2, Nr.2b]. [4:42]

25 *Mungonge*-Tanz. 1 *mukupiela* als Reibtrommel, 1 Bechertrommel, Fußrasseln. Chokwe. Zaire. Aufnahme: Barbara Wrenger 1976. Vgl. S.213. [1:46]

Index

Ein „a" vor der Seitenzahl verweist auf eine Abbildung, römische Ziffern verweisen auf eine Farbtafel. Ein „n" vor einer Seitenzahl verweist auf ein Notenbeispiel und eine kursive Seitenzahl verweist auf Katalogeinträge. Ein „m" vor einer Zahl verweist auf ein Musikbeispiel auf beiliegender CD. In der alphabetischen Abfolge werden ä, ö und ü wie a, o und u behandelt, Sonderzeichen werden in der alphabetischen Abfolge nicht berücksichtigt.

Farbt.I(1) *Jembe*-Trommler in Bamako. 1991.

Farbt.I(2) Musiker des „Singsing Faye Ensembles" aus Dakar während eines Gastspiels in Berlin. 1990.

Farbtafel I

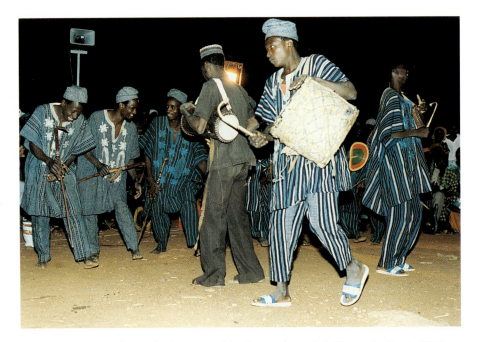

Farbt.II Trommler der Bariba bei einem Musikerwettbewerb in Kouande. Benin. 1993.

Farbt.III(1) *Fɔntɔmfrɔm*-Musiker bei einer Gedenkfeier (März '97). Asante. Ghana. 1997.

Farbt.III(2) *Fɔntɔmfrɔm*-Musiker bei einer Gedenkfeier (März '97). Asante. Ghana. 1997.

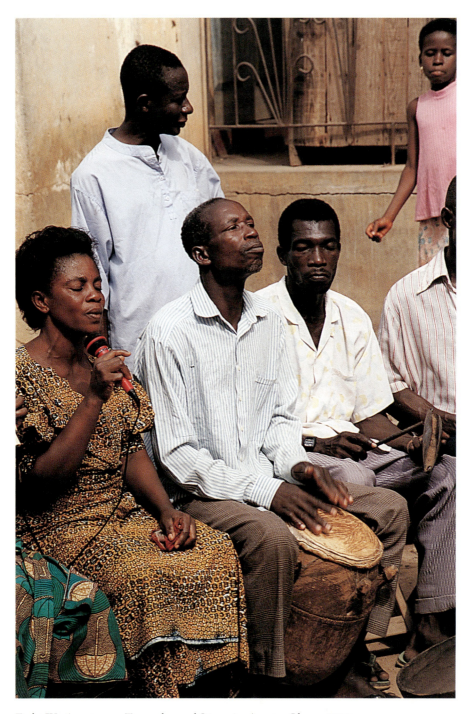

Farbt.IV *Apentemma*-Trommler und Sängerin. Asante. Ghana. 1997.

Farbt.V(1) *Tweneboa*-Baum.
Asante. Ghana. 1993.

Farbt.V(2)　　Ein abgestorbener
Tweneboa-Baum, der dann zum Bau
von Trommeln Verwendung fand.
Asante. Ghana. 1993.

Farbtafel V

Farbt.VI(1) Aushöhlen und Formen der Blöcke im Kassava-Feld. Asante. Ghana. 1993.

Farbt.VI(2) Herausarbeiten des Dekors einer *atumpan*. Asante. Ghana. 1993.

Farbtafel VI

Farbt. VII Anlo-Ewe-Ensemble. Ghana. Kat.-Nr. 59–62.

Farbt.VIII(1) Musiker des *Centre for National Culture* in Kumasi spielen *sikyi* mit Rahmentrommeln *tamale* und traditionellen Trommeln der Asante. Ghana. 1993.

Farbt.VIII(2) *Asiko*-Gruppe in Kpando-Konda. Nördliches Ewe-Gebiet. Ghana. 1980.

Farbtafel VIII

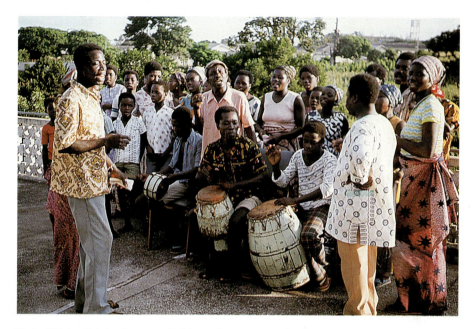

Farbt.IX(1) *Bɔbɔbɔ*-Gruppe „Egblewogbe" in Kpando-Abaŋu. Nördliches Ewe-Gebiet. Ghana. 1980.

Farbt.IX(2) *Akpese*-Gruppe in Kpando. Nördliches Ewe-Gebiet, Ghana. 1980.

Farbt.X(1) *Dundun*-Set. V.l.n.r. *kanango* (Kat.-Nr.113), *adama* (Kat.-Nr.112), *gangan* (Kat.-Nr.110), *iya ilu* (Kat.-Nr.109), *omele* (Kat.-Nr.111), *gudugudu* (Kat.-Nr.94).

Farbt.X(2) *Bata*-Set. V.l.n.r.: *omele abo* (Kat.-Nr.108), *iya ilu* (Kat.-Nr.105), *omele ako* (Kat.-Nr.107), *omele abo iya ilu* (Kat.-Nr.106).

Farbtafel X

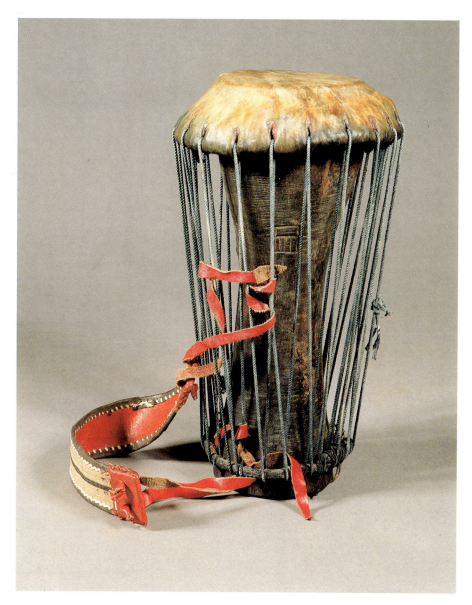

Farbt. XI *Koso*. Kat.-Nr.115.

Farbt.XII(1) *Brekete*. Asante. Ghana. Kat.-Nr.38.

Farbt.XII(2) *Bembe*. Yoruba. Nigeria. Kat.-Nr.104.

Farbtafel XII

Farbt.XIII *Tumbɔl*-Trommeln in einem Shuwa-Dorf. 1991.

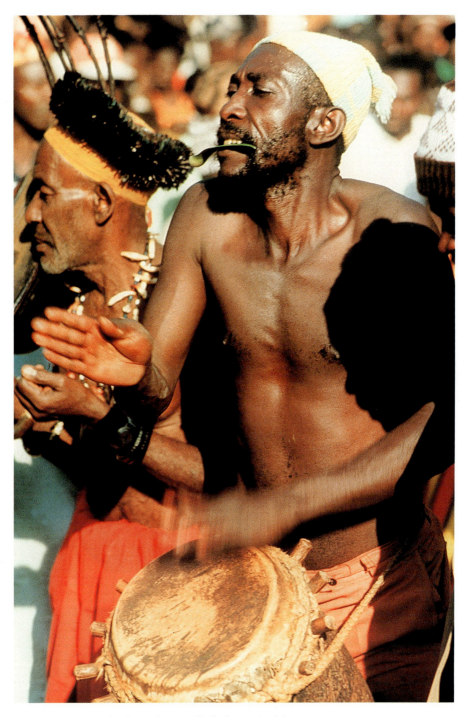

Farbt.XIV Trommler der Militärgesellschaft *Samba*. Oku. Kamerun. 1977.

Farbtafel XIV

Farbt.XV Drei beschnitzte Trommeln. Grasland. Kamerun. V.l.n.r.: Kat.-Nr.158, Kat.-Nr.172, Kat.-Nr.173.

Farbt.XVI Beschnitzte Trommel. Bali. Kamerun. Kat.-Nr.155.

Farbtafel XVI

Farbt.XVII Mitglieder der Chong-Gesellschaft. Stabreibtrommeln. Oku. Kamerun. 1976.

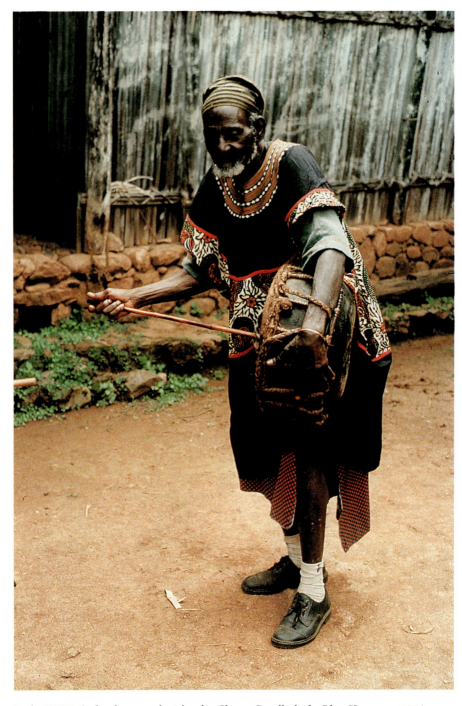

Farbt.XVIII Stabreibtrommelspieler der Chong-Gesellschaft. Oku. Kamerun. 1976.

Farbtafel XVIII

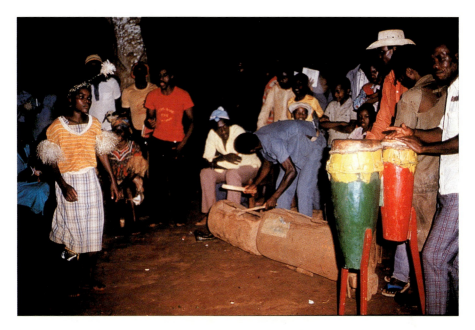

Farbt.XIX(1) Musiker mit *mbɛ*-Trommelpaar. Mvɔlɔ. Süd-Kamerun. 1984.

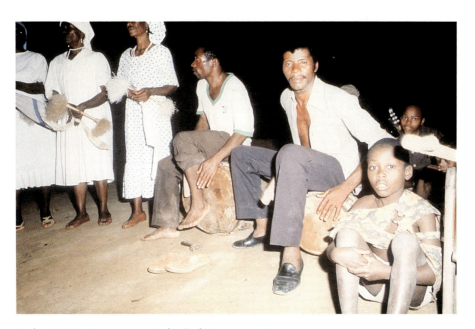

Farbt.XIX(2) Tanzgruppe. Bulu. Süd-Kamerun. 1984.

Farbt.XX Trommel der Kuba. Zaire. Kat.-Nr.297.

Farbt.XXI Trommel der Kuba. Zaire. Kat.-Nr.296.

Farbt.XXII(1) Anthropo-
morph beschnitzte Trommel
der Bena Luluwa. Zaire. Kat.-
Nr.286.

Farbt.XXII(2) Anthropomorph
beschnitzte Trommel der Bena
Luluwa. Zaire. Kat.-Nr.286.

Farbtafel XXII

Farbt.XXIII Anthropomorph beschnitzte Trommel der Bena Luluwa. Zaire. Kat.-Nr.287.

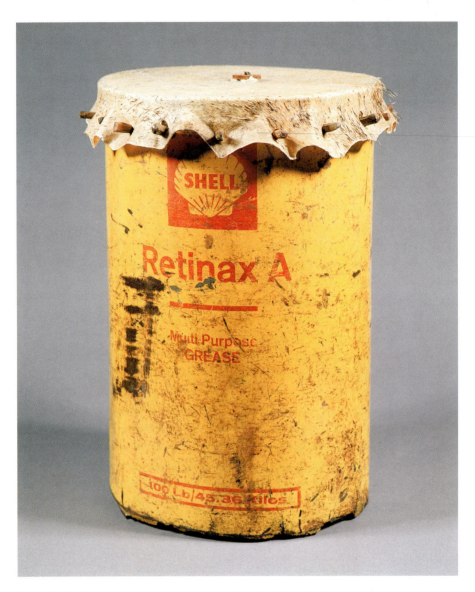

Farbt.XXIV Reibtrommel *puita*. Nordwest-Zambia. Kat.-Nr.312.